好城市

綠設計，慢哲學，
啓動未來城市整建計畫

廖桂賢——著

URBAN

TOWARDS SUSTAINABLE URBANISM

RETROFIT

* 初版書名為《好城市，怎樣都要住下來》

致意與慶幸

——阮慶岳
元智大學藝術與設計系教授

這是一本讓我感動、也想大聲喝采的書！

近幾年，我對城市的想法快速轉變，心裡明白在這個新世紀，我們迫切需要有新的城市觀念，台灣更需要開始正視現代城市的問題與責任了。然而，思緒萬端也因此凌亂，這本《好城市》，卻一一說出我的困惑與期盼，讓我心頭瞬間釋然。

作者文筆洗鍊優美，思想深刻卻非常易讀，觀念清晰、多元也開放，態度堅定、自省與溫文。書中提到的精采看法與例證，如春日繁花般目不暇接，無法（也無須）在此列舉。對誤導與錯植的現象與觀念，則直接批判毫不閃躲。這是本從10歲到80歲都應該閱讀的好書（專業者尤其必讀），更是關於城市、生態議題，父母小孩可併膝共讀、難得一見的中文書寫。

我想向這位書寫者致意，也很慶幸台灣誕生了這樣一本好書。

城市：歷史的主題

—— 楊子葆

文化部政務次長

曾任輔仁大學國際教育長

這本書最令我印象深刻的是，它既誠懇又現實。

作者既不夸夸其談永續性的定義與永續發展的理想，也不鋪陳過度都市化的現象與全球環境變遷的危機，更不沉溺於節能減碳乃至於綠色建築無止境的細節論述。

她接受這眼前的一切，接受涂爾幹所說「社會先於個人存在」的真實人生；然後指引我們閱讀在發展逆境裡「曙光一線，依然幽微」、以西雅圖為基礎閃爍零星火光的美好案例；最後，擲地有聲地告訴讀者：「蓋綠建築已來不及，用整建城市來修復全球環境才是王道。」

真的，「永續性」在台灣早就算不上一項新觀念了。尤其這幾年，俯拾任何一本談都市的書，不可能不提到「永續經營」、「綠色建築」、「生態城市」、「全球責任」這些眾人皆能朗朗上口的名詞。但是直截了當地挑明，面對永續議題最讓人難堪、同時也最為核心的關鍵，並不在於釐清定義、界定目標或描繪願景，真正的挑戰在於如何在現實的脈絡中制定政策並實際執行。

走到今天這一步，歷史質問我們這些身在其中的渺小個人的，正是這項在我看來關於全球政治的挑戰。

沒有市民就沒有城市，市民不僅止於住在城市裡的居民，他們以某種自由選擇的方式生活其間，並為自己的命運負起責任，正如法國思想家盧梭在《民約論》中所言：「大多數人認為城市就是城邦，以為中產階級就是公民。這些人只知道房子聚集就有城市，卻不知道是公民造就城邦。」

當一群人聚集生活在某一個特定的地方，就有利於研商、辯論、共同做出決定，並一起創造出命運共同體，這通常意味著政治上的需求與實踐。

問題是這個時代的我們，並不只生活在一座城市裡，還同時與無數座城市禍福相倚、休戚與共，尤其根據統計，本世紀前十年結束之前，全世界將有超過 50% 的人口居住在城市裡，而到了 2025 年，這個比例還會高達 60%。我們面對的政治，是一種更難溝通、更難凝聚共識、更難動員，因此更難實踐，卻又無從迴避的全球都市政治。

馬克思說：「城市是歷史的主題。」

這句話放在我們的時代裡更具深刻意義，同時也彰顯《好城市》這本書出版的價值：作者帶領我們欣賞她所觀察與詮釋的「好城市」，以及好城市裡市民所做的選擇，雖然我們不太可能

逐水草而居，但卻因此有了可以借鏡的具體典範，以及在自己的城市裡實踐的勇氣，更重要的是，我們領略到全球城市間緊密的關聯性與合作的可能性。

　　我非常願意推薦這本書，因為它既誠懇又現實。它帶來一種全球城市之間「跨界學習」的態度，以及一種全球市民之間「跨界動員」的機會，這正是我們書寫這個時代歷史的力量源頭。

一場城市與環境的
寧靜革命正在開展

—— 侯志仁

美國華盛頓大學地景建築系系主任

什麼是一個好的城市？許多人可能想像到方便的交通、寬敞的綠地、豐富多樣的文化活動等。而哪裡可以找到好的城市？曾經到過國外的市民可能會聯想到美歐的城市 —— 巴黎的香榭麗舍大道、紐約的中央公園、羅馬的廣場、舊金山的碼頭、溫哥華的水岸等。

事實上，這些都只是部分美歐城市的片段，真正一般的歐美城市正在為過度郊區化與不當的政策，付出慘痛的環境與社會代價。

在美國，包括鳳凰城在內許多過度成長的新興城市，住宅的過度開發與炒作是這波次級房貸所引起全球經濟風暴的主因之一。在歐洲，一度膨脹的城市在工業外移的衝擊下，均面臨了萎縮的困境。一個多世紀來，以美歐為主導的工業化與城市化所形成的龐大能源消耗與廢氣排放，更是造成目前全球氣候變遷的主因之一。

美歐城市的發展模式一直是台灣與許多亞洲城市仿效的對象。

我們以汽車代步、用公路把水岸與城市隔離開來；在台北，熱滾滾的傳統夜市被現代的玻璃罩所套死，「風華再見」；在台灣各地，一塊塊肥沃的農地被炒作出來的住宅所侵蝕；為了虛構的經濟成長，我們繼續興建不永續的水庫與核電廠；為因應工業的需求，我們喪失了自然的海岸。當我們自以為邁入工業化國家之列時，其實不過只是重蹈別人的覆轍。

今天許多美歐城市已意識到城市本身的問題，從公部門的政策改革到市民團體的草根實踐，從綠建築的推廣到都市農業的經營，一場城市與環境的寧靜革命正在開展中。

廖桂賢的這本書記錄了她多年來旅居國外，對這些城市改革成果的觀察與體驗，從美國東岸到西岸，再到西歐與北歐，甚至非洲與其他亞洲城市，這本書記錄的不僅是城市空間的改造，還包括更深層的文化價值與環境結構的反思。它對不同的案例有讚賞、也有批判，更重要的是這些觀察來自於她生活中的體驗，而非只是資料的分析。

這是一本每一位環境與城市設計者以及關心城市的人都需要看的好書，它提醒我們日常生活的環境足跡，也同時指出城市改造的可能性。它讓我們體認到：一個好的城市不僅在於外表的形式，更在於它的環境責任與文化內涵。

台灣的城市也有美的一面，它的美來自於在一個有限與高密度的空間裡，我們營造了適宜居住的環境。大部分的都市居民從他們的公寓或住所走出來，不用幾步路就可找到生活所需的服

務；我們的城市幾乎 24 小時都有活動，同一個地點在一天的每個時段可能有不同的使用，發展出早市、午市、夜市的文化。高密度的環境，讓我們的生活更方便、更多樣、更有活力，也讓我們的城市文化更有厚度。

當然，台灣的城市也有不少棘手的問題，我們的永續政策多半只停留在口號與包裝，我們的官員們一邊騎著單車響應環保、一面卻讓難得的都市綠林被水泥巨蛋所取代；我們的公部門被賦予保護文化資產的責任，卻容許寶貴的歷史建築與社區網絡一再被摧毀。

在讀完這本書後，讓我們也來用力檢視台灣城市的環境問題與文化價值，建構與整建我們的好城市。

04

他山之石可以培綠

── 曾旭正

國立台南藝術大學建築藝術研究所所長

國家發展委員會副主委

20 世紀末興起的「新時代運動」（New Age），提供了另一種全觀人類社會的視野；這是一個不一樣的生活實踐觀念，一種更具覺察性的實踐。

新時代運動的推廣者普遍相信，從 1997 年 1 月 24 日起，太陽系由雙魚座進入寶瓶座，揭開一個 2000 年的寶瓶時代（Aquarian Age）的序幕；人類將由注重物質的雙魚座時代，進入一個強調心靈探索、精神修養的新時代。他們認為，在寶瓶時代中，人類將對長期被忽略的自我心靈，產生前所未有的關注，並透過修行，進一步參悟群我與宇宙的深刻聯結。

如果我們將這個說法視為一個願景，而非預言，那麼寶瓶時代是值得追求的。在這願景的吸引下，如果每個人都能從自己所在的地方，來覺察自我是如何存在著，那我們就會看到並關注自己的身心靈、自己對環境的作為，以及環境的狀態等課題。永續環境的課題，就是這樣一點一滴進入我們的生活中。

近 20 年來，「永續」（sustainability）已成為許多國家在環境關懷上的重要概念，在環保、城市規劃與建築設計上被熱烈地引用與討論，相關書籍也大量出版。在歐美諸國，它甚至已逐步落實於盟約、法律、技術規範、實際規劃、城市管理、建築設計與營造工程等，成為一套龐大的實踐系統。

值得注意的是，上下貫穿這套系統的是各種層次的自我約束、新的學習以及公民參與；亦即，「永續」不但是工程師的新標準，也是環保人士的新標題，更是政府的新口號。但「永續」絕不僅止於此，它更是一項包含著反省與實踐的社會工程，呼求全民參與。

台灣雖然在「永續發展」的論述上屬於後進，但「永續發展」論述仍然很快地在台灣被重視。「綠建築」、「生態工法」、「生物多樣性」等概念，儼然成為新標準，但人們是否認真地追尋這些新價值，則有待觀察。

「永續設計」在建築學界還沒占到應有的位置，它通常被視為一種「技術」，屬於某些人的專長，而非基本素養；與此同時，「綠建築」雖已被列為實務的目標，但並未充分進入學校的設計教學之中，在一向重視形式的建築學院中，根本還找不到與永續設計接合的樞紐。

本書作者廖桂賢並未接受台灣的慣行建築訓練，或許因此，她可以順利地接上這項新的專業趨勢，更幸運的是她可以在西雅圖這麼美妙的城市中學習。在書中，她以西雅圖為基地，參與

各種活動並展開種種城市觀察，進而從空間課題擴及永續環境的其他面向，包括市民參與公共政策、交通、治水、綠色生產消費等等。深度的觀察、豐富的資料、生動的描述，讀來十分暢順，也讓讀者一再受到鼓舞而心生嚮往。

相信這本書可以適時為台灣的環境專業帶來啟發，也可以鼓勵一般民眾更加關注自己所在的城市、社區與住家，進而合作實踐。希望有一天，我們可以驕傲地與其他國家的朋友分享綠色台灣的經驗。

「好」城市的定義，未必是完美無瑕的 但需有遠見的市長，與不斷挑剔的市民

—— 郭瓊瑩

中國文化大學景觀學系系主任

　　城市是個有機體，也是個人文、歷史與自然相互作用而形成的動態空間涵構，不同時代對「好」城市之定義自有其時代性之角色與期待。

　　惟自工業革命後，因快速發展人們開始移居到城市中心，在人口壓力與公共設施不足或不全之因果循環下，所謂人居地區（Human Settlement）逐漸緊密、擁擠，自然森林、綠地少了、河川加蓋了或取直了，一直到人們以為「城市」本來就是「人工」的、本來就沒有自然生態……而這個「錯誤」的思維一直延續至今，連決策者都誤以為「城市」就只是「鄉村」的相對詞。

　　全球「綠色城市」評比，美加以溫哥華、西雅圖、波特蘭為首，歐洲以哥本哈根、漢堡、斯德哥爾摩，亞洲國家則以新加坡為首，而東京、香港、首爾、大阪、台北也上榜。除此之外，更有「永續城市」、「健康城市」、「宜居城市」、「韌性城市」各種評比。許多市長極力去爭取頭銜，但也有很多「好」城市並未在意是否去參與評比。因為「好」的定義並非只有數字指標，而一個值得讓人住下來、喜歡且引以為傲的城市也可能不大、不富有、不知名，但其市民有一種特殊的氣質與品味，以及對其生活城市之責任感。

　　作者旅居國外多年，近年又來往於亞洲城市（新加坡、香港與台北），她以敏銳的觀察力與對「生態」理論與實務客觀之知識力、清晰的批判力，直接或間接闡述「可持續性」之整體價值觀與多重可行之選擇，兼具理性與感性。

　　就生態學觀點，跨領域之專業整合是珍貴的。作者有經濟、社會學背景加上生態與自然科學之研究與教學，而承襲賓夕凡尼亞大學馬哈教授（University of Pennsylvania Ian McHarg）之生態規劃信念，此正可支持其更客觀與宏觀之論述，正如書中所言：「京都鴨川不美了」，但似乎從來沒有一個城市是永恆的。

　　以作者所長久旅居的「西雅圖」城市為例，背後亦有其自然與人文的歷史進程。「西雅圖」係紀念一位有遠見對土地充滿愛與信仰的印第安酋長「Chief Seattle」（1786-1866），他發表了一篇知名的演說〈西雅圖的天空〉，告知其子民，白人政府要購置他們原來世代棲息的土地，逼迫他們放棄原來生長的土地遷移到保留區，以做為因應都市化、工業化之需求。

　　他的動人聲明是：

　　「您怎麼能夠買賣穹蒼與土地的溫馨？多奇怪的想法啊！假如我們不擁有空氣的清新與流

水的光彩，您怎能買下它們呢？」

「河流就如同我的兄弟，滿足了我們的乾渴，河流載運了我們的獨木舟，並養育了我們的子孫。如果我們將土地賣給你們，你們必定要教導你們的子孫，它是我們的手足，也是你們的弟兄，因此，你必須對它付出關懷，一如你對待你的兄弟一樣。」

「我真的不懂，我們之間的生活方式是如此不同，你們城市的景象刺痛了紅人們的眼睛，但也許因為紅人們是野蠻人而無法理解吧！……假如不能聽到夜鶯孤寂的叫聲，或是夜晚池畔青蛙的爭鳴，那會是怎樣的生活呢？」

紅人的土地終究還是被白人以低價買走了，遷居了，而今以「西雅圖酋長」之名紀念他，命名為今日之「西雅圖」城市。

而那個有清新的空氣與流水的光彩的城市之呼喚，或也因此後人受其感召，西雅圖城市儘管也有一段印第安人世居土地之開發血淚史，而今卻積極追求創造酋長期許的「土地倫理」。自有人類都市文明史以來，就沒有一個城市完美無瑕、永恆的，而即便是千年美麗的古都──京都，也會在現代化過程中因「人類生命安全」之由，決策者及民意代表之政治考量，而讓鴨川之自然風土美質也漸漸蛻變中……

而今無論用何種科技專業術語如「韌性城市」、「低衝擊城市」、「海綿城市」、「綠色城市」……回歸人與土地之本質：

清新的空氣

流水的光彩

枝葉迎風的聲音

池畔蛙鳴

可划獨木舟的河流

其實這正是「宜居生活」的簡單訴求，無論大城小鎮，無論鄉村或荒野，如果決策者有遠見有對土地之敏銳度與責任感，而人民對生活品質之訴求也能不斷要求、挑剔。能住下來的好城市應是繁星點點。

恭喜本書再版！

也期許讀者在閱讀時除能神遊各國外，也能回歸自己生長的城市與土地。想想我們該如何回饋它！

國外月亮並沒有比較圓

—— 黃舒楣

台灣大學建築與城鄉研究所助理教授

　　得知桂賢的這本書即將再版，很是為讀者高興，在書市蕭條之際，好書還是不寂寞的。我自己與作者桂賢的緣分說來奇妙，未相遇在西雅圖之前，已是她的網路寫作讀者，她當時在工作之餘仍能分享城市環境觀察心得，寫出該城市在平凡外觀下為生物考量的細節（說實在，在強調全球化城市競爭的 21 世紀初，西雅圖絕對不是最為麗燦爛的一個城市），突破一般空間專業注重形式風格大於組織動態的長久盲點，讓人很是注意。

　　沒想到，後來我個人到華盛頓大學建成環境學院進修博士，成了桂賢的學妹，常有機會和她一起散步走踏，一度還成為室友共同完成論文寫作，在最艱困的過程中，更深刻體會到人的生活不能遠離自然 —— 不只是心理精神上需要有機會連結陽光、綠與水，隨時我們在消耗並創造「自然」，以人的需求來合理化自然的特定狀態（例如「水岸住宅」總是強調第一排的絕佳景觀，卻窄縮限定了人與水的關聯，曲解水只是視覺景觀元素），在在需要反省。

　　這一路我受惠於桂賢許多，調整了很多成見想法。藉由這本書，我想各位讀者也能有機會反省自己的生活與自然的關係，不論是為了日常實踐的調整，還是專業思考的突破。特別想指出的是，這是一本有關環境思考邏輯突破的書，遠遠不只是國際案例集成，桂賢的寫作其實常常特別指出國外月亮並沒有比較圓，而這一點是特別值得放在心上的。

　　這是一個不容人類猶豫，環境持續因為人類足跡而劇烈變化的世紀，以科學家的說法可稱之為「人類世」（Anthropocene，在 2000 年由 Paul Crutzen 與 Eugene Stoermer 提出），意指人類生活方式造成的巨量碳排放、塑膠垃圾以及核武測試所釋放的放射性物質等等，已對地球造成難以逆轉的影響，人類活動造成的地質變化規模已在國際年代地層表（即質學時標，Geological Time Scale）留下了不容忽視的顯著影響。

　　此刻我人在廣島，看著追悼原子彈爆炸遇難者和平祈念館中的地質剖面模型，特別有感於此。無可避免，人是自然的一部分並且深刻地影響著整個複雜系統，我們應當對自身所為如何關聯自然更加有感，並負起相當的責任，閱讀這本好書，我想會是很好的起點。

03

打造友善城市的最佳參考指南

——姚松炎

香港立法會前議員

香港中文大學前副教授

做為立法會議員，在香港想推動更多更好的環保政策，是非常困難的事，一方面既因為很多環保政策影響既得利益集團的利益，加上一般公務員怕變得錯的心態，如果沒有其他城市的成功實踐案例，很難說服他們嘗試。可惜學術界很少提供環保方案的實踐過程和遇到的困難，國際期刊一般只重視理論推演和科學驗證，輕視實踐的過程和解難方法。

過去幾年有幸與桂賢在同一大學任教同一課程，而且在未來城市研究所合作進行多項研究、社區調查和安排學生活動等等。我亦不時邀請她為香港的在職專業人士講學，找機會向她學習和請教。早在認識她之前就已經在課程主任的推薦下閱讀她的著作《好城市》。最近欣聞書籍再版，桂賢邀請我為書籍提序，正好把這幾年的合作個案做一簡單總結。

2016 年底桂賢應我的邀請，為香港的建築界專業人士在「河溪活化」的研討會上發表她的研究成果。香港與大多數城市一樣，曾經以為工程可以克服一切，城市不會水淹，所以在過去70 年大量河道被石屎化（混凝土化），把河道變成地下汙水渠，由渠務處負責管理。從前的濕地因為河道被石屎化而變成乾田，對候鳥和生態帶來嚴重的影響。然而，正如桂賢在《好城市》的〈與水和平共存不是夢想〉一章中所言，國際上已有不少河溪活化的成果，為香港政府提供大量資料和實踐經驗，尤其是關於河溪對生物多樣性和生態平衡的作用，和海綿城市的概念都令人眼前一亮，影響著政府官員和學術界對未來城市的想像。去年香港政府終於開展有關藍綠基建的可行性研究，包括了河溪活化在內的研究。

就此題目，我和桂賢和一班城市規劃的學生應「文化葫蘆」平台的邀請，為屯門河的河溪活化進行研究，並在今年四月在屯門公開展覽，進一步推動河溪活化的公眾推廣，希望更多市民支持我在立法會推動香港回復海綿城市的特質。

另外，香港與國際大城市最相似的地方莫過於以車為本的城市設計，到處都是高架天橋，每天的繁忙時間都是大塞車。可能因為公共交通也很方便，單車（自行車）在香港曾經是幾乎絕跡的交通工具，馬路的設計把單車排拒，沒有任何單車設施，而且大多數駕駛者都對單車不友善，令到愈來愈少人敢踩單車。現時絕大部分市民只把單車看作假日消閒活動，幾乎沒有人以單車代步通勤。

讀過書中的〈交通，非靠汽車不可？〉，知道歐美已經有愈來愈多的城市推動單車友善，

成為抗暖化的綠色交通工具。西雅圖的經驗對我非常重要，推出「聰明騎單車」系列活動，包括新手上路訓練，自行車檢修保養課程，女騎士聚會、通勤路徑規劃服務……希望藉由實用、免費的活動，刺激市民騎自行車通勤的意願。

因此，我決定在去年選舉期間，把提倡單車友善城市寫入我的政綱，更在選舉期間跑到荷蘭考察單車友善設計，並在當選後實踐我的政綱，推動以單車通勤的大型活動「天光 Ride」，在清晨時段當路面尚未繁忙時約同幾十部單車，一起踩單車上班上學，晚上一起踩單車回家。這活動已經實行超過四個月，效果非常理想，當單車數量增加，十多部單車在一起，反而變得有質感有重量，路面的其他汽車駕駛者因而會尊重這部「車輛」，讓它占用路面，和平共處。我們還舉辦各式各樣的單車活動和提供租車服務，現在正在設計一份香港首份民間單車通勤路徑規劃圖，為香港的單車友善城市未來踏出一步。

最後，必須感謝桂賢為置富山谷的生態保育公園方案所做出的一切協助和努力。香港政府為了增加土地儲備，最近五年開始向綠化帶土地埋手，其中一幅位於郊野公園邊陲的土地，已經荒廢了 20 多年，現時綠樹林蔭。政府突然宣布要把它發展為公營屋邨。一班附近的居民因此走入山谷，竟有驚人發現。包括發現百多年前的牛奶牧場遺址，40 多株百年古樹，還有世界瀕危級別的短腳角蟾和易危級別的小棘蛙。但是大家都不知道應該怎樣向政府提出保護要求。

我記得《好城市》中的城市修復行動，裡頭提到很多案例：〈水泥叢林變綠色城市〉、〈受傷的土地變公園〉……所以我邀請桂賢到山谷一行，她還邀得台灣的生態專家與我們一起走進山谷，給我們很多寶貴的專業建議，並推介很多世界各地的專家學者為我們的保育方案提供意見，實在衷心感激。我們已經向城市規劃委員會提交了這份詳盡的建議書，建議把置富山谷改劃為香港首個古蹟生態保育公園，很快便會有結果，希望可以成為下一版《好城市》中的成功案例。

目 錄

PART 1 有個性的城市最迷人！ 030

PART 5　城市設計革命，未來城市的任務

挑戰觀念，相信改變

　　國三那年，我和成千上萬同齡的台灣小孩一樣，在枯燥的日子中準備著高中聯考。有天，國文老師把我叫了過去，憂心地叮嚀我：「妳的作文得好好加油，不然會考不上北一女……」

　　我深知自己的作文能力是再怎麼加油也沒救，只好靠其他科目來補作文的不足。學生時代，我的美術科總能拿高分，但作文成績就是難看得很；我以為自己沒有寫作天分，寫不出來也就益加畏懼寫作。

　　20年後的今天，我卻樂在作文。2005年底，我趕上流行也開了個部落格「西雅圖凹凸鏡」，書寫城市空間、環境生態與文化現象。三年來陸續在部落格和其他媒體發表的文字，經過一番改寫與編輯後，化成了這本《好城市》。

　　我不再害怕寫文章，是因為發現寫作能力無關天分，而是思考習慣的問題。學生時代的我之所以寫不出來，是因為不懂獨立思考，並盲從權威或主流觀點，因此別人的觀點就是自己的觀點，換句話說自己根本沒有見解。另一方面，我在接受主流論述之前並未深刻了解其背後的邏輯，因此即便是自己深信不疑的觀念，也不過是一知半解。沒有自己的見解又講不清別人的論述，寫文章自然是件痛苦的事。

　　其實也是到美國之後，我才豁然想清了這件事。在美國念書，若沒有獨立思考的本事，若只是全面複製他人的觀點，就不可能有好的學業表現。寫論文做報告，即使得引經據典、參考前人意見，沒有自己的想法卻是不行的。我也發現，僅僅是彙整大批文獻的報告，總不如挑戰別人論述、直陳自己想法的報告來得精采有趣。無論是建立在認同或挑戰前人或主流觀點之上，個人觀點的產生都是無法速成的；得咀嚼消化、抽絲剝繭地分析現有的論述，經過延伸、轉化或是改進後，才能真正成為自己的觀點，這就是獨立思考的過程。

　　但是，獨立思考，跟這本書又有什麼關係？

　　這本書每篇文章的主題雖然不同，但同樣都是我獨立思考的過程，是我對主流或即將成為主流價值觀的挑戰，也是城市挑戰舊觀念的具體行動紀錄。為什麼要挑戰？因為當整個社會都懶得獨立思考，僅仰賴片面資訊就輕易地擁抱似是而非的觀點（例如，若不興建停車場就無法改善停車問題、水患問題一定得靠河川整治才能解決……），那麼就不會對都市環境問題追根究柢，解決方案不過是重蹈覆轍。而我訴說城市改造的故事，不在於推廣一套建造好城市的固定公式，更意在傳達

行動背後的精神：唯有觀念革命，城市才會更好 ── 對自己、對地球都好！

　　因此，這本書表面上談的雖然是城市設計，骨子裡的精神就是觀念挑戰。我一直樂觀地相信，在任何議題上，只要愈多人開始質疑、反省那些視為理所當然的論點，就會發現問題，並愈願意採取行動。在城市改造上，我期待改造的力量不只來自於空間專業者，更大量地來自於一般小市民！

　　我用獨立思考來寫作，也盼望讀者在閱讀本書時能夠獨立思考，更歡迎讀者挑戰書中呈現的觀點、指正我的邏輯錯誤；因為唯有不斷地挑戰、思辯，社會觀念才會革新、進步。過去三年來，許多部落格的讀者已經給了我不少深刻的挑戰，直指文中的盲點並丟出精采的問題，刺激我重新思考，從中又獲得了新觀點。我著實感謝眾多部落格讀者帶給我的學習、成長機會。

　　卻由衷希望，來自讀者的挑戰不只是：「人們不可能放棄現有價值觀和生活習慣的」，或是「這是不切實際的」的批判；在我看來，這並非觀念上的挑戰，反而是不願挑戰現況、不願正視問題根源的保守思維。

　　在我心中，改變不在於可能性高低，而是集體意志的問題，沒有什麼改變是不可能的！2008 年，當非裔的歐巴馬當選為美國總統，我這樣的信念又更堅定。

　　感謝野人出版社的賞識和邀請，讓過去那個作文寫不出來的我，20 年後得以出版人生第一本書。但出版一本書絕非個人表演，實在是團隊合作成果；編輯蔡麗真的專業、細心和辛勞，讓我有此深刻的體會，要特別致謝。

　　也特別感激四位為本書作序的老師：曾旭正、侯志仁、阮慶岳、楊子葆。十年前我決定「轉行」投入地景建築專業，申請學校時卻面臨找不到相關專業老師寫推薦信的窘境，厚著臉皮請求僅有一面之緣的曾旭正老師幫忙，老師竟爽快答應，讓我得以順利走上規劃設計這條路。在西雅圖的侯志仁老師亦師亦友，特別是當我在專業實踐和人生規劃上掙扎時，都能給我中肯的提點，指引可能的方向。而阮慶岳與楊子葆老師與我素未謀面，卻不吝為文推薦，對我實在是莫大的鼓舞！

　　此外，在本書的寫作與編輯過程中，我身在柏林而不在西雅圖，友人徐名頤拔刀相助，四處奔走幫忙拍攝遺漏的影像，要用力感謝。其實，一直以來許多國內外親友 ── 熟識多年或剛認

識，他們直接或間接幫忙，甚至是精神鼓勵和相知相惜的友誼，都是我得以持續寫作、讓這本書成為可能的原因，我無法一一具名，但在此由衷感謝。

　　出版第一本書不是上台領獎，卻也是難得偷來的感恩機會，尤其是對於不善言語表達感情的我。九年來，我享受著與我最好的朋友，也是另一半的知性對話，許多時候因為與從事截然不同研究的他辯論，讓我釐清論事的邏輯；而我更感謝他任我做一個很不典型的妻子。我雖然總未清楚地向爸媽、公婆和姊妹解釋我到底在搞什麼東西，但他們仍讓我無後顧之憂地走我想走的路，我是多麼幸福有這樣的無條件支持！尤其是爸媽，辛苦一輩子讓我從小到大衣食無缺，所以我得以奢侈地做一個理想主義者、樂觀主義者，而不用成為向現實低頭的妥協者。

　　從「西雅圖凹凸鏡」部落格到《好城市》這本書，我寫作背後的信念不變。做為一個無可救藥的理想、樂觀主義者，我相信一切改變都有可能，也希望讀者跟我一起這麼相信著！

誰說改變不可能？
請跟我一起做大夢！

　　先將時間回到 2009 年 7 月,《好城市》初出版之際。當時,即便許多朋友基於友情大力支持,卻對這本書的銷售不樂觀,不忘間接或直接告訴我:「你這本書陳義過高,可能很難賣」;也有人大致瀏覽之後就單刀直入說:「你講的這些在台灣不可能!」或許,這些朋友是幫我做「心理建設」,擔心出第一本書的我因期待而受到傷害,我謝謝他們的好意。但是事實證明,《好城市》的表現未如那些朋友的悲觀預期,在書市慘淡的年代竟然還算「小暢銷」,顯然讀者願意閱讀、甚至接受書中所倡議的種種永續城市理念,以至於 2017 年的今天,《好城市》得以再版,經過一些改寫與資料更新,以新面貌再度呈現。

　　這幾年來,我有許多機會受邀到各地演講,同時也在臉書上針對環境與社會議題做簡短評論,持續以不同的形式來推廣永續城市的理念與做法。這幾年來,即便認同相關理念的人越來越多,卻不乏向我潑冷水的人,不外乎認為:「你太過理想,這是不可能的」、「理想跟現實有差距」。但是,回首這些年來,在現實上台灣其實發生了不少正面的改變,有些改變快速到連我都感到驚奇。

　　例如,8 年前當我在〈幾乎人人都有自行車的城市〉一文中介紹丹麥哥本哈根的公共自行車系統時,壓根兒沒想到,今天,台北市不但已經有了自己的公共自行車系統 YouBike,而且非常成功,不但成為市區內重要的交通工具之一,甚至還擴張到了新北市、桃園市、新竹市、台中市、與彰化縣。不僅如此,台北市還建置了通勤用的自行車道系統,即便系統仍遠不若自行車天堂的荷蘭、丹麥、德國城市的完善,但已經讓香港羨慕不已。又例如,當我在〈買在地、吃在地〉一文中寫西雅圖的農夫市集時,啟會料到,在有心人士的努力推動之下,今天,農夫市集在台灣已經相當普遍,成為城市生活的一部分;在該文中,我提到本土產品對永續的重要性,時至今日,不管是為了什麼理由都好,台灣人越來越支持「台灣製」的產品,在亞洲其他城市包括我居住過的香港和新加坡,也可以看到一股復興「本地產製」的潮流。

　　改變,也發生在專業界。例如,我在〈街道和雨水的故事:想像一個海綿城市〉(本版更名為〈從想像到實踐:打造一個海綿城市〉),提出「海綿城市」的概念,主張城市應該要模仿森林水文,能夠如海綿般地吸收雨水。萬萬沒有料到,今天,「海綿城市」已經成為中國大力推動的雨洪管理政策,其中央政府投入驚人的預算,在數十個城市試點打造相關設施;類似的,台灣政府也積

極推動「低衝擊開發」（Low-Impact Development）相關設施。「海綿城市」、「低衝擊開發」等利用自然機制來處理雨水逕流的相關設施，雖然在台灣與中國的城市中仍未普及，但其觀念已經在實務界中被廣泛接受，嚴格上來說已不算是需要大力推銷的新觀念。

又例如，我在〈還地於河，荷蘭與河流握手言和〉一文中所介紹的「還地於河」概念，今天，已是台灣水患治理領域中經常被提及的名詞。「還地於河」是我對荷蘭 Room for the River（荷文 Ruimte voor de Rivier）政策的翻譯，2006 年，我第一次將這個令我驚艷的政策介紹給台灣環保界的朋友；後來，從網路上發現有水利工程師乃至一般民眾認為「還地於河」這件事情簡直是駭人聽聞、不可思議。但也不過短短幾年間，「還地於河」就成為專業界越來越能夠接受的水患治理新思維。值得一提的是，「還地於河」開始有了異於荷蘭 Room for the River 政策的不同詮釋，例如，有人以「還地於河」來形容埋於地下管道的河川開蓋。我認為這是很好的發展，因為中文的「還地於河」強調「還」的動作，不必然要局限於荷蘭 Room for the River 政策的實際做法，台灣可以、也應該要發展出屬於我們自己的「還地於河」政策。

當然，以上所提種種現實上的改變，其相關細節還需要深入探討，以了解這些改變是否真的幫助我們往永續的道路邁進。此外，為了避免誤會，也要先澄清：舉出以上現實中的改變，絕非認定這些乃《好城市》所促成；以上種種改變是許多人共同倡議推動的結果。提出這些現實中的改變，是要強調：理想與現實沒有那麼遙遠，改變絕對是可能的！

現實，當然遠非一片美好。今天，台灣在很多方面仍然落伍。例如，台灣的城市中仍然充滿汽機車，即便在有較完善捷運系統的台北市，道路仍是以汽車為大，行人次等，即便這幾年有些路段的人行道拓寬、擴大了步行空間，行人還是得吸大量汽機車排放的 PM2.5。又例如，台灣各地的河川仍然處於水深火熱之中，這幾年，當都市裡的河溪都被硬體工程「整治」殆盡之後，換成大量的山中野溪遭殃；既然醜陋的水泥工程已難以讓一般民眾接受，就漂綠，改以所謂的「生態工程」繼續破壞河溪生態。

最頑強不改的，是台灣的主流價值觀——拚經濟，而且我們仍然用最落伍的方式——犧牲環境和人道——來拚經濟。城市發展，仍然過度重視硬體建設和土地開發。為建設而建設，造就了全台各地大量的蚊子館；為開發而開發、視土地和家為「房地產」、將農地變建地，造就了全

台各地大量的空屋、假農舍和閒置建築用地，當然還有大量因為區段徵收而被迫離開家園的傷心人。不必要的開發破壞環境、浪費地球資源、傷害人權之外，令人最心痛的是，隨著永續城市規劃設計的相關概念愈來愈受到重視，近來許多極具爭議的開發計畫也被漂綠。台北市政府這兩年來大力推動的社子島開發案正是一例，以「生態社子島」為名，堆砌大量永續規劃設計相關詞彙，包括「成長管理」、「緊密城市」、「綠色運具」、「生物廊道」、「物種DNA生態基地」、「低衝擊開發」，甚至還有「還地於河」等等。許多概念誤植不說，開發一個環境敏感地帶、築以10公尺高堤、且很可能讓現有居民因負擔不起高漲的房價或租金而離開，這樣的計畫何「生態」之有？

　　即便現下的台灣仍有太多需要進步的地方，也絕不代表未來一片黯淡。台灣的現況提醒我們，我們還有更多工作要做。8年前，我以〈挑戰觀念，相信改變〉作序，今天，我仍堅定相信未來會有更多的正面改變會出現，而本書介紹的許多的新觀念以及國外案例，仍然應做為台灣努力的目標和參考。

　　然而，許多台灣人往往一看到來自所謂西方先進國家的案例，就馬上認定「台灣不可能」。這往往讓我感到無奈，因為如此的武斷不但無益、還有害。為何說是武斷？因為任何一件事絕不能只憑直覺或片面觀察就草率歸納、妄下結論。一個在其他國家成功推行的政策或運動，在台灣有沒有可能推動？要回答這個問題，得先分析促成該政策或運動的驅動力以及各項主客觀條件在台灣是否具備。如果沒有做任何一丁點的分析就斷言「台灣不可能」，無異於膝反射，不但沒有建設性，而且正是阻礙改變的原因之一。太多根本不了解國外情況的台灣人，卻總是一口咬定好政策不可能在台灣推動，這種非理性的態度，是台灣人自己最需要先改變的地方。因為，若多數人一開始就否定了改變的可能性，當然難以造就改變。

　　改變，也需要耐心，不能輕言放棄。一直看不到的改變，也許下一秒鐘就會發生。歷史事件一再證明，人類社會絕大部分的改變不是線性進行，並非循序漸進，引爆改變的元素可能潛伏在社會中，不動聲色地累積能量，直到出現一個「催化劑」，當事情被催化到臨界點，就產生了天翻地覆的變化。換句話說，即便今天未見任何動靜，不代表明天不會有劇烈的改變發生。

　　未來的可能性也難以就當下的主流價值觀，以及社會、經濟、環境等狀態來預測，畢竟今天的現實不等於明天的脈絡。以今天的現實來預測明天，等於是忽略了大環境本身會改變的可能性，是短視而非遠見。我之所以不怕倡議當下看似「陳義過高」、「太過理想」、「台灣不可能

發生」的觀念和做法，是因為相信那是人類社會應該要走的路。很多人可能不知道，150 年前，「公園」——讓公眾（而不只是權貴階級的皇室）可以享受的園林綠地——是一個被視為激進的概念；但現在，哪個現代城市沒有公園？如果，我們不勇敢做夢，未來哪能發生改變？

　　過去四年多，我在新加坡國立大學建築系以及香港中文大學城市研究課程都教授「永續城市」的必修課，談現代城市如何不永續、為何不永續、又如何邁向永續。永續課題做為大學的必修課，本身就是一個正向的重要改變，因為 20 多年前我在台灣讀大學時，並沒有這樣的必修課。2016 年底，在香港中文大學的最後一堂課，一位學生提出了一個問題（她以英文提問，我翻譯如下）：「上完這門課之後，我了解城市不永續是制度上、結構性的根本問題，那您可不可以教我們該如何去挑戰現有結構？」這個提問讓我非常欣慰，表示學生對永續課題已有深刻的理解；卻也讓我糾結，不知該如何回答。

　　「每個人在自己的崗位上盡好本分就好了」，這是過去面對關於大環境的問題時，我這一代的人被告知的「標準答案」，但是永續課題的答案卻恰如其反。「在自己的崗位上盡本分就好」只是「不要想太多、管太多」的包著糖衣的說法，只會強固現有不永續的結構。要促成結構性的改變不可能容易，得要有許多人積極跳脫那個狹隘定義「本分」的現有結構，得要有許人不顧一切、不計較名利得失、不畏異樣眼光，去做那些非主流的倡議甚至革命工作。我該鼓勵學生：「你必須要叛逆、必須起身革命」嗎？我該鼓勵他們走一條困難的路嗎？這是做為一個老師的糾結。

　　那麼，我自己怎麼挑戰現有結構呢？教育與研究，是我的主要工具，試圖間接促成改變，特別是透過在大學教書，我可以試圖影響很快就會成為社會中堅份子的大學生。即便不忍鼓動他們在經濟仍不穩定的時期叛逆，但我希望在他們心中種下革命的種子，盼他們未來衣食無缺時，這顆種子就會發芽茁壯。

　　這幾年來，陸續有年輕學子告訴我，正因為讀了《好城市》，所以想要投身永續城市的相關領域。《好城市》是我在社會大眾中撒的種子，因為相信改變。

　　相信改變，不是因為過於天真浪漫，而是基於事實的理性預測。我相信，有緣分閱讀到《好城市》的讀者，不管是初版的舊雨或是再版的新知，心中多多少少都渴望看到社會的正向改變，因此，我邀請你們跟我一起做夢——做大夢。只要大家一起，我們就不怕倡議看來激進的理念，不怕冷水不斷澆頭，然後總有一天，某個催化劑會在我們意想不到的時候出現，改變的烈火就會猛然燒起。

設計健康綠城市

如果說，一個城市生病了，人們會想到什麼？是一個骯髒擁擠、基礎設施不足的城市？還是一個交通經常打結、有著嚴重空氣和噪音汙染的城市？這些伴著許多台灣人成長的城市問題，深植於我們對生病城市的印象，而台灣人長期以來擠在讓人喘不過氣的侷促空間中，許多人羨慕著美國、加拿大地廣人稀的居住品質。但是我們可能很難想像，那些外表乾淨亮麗、有著筆直寬廣街道、且人人擁有獨棟房舍和獨立庭園的城市，也一樣病得不輕。

現代城市設計不良，生病了！

無論是我們自己的城市，還是讓人稱羨的歐美先進國家城市，都像是愈來愈沒有效率的笨重機器，一方面必須投入更多的自然資源才能運轉，另一方面也不斷地排出大量垃圾、髒水和髒空氣。由於這「城市機器」的設計不良，不但讓市民無法健康地生活，還連帶賠上整個地球的健康。

如果將地球上所有城市的面積加總起來，其實不到 3% 的地球面積，但是根據 2001 年的估計，城市的二氧化碳排放總量卻占了地球的八成（78%）、木原料用量占了近八成（76%）、民生用水占了六成（60%）。城市的物質消耗造成環境惡化，並透過全球化貿易，讓其環境影響也國際化了。如今，地球益加都市化，城市所造成的環境影響應是更為巨大。

人是大自然的一部分，人類活動就跟野生動物改變自然環境一樣，也是自然現象的一環。但是，沒有任何一種動物像人類一樣，對地球環境所造成的改變是如此劇烈且規模龐大。當人類群居於城市，以提升生活品質、追求經濟成長為名，持續進行硬體環境營造與製造消費兩種主要活動時，這兩股力量龐大到足以決定全球環境的變遷。

但是，我深信城市的本身不是環境的必要之惡，不適當的硬體建設和過量的製造消費才是對地球最大的負擔，是讓城市生病的原因。那麼我們該怎麼做，才能讓城市健康、讓市民和生態環境也健康起來呢？

本書描繪了可能的解決方向，期望能啟發所有關心自己生活環境的城市人。如何改造城市的硬體環境，是本書討論的重點，提供城市規劃設計相關專業者參考。

只有綠建築絕對不夠，還要有綠色建設才行！

城市中最顯著的硬體，莫過於建築物了。城市是地球上建築物最密集的地方，但許多建築物因為使用對人體有害的建材、採用耗水的衛生設備和澆灌設施、通風和採光設計不當（甚至完全仰賴人為照明和空調設備），不但成為讓人生病的病態建築，也是吸取能源和資源的大黑洞。

已經有愈來愈多人意識到建築物的種種問題，於是，近年來綠建築的觀念已經受到重視，許多朝綠建築目標努力的建案，在世界各地如春筍後般地拔地而起，這是幫忙減輕城市龐大生態足跡（ecological footprint）的一個良好開端。（參見第 28 頁，延伸觀點〈再回頭想想「綠建築」的真義〉）

但是城市並非只由建築物所組成，各項基礎建設支援著城市交通、能源與水的供給，以及防洪排水、汙水、垃圾處理上的基本運作，影響所及包括城市的水文和能量循環、溫度與空氣流動、泥土的養分等，攸關市民的生活品質與生態環境。設計不良的基礎建設，也是病態城市的病源，因此要治療現代城市，光做綠建築是絕不足夠的。

現代城市普遍以水泥化的硬體工程來解決問題。譬如，興建大量的道路、橋梁、停車場來紓解交通，興建堤防與雨水下水道來防止水災。然而，四通八達的道路益發鼓勵人們以私家轎車代步，增加了石油的使用量，加劇全球暖化的速度；堤防切斷河道與洪氾平原的生態連結，而雨水下水道則將洗過城市骯髒地面的汙水全部迅速排到河中，對河流生態產生嚴重的威脅。

一直以來，城市規劃的最終目標就是讓城市愈來愈適於人居。這個目標雖然沒有錯，但進行的手段卻是以犧牲生態環境來成就舒適生活，猶如殺雞取卵。在台灣，我們不斷地試圖增加建地面積，不但大量開發寶貴的農地和敏感的山坡地，還與河爭地，築堤開發洪氾平原，更將河流當成廢汙水的排水道，使生態環境遭受嚴重的破壞，也影響人們的居住生活品質。

現在愈來愈多城市設計規劃者嘗試在建設與生態環境保護中取得平衡，於是，「綠色基礎建設」（Green Infrastructure）或稱「綠色基盤」的新觀念愈來愈受到重視。

過去人們對於基礎建設的概念是道路、橋梁、下水道等「灰色」、「硬性」的水泥工程，所以「綠色」基礎建設強調了「軟性」的城市基礎建設，不以水泥工程為主要解決模式。城市中那些充滿著植栽的綠地，就是綠色建設中重要的一環，不但可以讓雨水自由滲入土壤，補注地下

水，還提供生物棲息地，維持生物多樣性；當然，還扮演著重要的都市休閒遊憩的功能。

　　不過，綠色基礎建設的概念不只局限於綠色的植栽而已，就像綠建築中的「綠」一樣，也意指能夠與自然環境和諧共存的建設，所有的基礎建設都該朝綠色建設的方向來努力。（參見第181頁，延伸觀點〈從灰色建設到綠色建設〉）

用整建城市來修復全球環境

　　人口向城市集中已經是全球趨勢，目前地球上超過一半的人口住在城市中，而且許多大城市的面積還正不斷地向外擴張。如果擴張中的城市仍然沿用當前的運轉模式，就會像癌細胞一樣，侵蝕著地球生態系的健康。當地球再也無力滿足城市所需的資源、再也無法處理城市所排出的穢物時，城市也將停止運轉，不再適於人居。

　　早在2007年11月，聯合國跨政府氣候變遷小組（Intergovernmental Panel on Climate Change）在其發表的綜合報告書中，就明確警告全世界：全球暖化的趨勢已經不可逆轉，將對人類發展造成嚴重威脅；我們僅有的地球，健康狀況已經亮起了紅燈，在這樣的情況下，我們必須採取更積極的手段來改善生存環境，此刻只談「綠建築」已經緩不濟急，應該更積極地朝向「綠城市」的目標邁進。樂觀一點來看，既然城市有力量造成重大破壞，也就有修復環境的力量。

　　我所指的「修復」，並不是指回復到某種原始的樣貌，而是讓城市中已受損的生態系統如河川、濕地、森林等環境回復健全功能，繼續滋養多樣物種，持續提供與人類發展息息相關的生態系統服務（Ecosystem Services）。

　　生態系統服務指的是大自然無償提供給我們的好處。大自然提供的具體資源，例如農、林、漁產等，其重要性不難理解；但大自然也提供了看不到的服務，像是淨化空氣、潔淨水資源、調節氣候、維護生物多樣性、滯洪防災、分解處理廢棄物等。這些看不到的自然機制並未被包括在經濟成長的計算公式中，人類社會因而視之為理所當然，甚至根本不知道大自然一直默默地替我們工作著。

　　然而，我們卻捨棄原本免費的生態系統服務，用昂貴的科技來取代。只是，許多人造系統還不如自然系統來得好用，甚至不太管用，像硬體防洪排水工程就是其中一例。硬體建設的大量蔓延不但讓城市喪失了生物多樣性、擾亂了自然水循環、流失了有養分的土壤，還同時創造了許

多棘手的災難,例如愈來愈嚴重的汙染和水患。

為台灣修整出一個健康好城市

讓我們想像一下,一個適於人居的好城市,能不能同時也是有著豐富生態多樣性的地方?城市的防災設施能不能在保障人身安全的同時,也維持河流的生命力?我們可能將現有的城市改造為與自然生態系統和諧共存的城市嗎?

我相信這些答案是肯定的,只要我們先徹底改變「人與自然對立」、「城市與生態不相容」這樣根深柢固的二分法(參見第217頁,後記〈一個新的世界觀〉)。其實城市也是生態系統,是物種與環境交互作用下的結果,而目前這個生態系統的運作嚴重失衡,連帶影響了城市中主要物種——人類——的健康。

我們的城市雖然生了病,但解藥已經慢慢浮現;從綠建築到綠色建設,修復環境的抽象觀念已經在許多歐美城市得到具體的實踐,可以做為整建台灣城市的靈感。

本書討論了西雅圖和其他城市的經驗,有精采的好案例,也有值得省思的負面教材。我介紹好案例的目的絕不在於提倡經驗的直接複製,而在傳達做法背後的精神和大原則;畢竟,台灣的自然條件和國情文化不同,國外做法不能、也不該直接移植到台灣。

因此,在此也提醒讀者,閱讀案例時不要拘泥於細節是否適用於台灣,而是盡量咀嚼做法背後的觀念革新,畢竟,挑戰從來就不在於技術的限制,而在於舊思維的桎梏。

台灣人生活在令人喘不過氣的城市中已經太久了!但台灣太小、資源太少,面對城市的舊問題和全球暖化的新威脅,我們沒有空間持續興建道路橋梁、沒有時間等待工程浩大的雨汙水下水道來解決淹水和汙染問題。我們得馬上展開行動:整建生病的台灣城市,將所有的建築改造為綠建築,將基礎建設改造為綠色建設,盡量利用天然又免費的生態系統服務,讓自然生態系統慢慢恢復健康,讓台灣城市重生為健康好城市。

整建城市不只是空間專業者的事,而是每一個人的事,因為城市是你我共同的生活場域,人人都該了解台灣城市的病因,督促政府和專業者,並用創意和膽識來打造一個更美好、更永續的未來!

回頭想想「綠建築」的真義

綠建築，在台灣已經是一般民眾都能朗朗上口的名詞，甚至還成為房地產的行銷手段。但綠建築到底是什麼，恐怕許多人是知其然，卻不知其所以然。綠建築是經過植栽綠化的建築？還是節能省水的建築？

綠建築的內涵當然遠甚於此。西歐和美國已建立了有公信力的綠建築認證標準，而台灣不落人後，目前也有自己的綠建築評定指標系統。由美國綠建築委員會（The U.S. Green Building Council）所研發的綠建築認證標準 LEED（Leadership in Energy and Environmental Design），是在國際上較廣泛使用的認證系統，對建築物的評量包括了基地設計、節水保水、能源使用、材料與資源循環、室內空氣品質，以及設計創新等各方面的表現。

綠建築也只是減少衝擊

從認證的角度而言，一棟建築物能否被稱為綠建築，取決於它是否達到規定的量化標準，例如：省了多少水、節了多少能，或使用多少比例的回收建材等。此外，國內外的綠建築認證制度中，也對建築物「綠」的程度分等級，所以，經認證的綠建築有「深綠」、「淺綠」之分。但不管是什麼等級的綠建築，雖然或多或少都能夠「減少」對環境的衝擊，只要有營造活動仍然會造成一定程度的負面影響。所以，通過認證的綠建築真的就是「綠」建築嗎？

這絕不是個無意義的問題。在綠建築觀念愈來愈受到重視，甚至在國外比較先進的城市中已經成為主流專業價值的今天，「取得綠建築認證就是環保的建築」被視為理所當然。但是，當認證制度愈具規模、愈趨繁複，當相關科技成為焦點，取得綠建築認證變成終極目標時，綠建築做為改善地球生態環境的深層意義，似乎也在技術細節的討論中被遺忘。

在不適合建造城市的地方造「永續生態城市」，永續生態嗎？

隨著綠建築這個名詞愈來愈紅，以綠建築之名行土地開發之實的建案也愈來愈多。例如，阿拉伯聯合大公國的阿布達比打造了一個新的「永續生態城市」泉源市（Masdar），所有建築都是綠建築；但是，在不適合人居的沙漠中斥資進行土地開發案，雖然有著綠建築的相關技術，那些新建築真的配稱綠建築嗎？這個城市真的配稱永續、

生態嗎？那些在原本未開發的土地上進行的新開發案，即使所有的新建築物都得到了綠建築認證，仍是對環境有害無益，因為新建設破壞了原有的生態環境、必須消耗更多的資源，終究是環境的額外負擔。

建築物為人類遮風擋雨，是人類生命中最重要的生活場域。正因為建築物在人類生活中扮演如此重要的角色，我們投注了大量的資源在建築物的興建與運作上；但在能源和環境危機下，我們突然驚覺現代建築物是資源和能源使用的大黑洞，促使了建築營建業的反省。

讓舊建築變綠建築！讓城市「綠」起來！

綠建築觀念的浮現，來自於對現代建築所造成的環境災害的檢討，所以，綠建築的目的，不只是要確保可以遮風擋雨、避寒取暖，也要尊重地球環境。如果我們現在蓋出來的綠建築，僅是「減少」對環境的負面影響，那麼這樣的綠建築對地球環境沒有任何正面效果，充其量比一般耗能、耗資源的現代建築少了一些對環境的負擔，「壞事少做了一些」，但對健康狀況已亮紅燈的地球無濟於事。

因此，今天我們所需要的真正綠建築，不但不能對環境造成負荷，進一步還必須有修復環境的效果。可惜的是，無論國內外主流的綠建築認證系統都還不夠積極，僅滿足於減少對環境的負面影響，對人類的永續發展沒有太大的意義。

面對生態環境惡化和全球暖化的挑戰，我們得盡快採取更積極、前進的手段。一方面，綠建築的定義該更嚴謹：具備環境修復效果的建築才能稱為綠建築；另一方面，綠建築的實務也應該更強調建築的綠改造，與其建造全新的綠建築，更緊迫的工作應是將現有的建築物全部「升級」為綠建築。紐約市就認知了這一點，在 2017 年 9 月，其市長宣布，2030 年之前，所有的建築物（而不只是新建物），都必須達到嚴格的節能標準。這表示舊建築物也必須進行必要的改造，才能符合標準。

同時，我們也要跳脫建築物的空間尺度，思考如何整建現有的城市，讓整個城市都「綠」起來；因為即便綠建築是建立綠城市的必備條件之一，在綠建築之外，我們還有其他更多的工作要做。

— PART —

1

有個性的城市
最迷人

想像一下，一個本來清秀、丹鳳眼的台灣女孩，

硬貼上了厚厚的雙眼皮、裝上了濃密的假睫毛、染了頭金髮、

講話再摻些洋文，多麼不倫不類！

與其設法把台灣變臉成另一個地方，

我們何不設法創造出自己的「台式」風味，

讓它與「歐式」一樣引人入勝呢？

離不開西雅圖的理由

2003 年到 2012 年之間，我大部分的時間住在西雅圖，讓許多朋友羨慕不已。大部分人也許從未造訪過這個城市，但多少也聽聞西雅圖是個美麗又適於人居的地方。不過，許多人也聽說，西雅圖有著惡名昭彰的壞天氣。

除了短暫的夏天外，西雅圖能見到陽光的日子少得可憐。即使在教育文化、環境保育、科技發展上總能傲視其他美國城市，但那些文化貧乏，卻天天豔陽高照的加州城市，卻硬是在天氣上把西雅圖比得抬不起頭來。

原來是西雅圖人的陰謀！

西雅圖的秋、冬季冷濕鬱悶，在灰壓壓的日子裡，許多人拿著祖宗八代發誓，說明年一定搬離這城市；但當涼爽的夏天撥雲見日，受到短暫美好所蠱惑，搬家計畫就再延一年吧！於是年復一年，人們雖然沒有停止對天氣的抱怨，卻終究離不開西雅圖。

另一方面，當城市中的其他事務慢慢占據了注意力，天氣似乎也沒有想像中的糟糕了，因為西雅圖實在有太多值得人們忘掉陰鬱天氣的理由！

於是，住在西雅圖的那幾年，我也開始相信一個廣為流傳的陰謀論：西雅圖天氣惡劣的形象其實是西雅圖人刻意製造的陰謀，是為了維持生活品質而故意強調的缺點，以嚇阻人們搬來這裡的意願。

人們不想離開西雅圖的事實也反映在白領階級的高失業率上，我確實有些朋友即使找不到工作也不願輕易求去，寧願失業在家裡蹲，也要等到當地的就業機會。另外我也耳聞，我的母校華盛頓大學（University of Washington）教職員的薪水一向比其他大學來得低，想來必是仗著西雅圖本身的吸引力，不必用高薪就能夠留住人才吧！

我很清楚地知道，我難捨西雅圖並不只是因為她夏天的美好，更是因為她鮮明的個性。

不想離開西雅圖的人，都有被這城市吸引的獨特原因。若不是因為回到故鄉更吸引我，我大概也想終身定居在這裡，所以我也有難捨西雅圖的理由。因為知道自己終究是過客，於是我才會認真寫西雅圖的故事……

努力做自己的西雅圖

如果城市像人一樣也有不同的個性，那麼西雅圖在我眼中就是一個在保守大環境中努力做自己的大女生，有不盲從潮流的倔強；她不濃妝豔抹，沒有華麗建築的打扮，但有著美麗的

西雅圖是個美麗又適於人居的地方。我難捨西雅圖,並不只是因為她夏天的美好,更是因為她鮮明的個性。

自然山水,天生麗質,讓人忍不住傾心。

這個大女生努力讓自己兼容並蓄,在連鎖企業占據全美城市的經濟版圖之際,她固執地維護在地產業,即便這兒是星巴克的發源地,西雅圖人仍熱情地支持各具特色的社區咖啡廳。

這個大女生寧願把錢花在文化而非商業上,當其他城市拚命地蓋購物中心和辦公大樓時,西雅圖卻蓋出一個又一個精采細緻的圖書館。

這個大女生相信人與自然可以和諧共處,於是城市公園成為其他小動物的棲息地、幫瀕臨絕種的鮭魚改善殘破不堪的水域家園。

這個大女生也愛惜整個地球,不但採取積極行動對抗全球暖化,更展現領導魄力,組織其他美國城市一起減碳。

這個大女生還非常雞婆,好管國際事務,從1999年對世界貿易組織(WTO)的激烈抗議,到2008年初為巴勒斯坦平民被以色列無辜屠殺而走上街頭,西雅圖人從不看輕自己的公民力量,絕不在社會、環境和人道議題中缺席。

這麼有個性的城市,深深吸引著許多有著類似特質的人來到這裡,一邊找尋志同道合的夥伴,一邊也可以自在地做自己。這是我撰寫西雅圖故事的靈感,也是我難捨西雅圖的理由。

不只是鮭魚城市

一位在華盛頓大學念碩士的朋友跟我聊起地景建築系的課程。她告訴我，幾乎每堂課、每個設計案都跟鮭魚脫不了關係，從小尺度的街道設計到大規模的社區開發案，老師總要求學生替鮭魚著想，力求設計的環境不會對鮭魚產生負面衝擊。

這樣的「鮭魚現象」不僅限於學院，鮭魚在西雅圖可說是巨星級保育動物，其高曝光度肯定會讓其他生存也受到威脅的動物羨慕不已。

來自鮭魚的啟發

鮭魚為什麼那麼重要？有洄游習性的鮭魚，一到生育期就會從海洋回到出生地孕育下一代。過去，在鮭魚洄游季節，美國西北地區河流中有著成千上萬的鮭魚爭相逆流而上。對印第安人而言，牠除了是上天賞賜的食物，更代表大海賜予陸地的養分，在印第安文化中有著重要的意義。

鮭魚洄游代表海洋帶給陸地的養分，這個在世世代代的印第安文化傳承中被視為理所當然的道理，卻直到近 20 多年才慢慢被現代科學家所了解。

美國西北地區的鮭魚在淡水出生後開始游向大海，在海洋的豐富養分中成長，到了三至五歲的生育年齡時已是碩大又健壯，開始向河流洄游。

鮭魚自從進入淡水之後，就停止進食，寧可不消耗力氣捕食也要蓄積能量逆流到上游；等到終於回到出生地，完成了傳宗接代的任務後，就筋疲力竭而死。因此，大量洄游的鮭魚也代表不久後會留下的大量鮭魚屍體，這些屍體在水中成了其他水中生物的食物或養分，透過食物鏈也間接滋養了牠們的鮭魚寶寶。

許多鮭魚屍體會被水沖上岸邊，分解腐化後成了陸上動植物的養分，因此有鮭魚洄游的水域，其樹木都長得又高又壯。此外，熊和老鷹等鮭魚的天敵，獵捕鮭魚後將其啣到岸旁大快朵頤並「棄屍」陸上，也等於是幫陸地生態系統施加了「鮭魚肥料」。

因為知道鮭魚不只是食物，還是整個生態系統的養分，印第安人戰戰兢兢地享用上天給的禮物。但對那些來到這裡侵墾的歐洲白人來說，洄游的鮭魚不過是人類的食物，是捕之不盡、撈之不竭的自然資源。

一個世紀以來，在大規模的商業撈捕、流域土地開發破壞下，那曾源源不絕的洄游魚群數量突然劇減，許多河川甚至再也看不到鮭魚。科學家發現，隨著鮭魚消失的不只是食物，當海洋賜給土地的養分不再，整個生態系統的健

在洄游季節，美國西北地區的鮭魚陸續從海洋進入河流，回到出生地，繁衍下一代。

康也逝去了。人們知道事情嚴重了，得盡快採取行動。

保護鮭魚，全民總動員

「鮭魚親善城市」（Salmon Friendly Seattle）是西雅圖許多積極行動背後的願景。

負責公共設施的工務局努力減少都市排水對河川棲地的破壞（參見第 109 頁，〈都市排水，從鮭魚開始說起〉），為滿足市民飲用水需求而從河川取水之時，也不忘確保鮭魚所需的水文條件；西雅圖所在行政區國王郡（King County）則針對每個河川流域，都量身訂做鮭魚復育計畫。

在整個美國西北地區，無數的政府單位和環保團體製作相關手冊，教導民眾如何在生活中保護鮭魚。許多環境教育中心都提供了「如何成為對鮭魚友善的園丁」祕笈；我曾有幸拿到了一份特別的文宣，那是由藝術家限量製作的版畫，畫中的鮭魚會隨時間慢慢消失，貼切地

Seattle Municipal Archives@flickr

1911 年，契特頓將軍修建巴拉德水閘時，即在水壩閘門的南端設計了讓鮭魚逆流而上的魚梯。

提醒人們鮭魚瀕臨絕種的處境。

此外，為了不讓人類設計的生活環境危害鮭魚，有民間團體發展出相關的認證系統，舉凡校園、工商業園區、農場、公園等空間，只要在環境設計上達到規定標準就可以獲得「鮭魚安全」（Salmon Safe）的認證，實際達到保護鮭魚的效果。

我，被西雅圖改變了！

雖然鮭魚是鎂光燈的最愛，但其實今天保育的觀念已經改變，專家學者不再將火力集中於明星物種的保育，更強調生物多樣性的維護。

因此，城市不能要僅對鮭魚友善，也應該設法讓各樣的物種可以在城市中棲息繁衍。

從鮭魚保育出發，現在的西雅圖不只是個鮭魚城市，而更具備了整體的環境保護意識；而且，環境保護不但有從上到下的政府政策，更有從下往上的民間力量。

我曾經任職的建築與規劃事務所每年都投入許多心力，讓公司愈來愈環保。在建築上，將辦公室設計成節能省水、並大量使用回收材料的建築；在交通上，將耗油的公務車換成油電混合車，並購置腳踏車做短距離洽公用，甚至用獎金「利誘」員工騎腳踏車上下班。

其實這個事務所的作為在西雅圖絕非獨一

西雅圖巴拉德水閘的魚梯有 21 階，緩坡上升能讓鮭魚洄游到河流裡。

無二，當環保意識進入空間專業，並慢慢在西雅圖的學院和業界成為主流時，許多規劃設計事務所就興起了環保風。有趣的是，事務所彼此之間除了在綠建築和永續設計的專業上競爭，例如比較誰家擁有較高比例的綠建築專業認證人員，還會在日常環保作為上相互較勁，例如比較誰家騎腳踏車上班的員工比較多。真是精采的良性競爭！

在西雅圖住了幾年之後，朋友慢慢發現我開口閉口都是環境生態，我才猛然發現原來自己不知不覺被西雅圖改變了。幾年來，除了從專業上關注生態環境課題，我也探索生活中的環境衝擊，於是開始減少消費、購買有機食品、減少肉食、選用較環保的產品。

回頭看看我成長的城市台北，以及現在居住的竹北，這些城市有沒有足以感動人、改變人的文化呢？

全民投票，
一場未來圖書館建築的時代革命

如果硬要說這棟建築物屬於任何形式的
話，它的形式大概算是「分析圖」的具
體落實吧！

2004 年，台北市豎起了全世界最高，象徵著金錢、商業的 101 大樓，成為台北的新地標；同年，太平洋對岸的西雅圖也誕生了一個截然不同的城市新地標：一座象徵著知識、文化的世界級圖書館。

嶄新的西雅圖市立圖書館總館（Seattle Central Library，簡稱市總圖）是一個迴異於傳統的圖書館，在這個網路普及、資訊大量流通的新世紀，它的出現向社會宣示：「圖書館會演進，不會消失。」它也提醒我們，公共圖書館是市民生活上重要的一環，必須跟上時代的腳步。

跨時代的「全民圖書館」法案

在城市知識水準的調查上，西雅圖一向是全美數一數二、文風鼎盛的城市，居民的平均教育程度和閱讀量都高出其他城市許多。圖書館是大眾教育最重要一環，而西雅圖市民和政府對圖書館的重視，是許多地方望塵莫及的。

1998 年底的公投，西雅圖市民壓倒性地通過「全民圖書館」（Libraries for All）法案，挹注近兩億美金（相當於 63 億台幣）的經費。具體項目包括建設一個新的市總圖、增建四個新分館，以及改善擴建 22 個現有的分館，可以說是市圖系統的大規模改造行動，開啟了一個圖書館建築革命。

2008 年 9 月，法案中所有的工程全部完工，於是，人口不到 60 萬的西雅圖有了 27 座嶄新的圖書館。其中最受矚目的是新市總圖，其規劃設計及施工過程不但引起建築和圖書館界的矚目，也讓一般民眾非常好奇；不出所料，2004 年 5 月開幕當天，湧入了超過 2 萬 5 千人一探究竟。

根據 2009 年的統計，市總圖每天有超過

8,000 人次入館，是過去舊總圖的兩倍，借閱率也提升了 65%。除此之外，專程前來參觀的人絡繹不絕。繼「太空針塔」（Space Needle）建築之後，市總圖儼然成為西雅圖另一個新地標及文化建築。

挑戰傳統 ——
未來圖書館站上國際舞台

為什麼市總圖這麼有魅力？它是由明星建築師 Rem Koolhaas 領導的 OMA 事務所（Office for Metropolitan Architecture）主導設計，自然引起世界各地建築專業者的高度興趣與期待。

更重要的是，設計師在空間硬體及管理軟體上都勇於挑戰傳統，是對圖書館定義的革命作品，也是一個 21 世紀的未來圖書館，為民眾帶來了嶄新的想像與體驗。

我找不到適當的詞彙來形容市總圖。這棟不規則、多角、多邊型的建築物既稱不上美，也不算優雅，只能勉強用「特別」形容，想以美學或造形的角度來評論，會發現無從著力。再進一步了解設計過程後，就知道評論形式外觀不具意義，因為這根本不是建築師的設計重點。

對市總圖的建築師而言，不但形式本身不是重點，形式背後是不是有深不可測的玄妙設計概念也不重要，針對圖書館運作及使用方式的徹底革新，才是決定建築形式的關鍵。與 Rem Koolhaas 一起共事的合夥人 Joshua Ramus 明白地說，雖然市總圖有著雕塑品般的外形，設計的初衷卻不在於創造任何特定形式。

和許多其他的建築設計流程類似，市總圖的建築師以空間分析圖（diagram）來進行設計：圖書館所需的功能空間，包括藏書閣、辦公

室、停車場等,在圖紙上或電腦中化成一個個的空間塊體,透過排列組合、縮放挪移來找出最佳方案;又為了滿足西雅圖的分區管制法、建築法規的相關限制,建築師對各個空間塊體做進一步的調整。

對大部分建築師來說,分析圖只是輔助設計的工具,但市總圖的建築師居然直接把分析圖「蓋」出來了!也因此有著這樣奇特的外形。簡單地說,市總圖的設計基本上是將不同功能的空間區塊仔細地安排後,利用區塊與區塊之間的空間來創造建築效果。所以,如果硬要說這棟建築物屬於任何形式的話,它的形式大概算是「分析圖」的具體落實吧!

不只藏「書」,
更是收藏「資訊」的大倉庫

一開始,市總圖的設計團隊(包括建築師及市圖的專案小組)就知道他們要的不是一個將藏書包起來的漂亮建築殼子,於是他們丟掉對圖書館的刻板印象,重新學習圖書館的意涵。

設計團隊花了不少時間到全美各地參觀不同的圖書館,了解傳統圖書館的優缺點;與學者專家探討在資訊革命的年代中,圖書館未來將會面臨什麼樣的挑戰;更特地諮詢資訊界主要領導者包括微軟、亞馬遜、麻省理工學院,以及其他相關組織機構。

做了一連串的功課後,設計團隊得到的結論是:即使在網路普及的年代,人們仍會想看實體書,還是需要圖書館,但未來的圖書館不該只是消極的藏書庫,更應該是積極展示新資訊的櫥窗;不能只是靜態的展示,而必須維持動態的更新。

於是,設計團隊給了市總圖一個新的定義:不是藏「書」建築,而是藏滿「資訊」的大倉庫(Information Warehouse)。

創新「螺旋書庫」,
無障礙找書、歸位的革命設計

除了創造方便使用的空間、提供友善的資訊搜尋服務外,市總圖設計上最大的挑戰是如何讓空間具備彈性,尤其是藏書空間。

傳統圖書館常面臨空間調配的問題:一方面,當書籍漸漸增加,面臨書架或樓層空間不足時,館員只得大費周章地挪動書籍,或將書籍分散在不同樓層,造成藏書的連續性被迫切斷;另一方面,藏書的不連續也增加了使用者的困擾,經常得來回於不同樓層之間找書。

於是市總圖的設計團隊想出了一個解決方案:何不學習立體停車場的停車方式,用旋繞的設計來藏書呢?想像一下,如果讓全部的書櫃排排站成一直線,然後將這條線「捲」起來,就不用將書分散在不同樓層了。

1　明亮寬敞、挑高 15 公尺的市總圖「客廳」,也是城市的客廳,任何人都可以在這裡看書、喝咖啡、聊天、碰面約會,甚至發呆睡覺。
2　像立體停車場車道般緩斜坡旋繞出「螺旋書庫」,解決了傳統樓層轉換、藏書不連續的困擾,方便圖書館員和讀者找書放書。
3　「螺旋書庫」一個個書櫃沿著矩形的螺旋狀空間排排站,相當 4 層樓高,可收藏 145 萬本書籍。

©flickr Enflickr

市總圖利用大量懸臂結構，營造採光充足的寬敞，兒童區的空間設計與顏色搭配非常活潑。

　　於是，他們設計了一個相當於四層樓高、前所未見的「螺旋書庫」（Book Spiral），可容納145萬本書籍，書櫃沿著這個矩形的螺旋狀空間排排站，不會被樓層的轉換硬生生切斷，方便圖書館員管理書籍，使用者也可以隨著遞升或遞降的緩坡來找書，省去進出電梯或上下樓梯的麻煩，著實是傳統藏書空間的一大革命。

提升圖書館員的專業，是未來趨勢

　　大部分的圖書館都將重點放在書上，卻忘了館員也是重要資產。

　　傳統的圖書館館員，大部分時間不是忙碌於書庫中，就只是借還書的機器。設計團隊採用自動借書系統，為館員挪出更多時間、更近距離地為民眾做其他服務。

　　由於在網路普及的今天，人們多半可以直接在網路上找到簡單問題的答案，因此會尋求圖書館員協助的將會是愈來愈複雜的問題，需要各種不同專長的館員集思廣益。但在偌大的圖書館中，館員分散在各個角落，要盡速找到適當的館員為使用者回答問題，是一大挑戰。

　　因此，設計團隊採用了一個叫做 Vocera 的特殊通訊裝置，讓每個館員戴在脖子上；譬如，當具備數學專業的館員，被問到美術問題時，只要對著 Vocera 說「美術」，Vocera 能馬上找到並聯絡附近具有美術專業的館員，確保使用者盡快獲得解答。

弱勢族群與遊民是市總圖最大的受益者。市總圖是他們的臨時避風港,也不時看到他們利用館中的電腦上網找工作。

恰到好處,
藝術與空間的創意結合

市總圖在圖書館的運作上進行了許多變革,其硬體建築設計也同樣精采。

幾乎被鑽石型框架玻璃帷幕所包覆的市總圖,極少使用垂直或水平的衍架,而是利用大量懸臂結構,營造採光充足的寬敞空間。在市總圖裡,透過玻璃帷幕,館外的車水馬龍、高樓大廈、遠山、近海,都成了圖書館風景的一部分。

公共藝術與空間的融合,讓市總圖活潑不沉悶,因為藝術作品不是消極地被置放在建築空間裡,而是積極地融入成建築的一部分。

在這裡,找不到正經八百的傳統藝術品,多是裝置藝術與建築空間的創意結合。

從市總圖東邊第五大道入館,民眾搭乘鮮豔的螢光黃手扶梯時,藝術家 Tony Oursler 讓人「驚」豔萬分的投影裝置藝術「蛋」,就鑲嵌在一旁牆內;西邊第四大道入口右側外文區的竹製地板,則是藝術家 Ann Hamilton 的作品,上面刻著 11 種不同語言,呼應著外語學習區的空間功能。

綠建築是基本配備

有著精采建築空間的市總圖,同時也是對環境負責任的綠建築。

2000 年,西雅圖開始實行綠建築政策,規定凡樓板面積超過約 140 坪以上 (5,000 平方英

尺）的公家建築，都必須符合美國綠建築規範。

市總圖自然也不例外。在能源、用水、用料上都仔細考量環境因子，例如，大量使用玻璃帷幕可以引入充足的自然光，減少白天照明需求；在太陽直射區域的玻璃帷幕則做了雙層的設計，中間夾一層鋁製薄網，以防止反光並阻隔大量熱源進入室內；在節水措施上，收集降到建築物上的雨水來澆灌室內外植栽；在結構設計上，減少材料使用；在建築材料上盡量選擇價廉物美、容易維修的再生材料；室內裝修則維持簡單，不做無謂的裝飾。

沒有階級、族群之分，
堅持全公民空間的新時代功能

從整個案子的發想開始，市總圖的設計團隊就堅持，公共圖書館應接納不同階級、族群的市民，應是讓人人都能感到自在的公共空間，因此，新世紀的圖書館必須具備多樣的社會功能。

商業繁忙的西雅圖市中心，其實並無足夠的開放空間，在這個總是陰雨綿綿的城市中，不愛撐傘的市民尤其需要一個大型的室內開放空間。於是，市總圖攬起了這個責任。

從圖書館東面第五大道的入口進館，迎面就是一個明亮寬敞、挑高15公尺以上的大型空間，設計團隊稱這裡為「客廳」。這不但是市總圖的客廳，也是城市的客廳，只要不大聲吵鬧，任何人都可以在這裡看書、喝咖啡、聊天、碰面約會，甚至發呆睡覺。

市總圖對市民毫不保留地敞開大門，讓弱勢族群與遊民成為市總圖最大的受益者。這裡不但是遊民暫時躲避寒冷及風吹雨淋的避風港，還不時可以看到他們利用電腦上網找工作。

此外，館內任何角落都能無線上網，在一個「西雅圖最佳無線上網場所」的票選活動中，市總圖毫無意外地成為市民眼中最棒的無線上網空間。

在西雅圖，當建築的環境責任已經成為建築的基本要求時，用心規劃社會服務功能，才是建築能否出類拔萃的重要關鍵。

西雅圖市總圖開館不久，就已成為市民生活中不可或缺的重要空間。

每個市民都能找到自己喜歡的角落

在西雅圖長大的 OMA 合夥人 Ramus 說，新的市總圖就好像一個小城市一般，坐落在西雅圖這個更大的城市中，每個人都可以在這個小城市裡找到喜歡的角落。

當然，沒有任何一棟建築物是完美的，市總圖也有不少設計不當的地方，即使大部分的人喜歡這座新圖書館，但也有少部分人可以更銳利地看到它的缺點；但無論如何，沒有人會否認這棟獨特的圖書館建築對西雅圖帶來的正面意義。

根據 2004 年調查指出，西雅圖的知識水準在全美 79 個主要城市中高居第二名，在 2017 年的調查中，西雅圖仍然維持第二名。從西雅圖推動全民圖書館計畫的魄力中，不難理解為何這座城市能夠名列前茅。

一個城市有良好的讀書環境和圖書資源，是提升市民知識和文化素養的基礎，而知識和文化更是城市的無形資產，是城市競爭力的重要條件。西雅圖對圖書館的投資，聰明而有遠見。

社區圖書館也很有看頭

西雅圖用全民圖書館計畫開啟了一場精采的圖書館建築革命，除了規模龐大的西雅圖市總圖外，也有許多小而美的地方分館。這些分館同時也是社區活動中心，為市民帶來許多高品質的公共空間。

2005年落成的巴勒德（Ballard）圖書分館便是受到高度矚目的精采案例。

巴勒德位在市中心的西雅圖西北方，臨海灣的位置讓這裡成為漁業、航海的重要據點。這樣的產業背景為巴勒德圖書館的形式帶來靈感，建築師創造了一個誇張的弧形屋頂，遠看好像一艘大船，停泊在早已退去航海榮景的巴勒德城區中。

兼具教育功能的綠建築

巴勒德圖書館除了在空間設計上賞心悅目，本身也是一棟綠建築：在自然採光、環保建材、節能和節水、太陽能發電等各個環節上下功夫，獲得綠建築認證。但更值得一提的是，巴勒德圖書館的「綠」並非只有專業人士才看得出端倪，建築師和藝術家合作，透過設計和藝術裝置來讓民眾認識綠建築。

首先，巴勒德圖書館那誇張顯眼的弧形屋頂同時也是「綠屋頂」（green roof），人們大老遠就可以看到那長滿植物的毛茸茸屋頂，達到最好的教育效果。弧形屋頂上植滿了1萬8千棵不同的草本植物，民眾雖然無法到屋頂上一探究竟，但可以透過館內的觀察鏡窺看屋頂植物的四季變化。覆滿植物的綠屋頂好處多多，除了減低建築物帶來的都市熱島效應，還提供鳥類和其他小動物棲息地，同時也肩負著收集並過濾雨水的任務。

館內的多項裝置藝術設計，則讓市民體會建築物的微氣候影響。其中，藝術家在屋頂上安裝了自動偵測風速、風向、日照的電腦，電腦自動將這些微氣候資訊轉化成動態的影像，並呈現在幾個從天花板上懸吊下來的省電螢幕；屋頂的氣候決定了這些螢幕圖像的舞動，創意十足。

巴勒德圖書館啟用後，閱讀區總是座無虛席，居民踴躍使用，代表圖書館的成功。

在全民圖書館計畫下誕生的地方分館，各有特色，普遍受到民眾的歡迎。隨著全民圖書館的完成，西雅圖的圖書館建築革命也暫告一段落，但我相信重視文化環境的西雅圖人不會停止革新，接下來肯定還有好戲可看！

有創意的濟貧

我想，一般人大概不會將「貧窮」與「西雅圖」連結一起。整體而言，西雅圖是個富裕、生活品質高的白領階級城市，但卻也不乏窮困的社會邊緣人。全市約 60 萬的人口中，有將近上萬人流落街頭、無家可歸。

西雅圖毫無歧視的社會關懷

西雅圖的老城區拓荒者廣場（Pioneer Square）總是聚集著眾多的遊民，但這裡並非人人避之唯恐不及的破敗區域，而是西雅圖最繁忙的商業區之一。在熙攘的街道上，衣衫襤褸的遊民夾雜在白領上班族間，求溫飽的掙扎成為都市地景的一部分。

一位在西雅圖的台灣友人嫌惡地說：「這些遊民真是破壞市容，市政府應該要想辦法把他們清理掉。」在他的眼中，礙眼的遊民與他的西雅圖印象格格不入。

然而他有所不知，西雅圖政府和民間團體從不因為外在的市容而鄙視這群人，不但不嫌棄遊民，還想盡辦法協助他們脫離無家可歸的生活。許多街友之所以聚集在拓荒者廣場附近，是因為這一帶不但有政府設置的遊民庇護所，還有民間團體提供的免費食物，這裡的溫暖資源讓流落街頭的人們還可以看到明天的陽光。

從乞丐變成零售商，遊民貧民的希望與尊嚴

為了照顧遊民，西雅圖的民間團體還想出了另一個有創意方法。市中心繁忙的街頭，不時可以看到有遊民喊著「Real Change！」、「Real Change！」，兜售手上捧著的刊物。

針對貧窮議題發聲的《Real Change》是非營利的街頭週報，探討經濟上的不公不義，讓貧戶及遊民得到社會更多關注。

《Real Change》所關懷的遊民及低收入戶正是週報的零售商，他們以每份 35 分錢美金的成本買進週報，再以 1 美金賣給大眾，每賣出一份週報可以賺 65 分錢。獲利雖少，但對大部分根本不可能找到工作的遊民而言，是如甘霖般的救命恩人。

遊民找工作困難重重，許多人有犯罪或吸毒前科，或是戒不掉酒癮和毒癮，或可能因為生意失敗或保險不給付的重病而破產，沒有任何雇主願意冒險雇用這些「麻煩人物」，許多沒有收入來源的遊民於是深陷流浪街頭的泥沼，只好靠乞討為生。

為了打破這樣的惡性循環，《Real Change》設法給遊民一份工作，幫遊民找回尊嚴，讓他們從乞丐變成掛有識別證的《Real Change》零

1、2　　掛著識別證的《Real Change》零售商。（徐名頤／攝）
3　　　　《RealChange》街報。

售商。隨著這個策略的成功，愈來愈多遊民加入零售的行列，目前已約有 350 位的零售商了。雖然收入微薄，但他們不必再依賴憐憫，還能夠藉由街頭賣報來間接傳播知識，讓更多西雅圖人了解貧窮議題，是具有高度創意、一石二鳥的做法。

好點子當然不孤單，美國的波特蘭和歐洲的柏林、阿姆斯特丹等城市都可以看到類似的街報，柏林甚至有三份不同的街報！現在，台灣也引進來自英國的街報《The Big Issue》，稱為《大誌雜誌》。

另一個欣賞西雅圖的理由

平心而論，《Real Change》不是一份在視覺和議題上能夠吸引一般讀者的刊物，但在 2012 年，《Real Change》共售出近 90 萬份，這是我欣賞西雅圖的另一個理由：沒有腥羶色又不八卦的報刊在西雅圖是可以得到支持的。

《Real Change》不但是有創意的濟貧，也是專業嚴謹的報刊。如果哪一天你來西雅圖旅行，看到有人兜售《Real Change》，記得買一份，這也是一個可以代表西雅圖特色的紀念品。

做為一份不附庸熱門話題的小眾報刊，《Real Change》的品質也獲得了專業界的肯定，2009 年 4 月得到了美國記者協會（Society of Professional Journalists）的年度深入報導獎。

好管事的空間專業者

2006 年 2 月的西雅圖，天氣冷颼颼，設計規劃專業界卻是熱騰騰，摩拳擦掌地準備參加一場盛事：「西雅圖開放空間 2100」工作坊（Open Space Seattle 2100）。

以西雅圖目前的人口而言，公園綠地和公共空間並不匱乏，但學者估計一個世紀後，西雅圖的人口將從那時的 57 萬增長為 100 萬以上，在人口密度增加一倍的情況下，公共空間也需要做適當的調整以因應需求。

子孫的未來就是我們的責任！

100 年後的事情干我們什麼事？那時我們已不在人世。但西雅圖的空間專業者可不這麼想，他們認為自己責任重大，現在就該替未來子孫做長遠的打算。

於是華盛頓大學、市政府，以及其他民間社團和企業共同合作，籌辦了這場名為「西雅圖開放空間 2100」的設計規劃系列活動，其中最重要的就是一個為期兩天的設計規劃工作坊。

西雅圖人一向熱衷參與公共事務，連那些常常不得不加班、熬夜的空間專業者也不例外，只要任何跟空間扯上邊的公共議題，都會看到空間專業者挺身表達意見，甚至組織運動。參加工作坊為後代子孫做規劃這件事，空間專業者當然不會錯過。

二月初的這個週末，許多空間專業者和其他關心的市民組成許多團隊，將近 300 人放棄了假日，放下了手邊的工作，共聚一堂來描繪百年後的公共空間願景。

從老闆級的老鳥到剛畢業的菜鳥，從都市規劃師、地景建築師、建築師、到學生，眾多的空間專業者為了求好，在工作坊進行之前至少一個月，就展開前置作業：收集資料、分析問題、製作地圖……進行這樣大尺度的設計規劃不容易，而且耗時又耗力，交給任何一家規劃設計公司都要花上一大筆費用，但西雅圖的空間專業者卻集體、無償地提供了這樣的服務。

事事關心的公民態度

他們最後到底描繪出什麼樣的百年願景，並不是我關心的重點；讓人深受感動的，是他們把公共事務當成自己的事來關心的公民態度。

在台灣，人們關心的不外乎是做好自己份內的事，而大多時候自己的事情都做不完，哪有時間管其他事？我們從小被教育獨善其身，卻不鼓勵兼善天下，好管閒事從來都不是美德。尤其是上班族，若不時參加與公司工作無關的

事情，甚至還會被嫌「不務正業」；從這樣的角度看來，西雅圖那些人還真是好管事！

西雅圖的空間專業者的確好管事，而且樂此不疲。

其實，像這樣集結上百人的大規模工作坊，在西雅圖並非第一次。早幾年前我剛搬來西雅圖時，有幸參加了兩次分別由民間團體和市政府所舉辦的大型工作坊，為市中心水岸的未來做規劃設計。類似的工作坊換個議題一再舉辦，卻仍然可以不用付金錢代價地讓西雅圖的空間專業界熱烈參與。

西雅圖的空間專業者從不以為公共事務是與工作無關的事，而是個人發展的一部分；而他們所以願意參與公共事務，是因為相信自己有能力影響、甚至決定城市發展的方向。

只要住在這裡一天，
每個人都有發表意見的權利！

我可以影響西雅圖的都市發展？

這對當時還是菜鳥、又是外國人的我來說，是從來沒有想過的事。因為是菜鳥，我以為自己的想法不可能被重視；因為是外國人，我以為自己無權對這個城市的發展表達意見。但西雅圖人不這麼想。

事實上，西雅圖多的是從其他美國城市來的外地人和外國人，許多人認為只要住在西雅圖一天，西雅圖的未來就與他們有關。

於是，我被熱情又愛管事的專業界朋友拉去參加工作坊；於是，我明白這個城市也是屬於我的，只要願意參與，菜鳥跟老闆一樣、外國人跟本地人一樣，都可以發揮影響力。

好管公共議題閒事，
台灣人學得來？做得到嗎？

相對而言，台灣的空間專業界對空間相關的公共事務就冷漠許多。在台灣，政府動輒要拓寬道路、毀綠地蓋大樓，除了直接受影響的在地居民被迫站出來表達意見，也只有少數空間專業者、少數相關團體願意關心。

在許多有重大爭議的空間政策上，大部分的空間專業者選擇保持沉默，似乎以為工作份內的空間議題才是專業實踐，其他的空間議題只是別人的事。

在西雅圖，有一條水岸高架道路的命運引起許多空間專業者跳出來表達意見，甚至不少人組成團體，為自己認為正確的方案長期抗戰。

（參見第 67 頁，〈塞車，非靠高速公路不可？〉）

我相信這是文化差異使然，但台灣這樣的價值觀卻已經不符合時代潮流了。當專業者只在乎工作份內的事，卻不願關心與自己專業高度相關的公共議題，我們也不用期盼這樣的專業者可以為我們打造更美好的環境。

台灣進行社區總體營造這麼多年，不正是希望建立像西雅圖空間專業者那樣積極的公民態度嗎？

對公共議題的冷漠，代表的是台灣空間專業的不成熟，而如果所謂的專業者都是如此，那麼台灣難以邁向成熟的民主社會。

台灣的空間專業者，也許該學學西雅圖專業者的好管閒事。

新舊夾雜、收藏不同年代表情的城市

在阿姆斯特丹，舊的不曾消失，新的也有機會出現。

　　冬末的阿姆斯特丹，又冷又濕、天氣糟糕透頂，仍有絡繹不絕的觀光客，一手拿著地圖、一手猛按快門。我也深深為這個城市著迷，細細端詳，想理出她迷人的原因。

　　阿姆斯特丹是著名的水都之一，老城區中縱橫交錯的大小運河與城市融為一體，都市活動與水如此密不可分；而矗立於運河沿岸、櫛比鱗次的狹長街屋，則為運河風光添加了更濃的荷蘭韻味。

新與舊，沒有哪個是絕對的好或不好，但一個有深度、有生命力的地方絕對是兩者平衡兼具。每個年代不同的空間紋理，就這樣一層、一層地往上堆疊，讓城市地景有著豐富而深厚的層次。

多樣又和諧，慢慢演化的城市魅力

　　過去，因為阿姆斯特丹政府依房屋臨街面的寬度來課稅，所以大部分的街屋竭盡可能地「瘦身」；另外，鬆軟不穩的地質條件則迫使人們選擇較輕的磚塊和砂岩為建材，並開大窗口在結構上減輕重量。即便大部分的運河街屋因此有著類似的尺寸和結構，居民在山牆和雕飾的變化上下功夫，來突顯個人風格。在眾多年代不一的歷史街屋中也摻雜當代的新街屋，卻不減損老城區的整體風貌。

　　從市中心往東到新開發的東港區（Oostelijk Havengebied），這裡的建築幾乎都掛著明星建築師的品牌，摩登而新穎。只是即便形式有趣，當同一個街廓裡的住宅都一模一樣，便顯得單調。幸好，少數臨著運河的地段有各具風貌的現代街屋，千篇一律的外形換成不同表情的興味。

　　我心儀老城區的舊式街屋訴說著過去歷史，也欣賞東港區的現代街屋用各樣現代的造型，延續著阿姆斯特丹和諧卻多樣的韻味。

　　阿姆斯特丹在我眼中分外有趣，因為她的城市環境並非是在任何一個時間點上創造出來的，而是慢慢演化成今天的樣子。

因為是世界文化遺產，威尼斯的樣貌必須被凍結在時間中。

除舊布新，難道就是進步？

如果阿姆斯特丹只有舊的，那不過是凍結在時間中、失去生命力的城市；另一個聞名世界的水都、被聯合國指定為世界文化遺產的威尼斯，就是這樣一個例子。

威尼斯因為是世界遺產，如歷史劇場般的環境讓遊客流連忘返。觀光收入雖然豐厚，但它的樣貌卻必須被凍結在時間中，建築和公共空間的修繕受到重重限制，日常生活相當不便；再加上城市下沉、潟湖生態破壞和氣候變遷下日益嚴重的水患，近幾十年來威尼斯人卻加速逃離自己的城市，只剩下不願離去的老年人。

於是，今天的威尼斯竟好像迪士尼樂園，表面充滿著來來去去的快樂觀光客，實際上卻是個空虛、生命力凋零的漂亮殼子。

如果阿姆斯特丹只有新的，那不過是忘記歷史、單調乏味的城市；就像許多台灣和中國的城市。過去幾十年來，這些城市亟欲追上西方現代化的腳步，總等不及剷除祖先的舊東西、換上新面貌，以為只要將都市面貌現代化，就代表城市進步。

在台北市，連萬華、大稻埕等老城區中受到保護的歷史建築都不多了，而沒有法令保護、所剩無幾的老建物更不時在都市更新的名義下遭到拆除。今天，台北充斥著形式相仿的現代

威尼斯整個城市都被聯合國指定為世界文化遺產，為這個城市帶入源源不絕的觀光收入；有如歷史劇場的環境雖然讓遊客流連忘返，但近幾十年來威尼斯人卻加速逃離自己的城市。

建築，大量抹去了歷史的痕跡，少了豐富多樣的建築表情，整體風貌就是讓人提不起勁。

和除舊布新一起考量的通常是開發效率，舊的除去之後，多半換上的是大量重複的相同建築。從規劃設計和營建實務而言，同時蓋許多一模一樣的房子的確比蓋許多不同的建築物容易太多；此外，開發時將基地上原有的東西（包括老樹）全部移除、剷平土地，是最方便又有效率的開發方式，因為這就像在空白畫布上作畫一樣，沒有任何限制、省錢又省事。

例如 2007 年，台北市政府為了建設巨蛋和購物中心，不但忽視民眾希望將松山菸廠保留為公園的請求，更粗暴地移除廠內原有的豐富植栽，包括數不清的老樹。

「為了開發，老樹非遷不可」的思維來自「把東西清光光從頭開始」的邏輯，只求行事方便和經濟效益。然而，方便省事的開發方式極少帶來撼動人心的好環境，因為它抹去了基地原有的歷史紋理，失掉了用新舊交錯創造豐富空間層次的大好機會。

舊與新並存，城市的深度與生命力

有趣的是，當許多亞洲城市努力除舊布新、積極追趕歐美的現代化時，這一代的歐洲人喜歡舊的甚於新的。

波茨坦廣場是柏林最新、最具現代感的區域，儘管旅遊書強烈推薦，但許多在地人卻興趣缺缺。

在德國，包括柏林、慕尼黑、德勒斯登等許多城市的市中心在二次世界大戰中幾乎被全面性地摧毀。戰後，在城市重建的工作中，德國人一方面一絲不苟地依原樣重建大量的教堂、宮殿及其他地標建物，重拾過去的光榮傳統；另一方面，卻也不得不快速地興建大量的公寓以應付龐大的住屋需求。

今天，德國人將二次世界大戰做為新舊的分野，年輕的一代尤其偏好住在戰前所建、較有歷史質感的老建築中，使得老公寓的租金比新公寓還要高。德國人偏好舊公寓，也偏好有著歷史痕跡的城區。

柏林的波茨坦廣場（Potsdamer Platz）過去是繁忙的商業中心，在二次世界大戰中遭到炸毀，在東西德分裂時期又被柏林圍牆一分為二；1989年兩德統一時已殘破不堪、荒蕪一片。為了恢復過去車水馬龍的榮景，政府與民間投入大量資源，讓它浴火重生。

現在，波茨坦廣場是柏林最具現代感的區域，有最摩登的辦公大樓、電影院、餐廳和購物中心等。但重生的新面貌卻讓柏林人很失望，儘管旅遊書強烈推薦，但許多在地人卻興趣缺缺。不少柏林友人異口同聲地告訴我：「現在的波茨坦廣場太新了，完全看不到歷史！」若不是在廣場一角還立著幾堵柏林圍牆的殘垣，這裡和過去的波茨坦廣場是兩個全然不同的世界。

新與舊，沒有絕對的好或不好，但一個有深度、有生命力的地方絕對是兩者平衡兼具。

在阿姆斯特丹，舊的不曾消失，新的也有機會出現。每個年代不同的空間紋理，就這樣一層、一層地往上堆疊，讓城市地景有著豐富而深厚的層次。德國城市則是一邊努力重建過去的歷史層次，一邊加著現代的層次。

反觀多數台灣的城市，新與舊的地景與建築物的數量愈來愈失衡，城市紋理愈來愈簡單。我們得盡快搶救逐漸消失的歷史記憶與痕跡！

台灣人的歐洲情結？

和許多人一樣，我經常收到朋友轉寄分享美麗台灣風景的照片。這幾年我在這些風景照中竟愈來愈少見熟悉的台灣身影，反而愈來愈多酷似歐洲的影像，而照片的圖說不外乎是：「充滿歐式風情」、「有如置身歐洲一般！」

「沒魚，蝦也好」的歐洲白日夢

感覺上，許多人大概恨不得台灣變成歐洲，長得像歐洲的台灣風景，讓許多人眼睛一亮，甚至趨之若鶩。

例如清境農場，這幾年愈來愈有歐洲味，歐式的旅館、民宿如雨後春筍般地冒出。政府複製歐洲風情不落於民間之後，例如新竹南寮漁港，政府在這裡打造了數個模仿希臘地中海風格的建物，成為婚紗業者取景的熱門景點。

台灣還不乏許多披著「洋」皮的建案。幾年前曾看到名為「托斯卡尼」的建案廣告：「臨近淡水紅樹林捷運站，位於淡金路旁萬坪土地上的托斯卡尼社區，正是為大台北民眾建立的理想社區。」雖然位於淡水紅樹林，建商硬是給取了個義大利名字托斯卡尼（Tuscany）。

然而，台灣人即使住在有著洋名的社區，腳下踩著的仍然是台灣的土地。台灣的房地產即使披上了洋皮，台灣骨是怎麼也去不了的！放

眼看去台灣許多建案都有著洋名字，建築設計風格也極力仿洋。建商和行銷廣告業者對建案的命名自然有一套大道理，似乎深信台灣人喜歡有洋味的社區：台北雪梨、維也納花園、馥華巴黎、法國賞、巴黎香樹、巴黎春天、長堤維也納、豐邑挪威森林、羅馬假期、瑞士花園、西班牙水花園、左岸巴黎……

直接拷貝的設計，偷懶而毫無創意

姑且先將行銷效果拿一邊，從設計的角度來看，讓台灣房地產披上洋皮的設計高明嗎？

若設計師將任何一個類似的設計案拿去設計學府評圖，肯定會被罵得狗血淋頭。我所接受的設計訓練告訴我，做環境設計的第一件事就是得先了解基地，不但是基地本身的現況，還包括基地所在的地方歷史和文化等，因為這些都是設計靈感的重要來源。最有趣、高明的設計概念，通常是與基地或地方的社會文化、歷史紋理息息相關的發想。

例如，瑞典馬爾摩（Malmö）新城區 Bo01 的設計就是其中一例。這個濱海的大型房地產開發案向馬爾摩老城區汲取靈感，學習她有機發展的結果：不規則的街廓紋理和多樣的建築風貌，再加上遮擋海風和擷取太陽能的考量後，

設計出活潑的空間配置與形式各異的建築，令人流連忘返（參見第188頁，〈一個全是綠建築的綠色城區〉）。

但如果一個設計概念是：「因為托斯卡尼很美，所以要把這個基地變成托斯卡尼的樣子。」那是非常偷懶的設計。因為，試圖把一個地方變成另一個截然不同的地方，是完全忽略了基地原有的個性和紋理，與其說是設計，倒不如說抄襲更貼切；而且這樣的設計完全不需要對基地的本身和周遭環境做任何功課，也不需要任何的創新，簡單得很。

當然，一般的台灣民眾不會在乎房地產在設計概念上的偷懶與否。從實務的角度來看，人們求的是一個美好的住宅環境，而或許大部分的我們對台灣建築環境的樣貌並不滿意，甚至覺得醜陋，因此羨慕著美麗的歐洲。既然無法擁有歐洲的美，在自己的土地上搞些仿歐的小點綴，至少可過過乾癮、做做置身歐洲的白日夢；沒魚，蝦也好。

城市的美醜，該怎麼界定？

嚮往美麗的異國風情乃人之常情，但台灣沒有必要因此把自己變成另一個全然不同的地方，變得毫無自我。想像一下，一個本來清秀、丹鳳眼的台灣女孩，硬貼上了厚厚的雙眼皮、裝上了濃密的假睫毛、染了頭金髮、講話再摻些洋文，多麼不倫不類！與其設法把台灣變臉成另一個地方，我們何不設法創造出自己的「台式」風味，讓它與「歐式」一樣引人入勝呢？

我好希望台灣的城市都能成為美麗又吸引人的城市。一位教授朋友曾應邀到台北進行幾天學術交流，對台灣人的殷勤招待和美食讚不絕口，但台北的樣子在她眼中卻是：「很醜，看不出有什麼跟其他城市不一樣的特色。」

在國外生活好幾年下來，我結交了不少外國朋友，許多西方友人都想看看東方世界，提到了日本、泰國、中國，卻總漏了台灣。

當自己的國家在外國友人的旅遊版圖中被省略，當自己的城市被外人評為醜，總不免令人感傷落寞。我知道台北、甚至是台灣擁有非常多精采且豐富的人文風景，但沒有個性的人為硬體環境卻無法展現人們的生命和靈魂。因為人為環境壓抑了城市的生命力，所以城市沒有特色，所以醜。

尊重在地特色，
創造台灣味十足的城市魅力

該如何把台灣城市的特色找回來，讓她愈來愈有「台味」呢？我們得先討論一下「台灣風格」這個問題。

許多空間專業者選擇避談這個題目，以為這不過是個主觀的課題。的確，當風格被窄化為特定的傳統形式時，企圖以任何一種形式來定義台灣風格都是主觀的，不可能得到共識，也讓問題永遠無解。

在我看來，城市風格是一個動態的概念，而非凝結在某一個時代或時間點上。

「台灣風格」不在於是否有某種特定的形式，不等於閩式建築、客家建築，或原住民建築的任何形式語彙，而是反映著自然和人文條件整合而成的都市樣貌。既然自然和人文條件會隨時間改變、因地域而不同，那台灣風格的樣貌在不同時間和不同地點也會不同。只要城市發展和設計尊重每個地方的氣候地理、歷史背景、族群文化、產業取向……台灣各個城市

即使大同小異，仍會散發出別具在地特色的台灣味。

然而，在這個科技可以解決一切的時代，自然條件早已不是現代建築設計的考量重點，人為照明和空調設備幾乎完全取代了自然採光和自然通風；全球貿易的便利也讓建材不必然來自於本地。另一方面，在這個全面西化的時代，建築與公共空間的設計以追求「現代」形式美學為最高原則，台灣的文化精神和生活需求被忽視。

舉例來說，許多台灣住屋設計完全未考量台灣人室外晾衣、房屋保全、招牌廣告懸掛等習慣，而當使用者被迫以各種形式的改建影響了建築外貌，例如加裝鐵窗，則被評為「落後」、「沒有美學素養」。

又例如台灣常民文化的象徵 ── 攤販、露天小吃攤，過去被認為是城市文化「亂象」，必須整頓。台北圓環就是最讓人心痛的例子：圓環建築的設計團隊不了解小吃文化的空間取向，也無視台灣的氣候條件，將溫帶地區的玻璃材料運用在濕熱的台北、需要蒸煮炒炸的小吃店面設計，形式上不但無法吸引認同，還讓整個圓環成了炎熱無比的烤爐，最後難堪地以失敗收場。2017 年，整棟建築被拆除，圓環變成公園。

這現象不僅台灣如此，世界上許多國家也一樣。表面上看來，掙脫了傳統的自然、人文條件束縛，空間設計有了更自由發揮的空間，但實際的現象卻是，地球上許多城市彼此之間竟相似得可怕。

如果所有的城市建築和公共空間設計都能考量在地自然、人文條件，那麼台灣城市不會長得一樣，也不該和其他國家城市一樣。

城市風格的問題其實和城市是否適於人居息息相關。幾個讓台灣人心生嚮往的歐洲樣貌，都是為適應、滿足在地自然和人文條件而擁有強烈的自我風格，例如：希臘地中海的純白建築和聚落、西歐中部木架構外露的房舍等。所以，如何創造台灣風格的城市，理論上並不那麼複雜難解：只要尊重在地的自然限制與人文歷史，將城市環境改造得適合人居住，城市獨特的味道自然就會出來。

以住宅為例，只要滿足下面三個需求就會創造出有台味的住宅：第一、舒適的物理條件，如舒適的溫度、通風和採光等；第二、滿足使用者所需的空間機能；第三、以上兩項必須在耗費最少自然資源、不對其他人造成直接或間接傷害、不破壞原有生態環境的情況下達成。機能性的公共建設和休閒性的開放空間的設計原則也相類似。

嚮往異國的歐洲風貌之際，我們也可以創造自己的風格。只要我們願意，台北甚至整個台灣不會再被自己或外人認為是醜小鴨，也可以很有味道、很有個性！

— PART —

2

交通，
非靠汽車不可？

比許多國家早一步「現代化」的歐美富裕國家，

早已嘗到獨尊汽車的城市交通規劃所帶來的苦果，

近30年來已經開始努力修補過去的錯誤。

許多歐洲城市甚至結盟，誓言共同努力，

朝向「無車城市」（Car-Free Cities）的願景努力。

從減少汽車交通、增加其他交通選項做起，

最終希望免去人們買車的需要，

讓城市從車的城市變回人的城市。

從車的城市到人的城市

在一次聚餐中，我與兩位美國友人聊起他們在荷蘭當交換學生的經驗。他們提到一位荷蘭老師，直說他非常具有美式風格，像極了美國人。我問朋友何以認為那老師很美式？他們異口同聲地說，是因為他與一般荷蘭人大相逕庭，去任何地方都要開車。

許多人知道，荷蘭是個自行車文化盛行的國度，荷蘭人日常交通的首選就是自行車；然而在美國，即便路程不遠，第一選項必是汽車。台灣人該學習這樣的美式風格嗎？

向美國看齊?!
汽車文化幾乎席捲全球！

許多剛搬到美國居住的華人都會讚嘆：「美國真是太棒了，去哪裡開車、停車都相當方便！」許多習慣了美國生活的華人，更是眷戀著開車的便利。

美國人養成以車代步的習慣，並非因為國土幅員廣大，而是因為許多美國城市是專門為汽車交通而設計，有著四通八達的各級車道及大量的停車空間，讓開車、停車都非常方便，也讓美國成為開車族的天堂。

如果到哪裡都可以開車，何樂而不為呢？於是，以車代步成了典型的美國文化之一。過去半個世紀以來，全世界都努力向美國看齊，打造流暢的行車環境，所以汽車文化也早已全球化了。

對開發中國家而言，又寬又直的道路就是進步的象徵，是邁向現代化過程中必定得進行的建設項目，是政府的重要政績。

一向崇美的台灣，即便經濟已經高度發展，心態上仍然停留在「開發中國家」，即使過去幾十年來小小的島上已經建設許多高速公路與快速道路，也已拓寬無數地方道路，甚至還有翻山越嶺的橫貫公路，政府仍然樂此不疲地繼續規劃和找尋新的車道路徑。

海峽另一端、經濟愈來愈強盛的中國，為了加速現代化，讓「大道暢民心，和諧通四方」，也極力仿效美國建構汽車道路網，即便目前中國人的汽車擁有率仍遠不及美國人，但汽車數量成長快速，已在 2010 年超越美國成為全球最大的購車市場。一方面，無論是大小城市都面臨嚴重堵車狀況，但另一方面，因為預期未來汽車數量持續成長，許多新發展區域的道路蓋得比實際需求來得寬，於是，一條又一條沒什麼車流、但有著十線以上車道的道路開始在中國的土地上蔓延。

「真是了不起的遠見啊！」許多人也許會這麼想。

表面上看來，替未來的汽車成長預留道路空間的做法是聰明的，可預先避免未來交通壅塞，但是，恐怕這「遠見」還想得不夠遠。

在氣候變遷和暖化的趨勢愈來愈顯著、車輛交通所排放的溫室氣體成為重要元凶之際，會讓人們更想買車、開車的道路建設其實是非常短視的。再者，這樣的「遠見」與將近一個世紀前的想法其實沒有兩樣，在時空已改變的情況下，交通規劃的本質若沒有因應時代調整，又怎能說是「遠見」呢？

科比意的未來城市，
熱情擁抱汽車的 20 世紀

話說 20 世紀初，法國建築師科比意（Le Corbusier）就有了這樣的「遠見」。科比意可說是上個世紀在建築和都市規劃領域中最重要的人物之一，除了引領現代建築潮流，他對都市規劃的想法也深深地影響現代都市的設計。

科比意在 1929 年出版了《未來城市規劃》（The City of Tomorrow and Its Planning）一書，詳細描繪了一個理想現代城市的藍圖，稱之為「光輝城市」，企圖解決 20 世紀初期傳統歐洲城市所面臨的種種問題：快速工商業發展吸引許多人湧入城市討生活，許多老城市的公共建設已經無法因應大量人口所帶來的挑戰，產生嚴重的交通、公共衛生和健康問題，影響城市發展。

做為建築師的科比意，習慣性地從都市硬體空間的層面來思考都市問題，他斷定就是因為歐洲傳統城市空間不規則、毫無秩序可言，才會造成城市運作的無效率。科比意非常欣賞當時那些有著幾何、棋盤格式街道規劃的美國城市，因此認為城市應該要以幾何的空間形式來

創造高度的秩序；他預見汽車將成為未來城市交通的主流，於是主張建造超級大的街廓以減少交叉路口，讓未來的汽車交通更流暢、更有效率；此外，科比意也認為，要達成理想的城市樣貌，非得把現有城市剷平從頭來過不可。

科比意所描繪的未來城市空間樣貌看來很眼熟吧？是的，科比意那熱情擁抱汽車的未來城市早已全部、或部分實現了，正是美國城市和世界各地新興都市的樣貌，也是當前許多都市人所處的生活場域。

科比意的都市設計想法影響深遠，過去將近一個世紀，歐美的都市規劃界基本上承襲了科比意的理論來改造都市，致力於創造更有效率的行車環境。而許多開發中國家的都市規劃也複製了歐美的規劃邏輯，在政府意志遠遠凌駕於民眾權益的情況下，更是能淋漓盡致地實現以汽車為主的未來城市藍圖。

連科比意也想不到，
過去的「遠見」成為現在的麻煩！

科比意心目中的理想城市在實際上卻是問題重重。1960、70 年代，為了解決美國部分都市區域貧窮、犯罪、破敗的問題，美國政府進行了一連串的都市更新計畫，實踐了科比意「從頭來過」的主張：將許多原有的都市紋理全部剷除，以大街廓、高層住宅、筆直的大馬路取而代之。

然而，以重建硬體空間的方法來解決都市問題畢竟過於天真，將問題簡化了，除了效率外，完全沒有考量到其他細微的社會面向，當時就立刻遭到著名的都市評論者珍·雅各（Jane Jacobs）的強烈批判。

目前，歐美政府早已不敢再進行如此粗暴的

1　在美國，去超級市場買菜不用擔心找不到停車位。
2　西雅圖交通繁忙的道路系統。©Ramanathan Kath resan@fickr

都市更新政策，甚至連「都市更新」（Urban Renewal）一詞也成為人人喊打的過街老鼠。可悲的是，台灣的官僚到現在都還奉之為都市現代化的圭臬，熱情地擁抱問題重重、過時的都市更新觀念。

時至今日，包括台灣和中國許多掌管都市規劃的官僚，不管認不認科比意為祖師爺，都仍以滿足汽車成長需求、維持汽車交通流暢做為空間規劃的基本價值。

於是，許多城市成為汽車的天堂，卻也同時成為行人的地獄，衍生出許多問題。當都市中湧入太多的汽車，不但造成交通壅塞，汽車排放的廢氣更帶來嚴重的空氣汙染；車撞車、或車撞人的事故也成了城市安全的大麻煩；此外，行人的空間被汽車排擠，走路空間和安全保障同時流失；在沒有良好公共運輸的情況下，許多人不得不選擇開車。

另一方面，都市規劃者在滿足汽車交通需求的同時，也因為創造了良好的開車環境而進一步鼓勵人們的開車行為，在解決當下問題的同時又製造了未來的汽車成長。

在 20 世紀初期那個汽車尚未普及的年代，科比意的「遠見」在於看到汽車普及的未來，因此認為城市必須建設大量筆直的道路以因應未來需求。然而，誠心想解決問題的科比意，恐怕怎麼也想不到今天汽車的大量增長，還會衍生出當時人們想都沒想過的氣候變遷問題。

科學研究顯示，大量排放到大氣中的溫室氣體，特別是二氧化碳，是造成當今全球暖化與其他氣候變遷現象的主要元凶；而化石燃料的使用是溫室氣體排放的大宗，雖然許多工業也大量使用化石燃料，但私家汽車也得為氣候變遷現象負上很大的責任。也許有人會問，私家汽車的增長真的可以歸咎於道路建設嗎？

這也許是雞生蛋、還是蛋生雞的問題，但我認為要是沒有獨尊汽車的都市交通規劃，今天汽車數量也不可能恣意地成長。

這樣看來，科比意當初以汽車為考量的「遠見」，不但以都市更新的形式造成社會破壞，也成為今天許多都市環境問題和氣候變遷的麻煩製造者；同樣的，那些為將來汽車成長預留空間的道路建設，也不過是為未來製造麻煩。

人性化城市，
交通方案不該只有一種選項！

都市規劃者其實應該再想更深遠一點，問問以下問題：當預留的車流空間不敷需求時該怎麼辦？隨之增加的停車需求又該如何解決？我們可能不斷地興建道路和增加停車位嗎？

想遠一點就會發現，以不斷增加供給（道路建設）來滿足需求（汽車成長）的交通方案，最後只是死路一條。

比世界上許多國家早一步「現代化」的歐美富裕國家，早已嘗到獨尊汽車的城市交通規劃所帶來的苦果。2015 年，以私家汽車為主要交通工具的加州，其交通部終於正式承認一個事實：蓋更多的高速公路並無助於舒緩交通，反而會吸引更多人開車上路。

從 3、40 年前開始，許多歐美城市就開始修補過去的錯誤。歐洲在城市交通的改良上尤其積極，許多歐洲城市甚至結盟，誓言共同努力，朝向「無車城市」（Car-Free Cities）的願景努力，從減少汽車交通、增加其他交通選項做起，最終希望免去人們買車的需要，讓城市從車的城市變回人的城市。

歐洲城市邁向無車城市的主要做法包括：改善市區的步行環境、減低行車速度、增加開車和停車的困難度和金錢成本等。在抑制私家汽車交通的同時，也發展完善的大眾運輸系統、建構自行車環境，並提供汽車共享的服務。

經過幾十年的努力，許多歐洲城市已經成為世人羨慕不已的人性化都市。許多住宅區的街道做了改善，強迫車輛減速以維護居民的安全與社區安寧；市中心繁忙商業區的車流顯著減少，舒適寬廣的人行道增加了，甚至有不少禁止車輛進入的行人徒步區。

許多歐洲城市也建構了高品質、可信賴的大眾運輸系統，和友善的自行車環境，讓人們在汽車之外有了其他更省錢、更便利的交通選項。除此之外，因為政府刻意施行相關政策來提高買車、開車、停車的金錢成本，進一步減低人們買車、用車的欲望。今天，歐洲城市成為人人嚮往、舒適宜居的地方，正因為她是人的城市，而不再是車的城市。

但，改革的腳步仍然繼續。例如，2014 年，芬蘭首都赫爾辛基就宣布了一個野心勃勃的計畫——要在 2025 年，讓人們根本沒有任何擁有私家車的理由。挪威首都奧斯陸甚至大膽地宣布，2019 年以後，所有車輛都將禁止進入市中心，成為真正的無車城市。

城市的遠見，
奠基在解決問題的本質！

城市的遠見，不只在為將來的趨勢準備，更在於能否看到問題的本質。

過去人們看到的都市交通未來，不過是汽車成長的趨勢，不但沒有看清交通問題的本質，也沒有想到汽車成長的可能後果。交通關乎於人們如何在都市中移動，而移動的工具有很多種，汽車當然不是唯一選項。

當然，人們無法清楚地看到未來，也不可能預知任何行動的全部後果，能看到多遠，的確有其局限。為了減少視野局限可能造成的負面後果，最重要的原則是：多元的解決方案總比一元好。解決交通問題不能孤注一擲地獨厚私家汽車這個選項，多管齊下才是聰明、保險的做法。

停車，就是問題

停車，是台北開車族的共同夢魘；但對許多美國開車族而言，停車卻從來不是問題，到哪裡都有位子停車，方便極了。

不但如此，停車還有法律保障，因為在美國的都市規劃邏輯下，提供足夠、甚至免費的停車位是讓城市順暢運轉不可或缺的一環，因此任何開發案都得依照規定提供法定數量的停車位，以免民眾找不到停車位。

羨慕這樣的停車政策嗎？千萬不要！因為美國的專家學者已經痛批，這樣的停車政策已經造成許多看不到的社會和環境成本。

耗掉法國或西班牙般大小的土地，也不能徹底解決全球停車問題

一輛車的生命裡，有95%的時間都是停著不用的，然而在這些時間中車該停哪裡？

這個問題不會小於交通壅塞和汽車空氣汙染問題。隨著汽車數量不斷攀升，在土地面積有限的情況下，要讓停車位的數量跟上汽車增加的飛步，就像狗追著自己尾巴打轉一樣，是永遠不會達到目標的。

包括美國和台灣在內，許多地方的都市規劃者在停車問題上，經常圍繞在「停車位不足」的問題上打轉，因此解決方案總在於提供「足夠的停車位」。

但是，停車問題真的等於停車位數量的問題嗎？

提供所謂「足夠的停車位」，事實上是一個非常困難的目標，即便建設了等同於汽車總數的停車位，仍然還不足夠。在美國這樣一個仰賴私家汽車的環境中，汽車族在自家住宅需要一個停車位，開車上班時需要另一個，去購物或其他地方時也需要停車位。

在這樣的用車模式之下，專家估計平均一輛車至少需要四個停車位，才能充分滿足停車的需求。

如果世界各國都像美國一樣：每輛車需要四個停車位，那得消耗掉一個法國或西班牙大小的土地面積，才能滿足全世界的停車需求！

所以，如果我們真要以「提供足夠的停車位」這樣的邏輯來解決停車問題，人們就要做好心理準備：在汽車數量不斷成長的趨勢下，愈來愈多的綠地會被平面或立體停車場取代，建築物中也會有愈來愈多樓層必須做為停車場使用，我們的城市終將被停車場吃掉！

美國的停車位政策正是這個邏輯下的產物，致力於提供足夠，而且還是免費的停車場，給了汽車族方便，進一步鼓勵汽車的使用率，更推動了繁盛的汽車文化。

若要以「提供足夠的停車位」的邏輯來解決停車問題，我們的城市終將被停車場吃掉！

被停車場占據的土地，
可以用得更有意義

　　美國各個城市的都市計畫法規不盡相同，但幾乎都會要求任何開發案的業者提供特定數量的免費停車位。免費停車位通常以一大片平面停車場的形式出現，有些停車場甚至一望無際，只能用不可思議來形容。

　　然而，停車真的是免費的嗎？

　　天下沒有白吃的午餐，精明的開發商不是省油的燈，絕不可能自行吸收停車的成本。以購物中心來說，開發商將停車的成本透過商品價格轉嫁到消費者身上，免費停車的消費者仍付

出了停車的成本；但是這對選擇其他交通方式的消費者卻非常不公平，因為他們也得替開車的人分攤停車成本。

　　停車場也帶來了都市環境問題：當一大片沒有遮蔭的柏油停車場取代了自然綠地，和其他不透水表面一起製造了都市熱島效應，提高了都市溫度；另外，下雨時停車場產生大量的雨水逕流，直接排入河中，影響河川的健康。在社會問題上，不管是立體或平面停車場，都變成治安的死角，成為許多駭人凶殺案的現場。

　　這些停車場還存在最根本的效率問題：大部分的停車場其實根本沒有被充分利用。

　　根據美國的研究，許多停車場停車格有

美國的都市計畫要求商家提供特定數量的免費停車位。免費停車位通常以一大片平面停車場的形式出現，有些停車場甚至一望無際只能用不可思議來形容。

70% 的時間是空著的，這顯示停車政策的思維和停車位數量規定有著嚴重的瑕疵和邏輯錯誤。

研究停車政策的美國學者唐諾・修普（Donald Shoup）指出，美國都市計畫法規中的停車政策犯了一個致命錯誤，那就是假設每個人都會選擇開車到任何目的地。此外，他也批評都市計畫法規在停車位數量的規定上完全沒有任何科學根據，是個愚蠢的政策。

台北市有著嚴重的停車問題，也不乏與美國相同的愚蠢政策。

「台北市土地使用分區管制規則」第 86 條之一，規定「建築物新建、改建、變更用途或增建部分應依都市計畫規定設置停車空間」；停車數量的規定也同樣沒有任何科學依據。

在實施類似都市規劃法規的地方，開車族只要付出很小的成本，就可以輕易在任何地方擁有停車位。

因此修普教授進一步提醒，如果開車族的停車權益可以獲得充分的法律保障，那麼貧窮族群擁有平價住宅的權益為何被都市規劃法規所忽略？

愚蠢的停車政策，竟也造成了社會上的不公不義。

停車位，這件事的本身就是個大麻煩，造成社會和環境問題，用提供更多停車位（麻煩）的方式來解決問題不啻是增加更多的麻煩！設法減少開車和停車需求來治本，才是最有效的方案。

與其花錢興建停車場，還不如將錢投注在大眾運輸系統的發展、行人和自行車環境的改善、住宅生活機能的調整等等能夠讓所有人受益的政策上。

當人們不再需要仰賴汽車代步時，那些被停車場占據、使用率不高的土地可以更有意義的運用，可以改建成公園，讓都市呼吸更順暢；也可以改建為平價住宅，讓貧窮的人們得以遮風擋雨。

塞車，非靠高速公路不可？

2008 年底我與夫婿從西雅圖搬到柏林小住，在不同的城市中，生活自然也起了變化，其中，最令我們開心的轉變就是再也不需要開車、養車了！

旅居西雅圖的那些年，我們跟許多西雅圖人一樣，即使會搭公車上班、上學，還是得養輛汽車來買菜、訪友、戶外踏青等。即便西雅圖擁有公車系統和自行車道，在美國已算是很先進，但本質上仍是以汽車為主的城市。

耐心等待，為了美好長遠的將來

除了好山好水之外，西雅圖另一個特點卻是聲名狼藉的交通阻塞。不但尖峰時間街道必塞車無疑，做為交通主要幹道、南北貫穿市區的五號高速公路在任何時候都可能塞車。

即使西雅圖深受塞車之苦，卻直到這幾年，才開始建造一個南北貫穿城市的輕軌電車系統，但目前也只有一條路線，南到其國際機場，北到華盛頓大學。

雖然在 40 年前西雅圖因舉辦世界博覽會而建造了一段單軌電車系統，此外，一年多前市中心的南聯合湖區（South Lake Union）也鋪設了一條輕軌系統，但這兩個規模極小的地方系統對城市交通的整體紓解沒有太大幫助。

在全球暖化趨勢愈來愈嚴重的情況下，許多西雅圖人也早已體認大眾捷運系統是減輕環境負擔的重要選項。南邊的城市波特蘭，即使人口比西雅圖還少，卻率先興建了美國第一套先進的輕軌大眾電車系統，讓許多早就巴望著捷運系統的西雅圖人既羨慕又嫉妒。

其實，西雅圖居民之前並不是沒有努力爭取過大眾捷運系統，但多數相關的提案在付諸公投後均以否決收場。

直到 1996 年，大西雅圖地區的公民，才同意增稅支持政府興建一個連接市中心與南邊機場的輕軌電車系統。

2008 年，西雅圖人又公投通過，將輕軌系統向北延伸到華盛頓大學。終於，2016 年 3 月，西雅圖的輕軌系統全線通車。雖然只有一條線，但西雅圖人終於有一套稍微像樣的捷運系統了。

然而這條輕軌線不過是在交通問題上搔個癢，離完善捷運系統的願景還有好大一段距離。之前，西雅圖本來也有機會強化大眾運輸系統。話說 2003 年，我剛搬去西雅圖的那一年，當時政府和民間熱烈進行著一項單軌電車系統計畫，土地取得和規劃設計都已接近完成，沒想到箭都在弦上了，後來卻因為種種複雜的政治因素而胎死腹中。

西雅圖這個號稱重視環境品質的城市，卻一次又一次拒絕走向建構完備大眾捷運系統的道路，大部分的西雅圖人寧可維持開車上路的習慣，持續排放溫室氣體汙染環境，繼續擁抱汽車文化。然而，許多團體從未放棄為西雅圖建設大眾捷運系統的希望，透過網路、部落格、聚會等，持續對社會大眾和政府進行遊說。

但近年來，西雅圖人似乎也不再願意擁抱與汽車相關的建設了，幾項快速道路的興建提案，都在公投中遭遇挫敗。

仍然逃不開汽車文化的緊箍咒

西雅圖民眾的眼光雖然漸漸放遠，然而政治人物卻還逃不開汽車文化的緊箍咒，仍將高速公路視為解決交通問題的必要選項。

2009 年，當連接西雅圖市中心與機場的第一段輕軌終於通車，許多民眾和團體因遲來的捷運系統而興奮不已時，政府卻緊接著宣布要在市區建造一條地下快速道路，取代位在市中心水岸、因為地震而產生安全顧慮的高架橋。

這個問題重重又沒有遠見的決定，自然引起了許多爭議。

西雅圖市中心水岸高架橋的命運，是我還住這個城市時（2003-2009 年），最熱門的話題之一。對許多本地人和觀光客而言，這條雙層高架橋不但破壞水岸的景觀，還占據了水岸的空間。

許多歐美城市在過去幾十年來，陸續將原本被工業、交通占據的水岸空間還給市民。相較之下，西雅圖最精華的市中心水岸卻存在一條醜陋的灰色長龍，分外礙眼。然而礙眼也就算了，這條高架橋卻還有安全的顧慮。

2001 年，一場 6.7 級的大地震破壞了這條高架橋的結構，雖然還是能繼續使用，但有慢慢傾斜的趨勢，工程界多認為只要再一場輕微地震就可能將其震垮。

拆除高架橋是早晚的事，沒有太多異議；但真正引起熱烈討論的是：當水岸高架橋拆除後，仰賴這條快速道路的車流該如何解決？

便捷高架橋或隧道，
真的只有兩個選項嗎？

經過長達數年的討論，2007 年輿論傾向兩個選項：運輸業者和其他交通從業人員希望直接在原地重建高架橋；看重都市生活品質的人則認為水岸是重要的公共空間，不如將快速道路地下化，把水岸還給市民。

當時的西雅圖市長，很重視都市空間品質，因此提議興建一個高速隧道來取代原有的高架橋。然而興建隧道的工程經費龐大，不但市府無法獨立負擔，連西雅圖所在的華盛頓州政府也無法支助。

隧道？或是另一座高架橋？兩個方案都可以容納原有的交通流量，一個能夠將水岸空間還給市民，但太貴不切實際；另一個則徹底走回頭路，吃掉更多的水岸空間。西雅圖市政府決定將這個難題交給公民投票來解決。

然而，2007 年 3 月 14 日的公投結果顯示，西雅圖市民兩樣都不要！於是，事情陷入膠著。

又經過了將近兩年的研究、討論，又有許多新方案被提出，但仍不脫重建高架橋或新建隧道，只不過設計版本不同。但這次，西雅圖市、以及西雅圖所在的國王郡，以及華盛頓州的政治領導人決定不交付公投了，由他們自己定奪。2009 年初，三位領導人決定興建昂貴的

1　西雅圖市中心南聯合湖區（South Lake Union）的輕軌系統。（徐名頤／攝）
2　目前仍盤據在西雅圖市中心水岸的雙層高架橋。
3　從西雅圖市中心到其南方機場的輕軌系統目前正在試車階段，即將要啟用。（徐名頤／攝）

地震後的舊金山，竟因禍得福多了一個充滿活力的水岸空間！

隧道來取代已搖搖欲墜的高架橋。

當然，這引起了極大的反彈。關心環境問題的團體對於政府決定繼續擁抱汽車交通感到失望。許多市民也認為這樣決定太不民主，因此發起連署希望交由公民投票來裁決隧道的興建。只是，未能改變主政者的心意。然而，當時沒有人會想到，這個隧道會成為一個大麻煩。隧道開挖工程於 2013 年展開，原本預計兩年完成，但鑽挖沒幾個月，就因為機具嚴重

毀損而被迫停工，接下來兩年都花在修理鑽挖機具上。好不容易於 2015 年底復工，又碰到地質上的問題被迫再度停工，2016 年二月再度復工。面臨重重工程挑戰的隧道，不知何時才能完工，卻已經成了令人頭痛的錢坑。

別被數字騙了，
交通阻塞＝道路空間不夠?!

其實，西雅圖在新建隧道與重建高架橋兩個主流選項外，還有第三個相對微弱的聲音。

一個在地團體「人民水岸聯盟」（People's Waterfront Coalition）提出一系列措施來分攤並減少原有的車流量：高架橋拆除後騰出來的路面空間，可以容納部分車流；其他屬於「穿越性」的交通，則由附近車流量不高的幹線來分擔；

舊金山這個城市曾經歷過與西雅圖幾乎一模一樣的狀況：1989 年，一場大地震將一條市中心環水岸高架橋震垮，舊金山並未重建任何形式的快速道路，她的交通也沒有癱瘓，證明交通阻塞問題並不等同於「道路空間」問題。

而改善市區的交通號誌及高速公路交流道，也能幫助紓解交通；再加上強化大眾運輸系統，應可有效分攤車流量，解決交通問題。

這個主張被許多自詡專業的人批判為天真、不負責任，只會造成西雅圖的交通大壅塞，而且之前市政府甚至不願針對這個可能性做任何評估，所以這個選項並未被納入公投。但許多批評者卻忽略了，人的行為其實是會受到環境影響的，車流的增加和政府不斷提供便利的道路和停車位絕對脫不了關係。

主張建造隧道或重建高架橋的人，都被統計數字給模糊了焦點，以為拆除高架橋，若不補回失去的道路空間來紓解原有的交通流量，會造成嚴重塞車。目前，西雅圖每輛車擁有的高速公路里程數，在美國眾多城市中數一數二；但即便現有高速公路已相當充分，仍無法有效

紓解交通。這也再度驗證之前所提及的研究結果：蓋高速公路並無助於紓解交通。顯然，交通阻塞問題並不等同於「道路空間」問題。

這一點，舊金山是最好的見證。這個城市曾經歷過與西雅圖幾乎一模一樣的狀況：1989年，一場大地震將一條市中心環水岸高架橋震垮，然而舊金山並未選擇重建任何形式的快速道路，她的交通也沒有癱瘓，反而因此擁有令許多城市羨慕不已、充滿活力的水岸空間。

在交通議題上，西雅圖一方面邁向完善捷運系統的願景，令人期待；另一方面，卻也逃不開汽車文化的緊箍咒，以為道路建設非得成為解決交通問題的選項，結果弄出了一個不斷製造麻煩的錢坑隧道工程，痛苦的經驗，值得我們借鏡。

誰才是道路的主人？

「道路是做什麼用的」？許多人會回答：給車用的。不管是不是交通規劃專家，你我從小就耳濡目染，知道交通順暢是重要無比的交通課題；也知道人車分流、有秩序的暢通道路是所謂現代城市的象徵。

但是，現在許多歐洲城市雖仍盡力避免交通大阻塞，但也不讓車輛在市中心的道路上太順暢地通行，而且還要讓車流與人潮混在同一條道路上！

這不是走回過去交通亂七八糟的回頭路嗎？沒錯！人類社會雖然一直向前走，但在社會、環境背景改變之後，偶爾也會發現某些過去被認為是落後的現象和做法，不但不落後，還很進步。

就拿騎自行車這件事來說，那些在中國城市中大批的自行車潮，過去看在進步世界的眼中是落伍的，但現在，哪個想要節能減碳的城市不大力推廣自行車通勤？過去，街道上人車混雜、拖慢車速的現象也被視為落伍，而現在，專家卻發現人車混流才是交通安全的上策。

在永續城市規劃的課題上，現代城市可以向過去學習的地方其實不少。而過去既然早已看不到，那些還存在於歐美地區以外的都市交通現象，就可以是靈感的來源。

隨著車速，車道變形成流動市場

2008 年，我到西非的迦納走了一趟，如果問我那裡的道路是做什麼用的？我會回答：給交通和市場用的。

迦納的首都阿克拉（Accra）就像世界上許多城市一樣，極力朝向現代化發展，城市中有著許多充滿車流的筆直道路；但是，與我們所熟悉的現代城市不同，與車潮共享道路的還有流動攤販。

這些流動攤販不只在一個定點做生意，他們把商品頂在頭上、四處遊走，擁有超強的移動力，是貨真價實的流動攤販。為數龐大的攤販不但在人群中遊走，更在車潮中流動，形成一個龐大的市場、一個像變形蟲一樣的市場。當道路壅塞、車速放慢時，小販們一個個伺機滲入車陣中叫賣；當塞車紓解、車速回升時，小販們就退回到路旁。

流動市場就這樣不斷變形著，街道的定義也隨著車速的不同，在「路」與「市場」間不斷切換。這樣的現象之所以存在，也是拜阿克拉嚴重的交通阻塞之賜。

對許多經常塞在車陣中的駕駛與乘客而言，塞車也不無聊了，甚至還是買菜、添購日用品的最佳時機，因為從飲用水、零食、魚肉蔬果，

對許多經常塞在車陣中的駕駛與乘客而言，塞車也不無聊了，甚至還是買菜、添購日用品的好時機，因為從水、零食、魚肉蔬果，到報紙、手錶、西裝等，在車陣中都可以買到。而且最省事的是：你不用去市場，市場自己會來找你。

到報紙、手錶、西裝等，在車陣中都可以買到。而且最省事的是：你不用去市場，市場自己會來找你。

當我身歷其境時，非常擔心這些流動攤販的安危，暗暗希望他們不要冒生命危險在車陣中討生活，就像擔憂台灣車陣中賣玉蘭花的人一樣。但話又說回來，為何我們的直覺反應是希望攤販退出危險的街道，而不是希望車流放慢速度、讓街道不再危險呢？誰說道路就一定得讓汽車飛馳？誰說汽車就該是道路中的老大？

人車混流，馬路不再如虎口

我們的現代城市已經將太多的空間讓給了汽車，而且為了車流順暢，將人車分流，於是隨意穿越馬路不但危險，還不符合公民道德。但是當車子愈來愈多，行人所分到的空間也愈來愈少；當車子愈跑愈快，街道也愈來愈危險。

於是馬路成了虎口，在街道上嬉戲會被爸媽罵，愈來愈多人發現都市不適合人居了。過去想盡辦法讓汽車在城市中暢快地通行的許多歐

1　德國漢堡市中心的車道被大幅縮減，人行道加寬，行人並可以任意穿越馬路，讓人車混流。
2　德國的「生活化道路」標誌，提醒駕駛放慢速度，僅能以時速 7 公里行進。

美城市，近幾十年來反而卯盡全力來降低車速、讓汽車不要暢行無阻，以保障交通安全。

其中一個重要的策略，就是在繁忙的市中心區內，讓車與人的空間界線愈來愈模糊，讓人車混流。因為許多調查發現，在行人和車輛交錯的路段中，車禍的肇事率反而比人車分流的路段還低了許多，這是因為來來往往的行人迫使車輛放慢速度，因此減少撞人肇事的機會。

人車平權共享一條道路，
荷蘭 30 年前的遠見

從人車分流到人車合流，在這觀念的轉變中，歐洲城市對道路的使用方式也不同了：以前道路主要是給車子用的，車子享有無上的權利，現在的道路則是人車平等共享。

荷蘭，是第一個嘗試人車平權的歐洲國家，30 多年前就開始重新設計部分街道，縮減原有車道，並配合路樹、花圃等細心的設計，讓車輛無法呼嘯而過，被迫減速慢行。如此一來，行人可以更放心地在街道上行走，小孩子甚至可以在街頭玩耍，荷蘭人稱呼這樣的街道為 Woonerf，意思是像庭院般讓人放心行走的環境，台灣則譯為「生活化道路」。

人車平權的觀念目前已傳遍許多歐洲城市。我在許多德國城市都看到不少這樣的街道，街口設置了標誌來提醒駕駛放慢車速，車輛得乖乖地以不超過時速 7 公里的龜速行駛。

在許多人潮較多的路段，行人的權利甚至比車子還大。部分歐洲城市中商業繁忙的區域，人行道的寬度甚至大於車道，許多街道雖然不完全是行人徒步區，但在設計上有如徒步區，如果沒有那些路樁或其他裝置來限制車行的範圍，幾乎看不出車道與人行道的差別。

這種設計，正是希望在不排除車輛交通的情況下，盡量提供舒適、自在的步行環境。

在這樣人車不分的環境中，行人找回尊嚴和路權，再也不用吸車輛廢氣，再也不用費心留意車輛，在安心地散步、逛街、喝咖啡之際，更可以隨意地「闖馬路」；而車輛則只能成為

3　丹麥哥本哈根市中心擁有全世界最長的行人徒步區。
4　荷蘭的烏特列茲（Utrecht）市中心的行人徒步區。

噤聲的小媳婦，要選擇在這樣的環境中行車，就不得不妥協：放慢速度、乖乖禮讓行人。

　　丹麥首都哥本哈根可說是最棒的徒步城市，她的市中心擁有全世界面積最大的行人徒步區。荷蘭也不遑多讓，幾個大城市如阿姆斯特丹、烏特列茲（Utrecht）等的主要購物區也已經完全成為行人徒步區。

　　歐洲城市重新設計了街道的空間結構、調整人車的權利分配後，車流愈來愈不順暢；但是，城市中的車禍事故顯著減少了、馬路不再是虎口、爸媽跟著孩子一起在街頭嬉戲。都市成了行人天堂，愈來愈適於人居。

　　那麼，在一個住起來舒適的城市中，街道該是做什麼的？

　　歐洲的經驗告訴我們，街道應該多功能的使用，除了交通，還可用來逛街、遊戲、吃飯、喝咖啡⋯⋯

　　這樣看起來，迦納阿克拉的街道同時兼具車道和市場的功能，在本質上其實一點兒也不落伍呢！

沒車無妨，有車共享

那天下著大雨，我站在窗前看著小白被一個陌生人牽走。

小白為我和夫婿服務了五年多，是剛搬到西雅圖時從朋友那裡買來的二手車，因為要暫別美國一年，想想車子閒置在西雅圖一年也是徒增煩惱，就想乾脆賣掉吧。看著小白離開，心中的感覺很複雜。

當然，車子畢竟只是車子，但即便平時我們也很少用車，突然之間沒車了，心理上竟有些不適應。

那天晚上早已約好要到北邊的朋友家吃飯，公車到不了，只好請朋友繞道來接我們。沒有自己的車可用，才知道過去車子的確帶給我們不少方便，甚至把我們寵壞了。但另一方面也因為沒了車，讓我們深深體會擁有一部車的代價其實是不低的。

與其花錢買車，
不如成為汽車共享的一員

在離開西雅圖之前，因為偶爾還是得去遠地辦事或載運東西，於是我們加入了 Zipcar。

2008 年的那時，Zipcar 是西雅圖唯一的「汽車共享」服務商。所謂「汽車共享」，基本上也是租車服務的一種，但跟一般租車不一樣的是，Zipcar 可以用一小時、甚至半小時的單位來計價，而且必須成為會員才能租車。

這樣的遊戲規則，讓同一輛車在同一天可以給許多不同的會員使用，等於是許多人共享一部車；另一方面，因為 Zipcar 提供許多不同的車種，僅要代步的話可以租小車，人多時可租箱型車，若要運送大件物品則可以租卡車，也有較環保的油電混合車，等於一個人能同時「擁有」好幾台功能不同的車。

另外，汽車共享服務與一般租車公司最不同的是，其車輛散布在城市中各個角落的停車格，沒有租借櫃檯，會員只要直接前往離自己最近的點取車，以特製卡片開車門鎖就可以了，就好像車子停在自家附近的停車場一樣。此外，用 Zipcar 還不用擔心油錢和保險，因為都已經包含在租金中了。

就像我們的小白一樣，許多人的自用車在大部分的時候是停著不用的；想像一下，在一個特定的時間點上全球各地有那麼多停著不用的車子，實在是非常沒有效率的資源使用模式。

汽車共享的設計能讓同一台車在多數的時間都有人使用，讓資源發揮最高效能，也免除了人們購買汽車的需求。

在汽車擁有率高的美國，像 Zipcar 這樣的汽車共享服務仍未被普遍利用，但在歐洲早已

1　汽車共享服務的車輛散布在城市中各個角落的停車格，就好像車子停在自家附近一樣。©katmere@flickr
2　西雅圖的汽車共享服務 Zipcar。（徐名頤／攝）
3　Greenwheels 是荷蘭的主要汽車共享服務業者，在許多城市都可以輕易地找到有著火紅車身的 Greenwheels。

行之有年。

　　目前在德國就有將近 100 個提供汽車共享服務的組織團體、超過 10 萬的會員。荷蘭則是最早提供汽車共享服務的國家之一，目前主要廠商是 Greenwheels，許多城市都能輕易地找到有著火紅車身的 Greenwheels。

　　許多強調永續發展的社區開發案，也以汽車共享制度為環保手段之一。

　　例如阿姆斯特丹新社區 GWL-terrein，在規劃時就朝向「無車社區」的目標進行，在社區

道路的規劃上，除了預留工程修繕車輛和消防車所需的空間外，不設置任何車道；更重要的，是設法讓社區住戶不需要買車。

GWL-terrein 本來就位在生活機能不錯的城區中，許多商店就在步行的範圍內，再加上阿姆斯特丹便利的大眾運輸系統，日常生活其實是不需要用到車的。

但為了避免社區居民因為偶爾的用車需求而買車，社區與汽車共享服務廠商合作，在社區外圍的停車位提供數台汽車讓居民共用，因此大量減低了居民的汽車擁有率。

在歐美城市工作或留學的朋友，與其花錢買車，不如成為汽車共享會員，既免除養車麻煩，又不用擔心油價，更不必買昂貴的汽車保險；而且開多少車繳多錢，實在划算！

在油價高漲、油藏有限的世界，在生態破壞頻繁、全球暖化的今天，汽車共享機制應該要取代私家汽車；特別是地小人稠的台灣，我們不能放任車子數量一直不斷地增加。好消息是，汽車共享服務商 Zipcar 已經於 2017 年進入台灣，人們多了一個交通選項。

算算開一次車的成本吧！
慢，又如何呢？

在西雅圖使用 Zipcar 的那陣子，我們的用車習慣也改變了，被迫更節制地開車。

以前自己有車時，會老遠開上 40 分鐘去北邊的華人超市買菜；但因為用 Zipcar 是按小時計價，讓我們對每趟行車的金錢成本都更為敏感，若為了買菜而得付上兩小時的租車錢，就顯得相對奢侈。

這是過去擁有自用車時想都不會想的事情，正因為車是自己的，每一趟都有「免費」的錯

阿姆斯特丹的 GWL-terrein 是個「無車社區」。
在規畫時就朝向無車社區的目標進行，在社區道路的規畫上，除了預留工程修繕車輛和消防車所需的空間外，不設置任何車道；更重要的，是設法讓社區住戶不需要買車。

覺，但我們卻忘了當初買車所付出的金錢成本其實是相當可觀的。使用 Zipcar 之後，我們清楚地看到，每次開車的金錢成本實在不低。人們太習慣自用車帶來的方便生活，卻不知道方便背後的代價是如此驚人。

沒了車，由奢入儉確實要花一些時間適應。沒車的日子，讓我們不得不用雙腳漫步、坐公車慢行，尤其在大眾運輸系統不甚發達的美國，去遠點的地方得花上更多的時間。

記得一個週日的晚上，我們從家裡出門搭公車到中國城買菜並吃個簡餐，從出門到進門，竟然花了四個多小時。

但，慢又如何呢？

現代生活就是方便、效率、快速的代名詞，但這用大量的環境和金錢成本所堆砌出來的效率生活，又帶給了我們什麼心靈上的好處？

我苦思不得答案。天生性急又崇尚快速的我，一直被效率這件事給奴役著，我慢慢發現，能夠快速達到的事，從來無法給我什麼深層的心靈成長。

將移動這件事從「快」交給了「慢」，也許意料不到的生活體驗正在慢慢開啟呢！

幾乎人人都有自行車的城市

哥本哈根的自行車道都有專用
的號誌燈。©gcbb@flickr

1、2　芬蘭赫爾辛基的自行車專用道介於人行道與路邊停車格之間，而緊鄰車道，保護自行車騎士免受車流威脅。
3　　由德國鐵路公司（DB）所提供的公共自行車，供民眾以低價租借。
4　　荷蘭烏特列茲（Utrecht）市中心的自行車專用道。

　　2006 年起那幾年，台灣掀起了一股自行車熱，許多人在電影「練習曲」的推波助瀾下，紛紛跨上鐵馬環島去。

　　在愈來愈汽車化的台灣環境中，騎自行車開始成為熱門的休閒活動固然可喜，但若要讓騎自行車這件事，達到對環境保護有實質意義與貢獻，非得讓自行車成為日常的交通工具才行。2012 年，台北市正式推出了 YouBike 這個自行車共享系統，受到極大的歡迎。今天，台北市的街道上處處都可以看到人們以 YouBike 代步。另一方面，台北市近年來也積極改善市區內的自行車環境，即便邁向自行車友善城市

的道路上，還有不少工作要做，但台北市這樣的轉變，令人欣慰。希望台灣其他城市，也能夠朝同樣方向邁進，讓自行車成為城市交通運輸的重要工具。

　　該如何讓自行車成為主要的交通運輸工具，歐洲有太多的城市可以提供好教材；其中，有將近四成市民用自行車來通勤的哥本哈根，就是最好的範本。

預算等同捷運，讓市民愛上騎鐵馬

　　在哥本哈根這個城市中，不見繁忙擁擠的車

荷蘭有 27% 的人口騎單車通勤，在首都阿姆斯特丹有大量的單車交通。

流，反倒有數量龐大的自行車潮；火車站、地鐵站、辦公大樓、百貨公司的門口總停滿了各式各樣、密密麻麻的自行車。

相較於世界知名的自行車天堂荷蘭，近幾十年來另一個已經發展成自行車國度的哥本哈根絕不遜色。

根據 2011 年的估計，哥本哈根每天有高達 50% 的人騎自行車通勤或上下學，這城市的自行車數量甚至比人口還多。

哥本哈根市民對自行車的高度使用，是政府有計畫的推廣和投資的結果。

在丹麥的交通部門中，自行車的交通規劃與大眾運輸系統同樣占有舉足輕重的地位，更享有同等的預算。目前人口約 52 萬的哥本哈根，就擁有超過 390 公里的自行車專用道，而且都有專用的號誌燈，給予自行車與車輛等同的交通地位。而且，根據哥本哈根建設法規的一項新規定，城市中主要道路都要開闢自行車專用道，所以這讓其他城市望塵莫及的自行車道長度還會繼續增加。

除了道路旁的自行車道，哥本哈根也正在建置一個連接郊區和市中心的「自行車高速公路網」（Cycle Superhighway），第一條超級高速公路已於 2012 年開通。整個路網將包括 28 條自

哥本哈根的自行車也可以搭乘大眾運輸系統。

行車超級高速公路，總長度約 500 公里。

路邊停車格，是自行車騎士的分隔島

當然，良好的自行車環境並不只是自行車專用道愈長愈好，維護騎士安全是更重要的工作。

哥本哈根的自行車專用道，大都設置於人行道和路邊停車格之間，所以，停在路邊的車輛，就成了自行車騎士和汽車車流間最好的保護和緩衝。

反觀美國，大部分的自行車道都緊鄰汽車車道，疾駛的車流對自行車騎士構成了安全威脅，容易造成心理上的恐懼。

台灣大部分的情況當然就更惡劣了，由於許多市區大部分的街道根本沒有自行車專用道，而人行道上又障礙重重，自行車騎士只好冒險與汽機車爭道，非常危險。

大眾運輸系統是否也可以支援自行車，是自行車文化能否普及的另一個重要關鍵。

哥本哈根的市民可以騎自行車去搭火車或地鐵，因為車站提供了自行車停車場，可以容納為數眾多的自行車，也比較不容易被偷。

此外，大部分時候，市民也可以帶著自行車一起上火車或其他大眾運輸系統。

公共自行車隨騎隨停，
改裝車款載人載貨都方便

哥本哈根的自行車政策，也照顧到沒有自行車的民眾和外來觀光客。始於 1995 年的 City Bike 應該可說是世界上最早的大規模自行車共享系統，讓任何人都可以免費在城市中使用自行車。

早期，任何人都可以免費使用 City Bike，但哥本哈根市政府沒有花半毛錢，而是與許多私人企業合作，由企業捐贈。

私人企業得到的好處是在這些公共自行車上打廣告的機會，而民眾則有免費的自行車代步，是一個雙贏的聰明策略。

哥本哈根的自行車共享系統相當成功，根據調查，除了在民眾睡眠的時間以外，每台公共自行車的平均閒置時間只有 8 分鐘，足見這些

哥本哈根自行車文化的盛行，也反映在各式各樣的改裝車上，市民將自行車改裝以符合日常需求。

自行車的使用率很高，非常受到歡迎。

哥本哈根自行車文化的盛行，也反映在各式各樣的改裝車上。

一般的自行車純粹用來代步不成問題，但若要載小孩或大包小包的東西，就不太實用了；然而，與其求助汽車，哥本哈根市民寧願將自行車改裝以符合日常需求，畢竟自行車仍是最經濟又方便的交通工具。

最常見的改裝方式，是將自行車前半部或後半改成置物大箱子，除了可載運較多物品，還可以載小孩。隨著自行車人口增加，改裝車的需求也愈來愈大，廠商看好這樣的市場，也推出外形又酷、又炫的載貨自行車。

台灣要改變一點都不難

台灣城市的人口密度相對於哥本哈根高出許多，應該要讓自行車成為城市中最主要的代步工具。然而，大部分的台灣人仍然喜歡以機車代步。

根據台北市交通局 2009 年的分析報告，台北市每千人持有 412 輛機車，並估計汽車數量將持續增加；此外，有 40% 騎機車通勤通學的人，騎乘距離不到 5 公里，時間不到 20 分鐘。這些相對短的旅程，是有可能以自行車取代的。根據 2016 年 3 月的報導，新北市交通局對 YouBike 會員進行調查，發現有 35% 的會員已以 YouBike 代替汽機車。雖然台北市的情況不得而知，但這顯示，只要有良好的自行車環境和完備的相關配套措施，要讓自行車取代機車成為台灣都市人主要的代步工具，絕非不可能。

試想，如果台灣城市中大部分的機車都能夠被自行車取代，那麼空氣汙染和汽油的耗用量將可大幅度減少。

從哥本哈根的例子來看，要讓自行車的使用普及，相關的工作並不是什麼高難度的技術或學問，只要政府有足夠的意願，交通部門多花一點心思，不需要很多預算就可以達到很大的成效。目前，除了台北市以外，包括新北市在內的其他城市也有了 YouBike，若再加上其他配套措施，自行車取代機車絕非不可能！

我在全美最棒的單車城市

2008 年夏天，接收了朋友的鐵馬，旅居西雅圖五年後，我終於可以騎自行車了！

說來難為情，過去當許多西雅圖友人聽到我在這個城市還沒有騎過自行車，總出現「你在開玩笑吧！」的反應，因為在我的朋友圈中，騎自行車已經是西雅圖城市生活不可或缺的一部分。

美國是汽車國度，在與汽車有關的統計上，是許多歐洲國家難以「望其項背」的。但在與自行車有關的統計數字上，美國與歐洲國家比起來，可就是小兒科了。

相較於有著 27% 高比例單車通勤人口的荷蘭與 18% 的丹麥，美國僅有 0.4%；在這樣的情況下，擁有 2.5% 單車通勤人口的西雅圖，雖然比起哥本哈根的 50% 實在是少得可憐，但也算是美國的佼佼者。

軟硬兼施，為了讓市民騎鐵馬代步

這幾年，西雅圖在建構自行車環境上相當努力，況且，地形起伏大的西雅圖比起地勢平坦的荷蘭和丹麥等城市，環境本來就先天不良。但西雅圖仍然能讓不少市民不畏挑戰陡坡，毅然跨上鐵馬通勤，表示西雅圖在推動自行車文化的努力，絕對有可取之處。

相對於美國其他城市，為何西雅圖能夠擁有較高比例的單車通勤族群呢？

創造舒適友善的自行車環境，是強調永續、環保的西雅圖重要的市政之一。這個城市除了有許多自行車專用道，並和公車交通整合：在西雅圖每一輛公車都可載運兩、三台自行車。

近來市政府更持續強化相關的硬體設施，以鼓勵更多民眾跨上鐵馬：2006 年，市議會通過預算高達台幣 100 多億（3 億 6 千萬美元）的「自行車 10 年總體計畫」，建構更完善的自行車環境。除了增加自行車專用道的總里程，市區內的道路也必須讓出自行車通行的空間，還計畫興建供騎士安全穿越快速道路的陸橋。

西雅圖市政府當然沒有忽略軟體措施的重要性。2008 年夏天，趁著適合騎車的好天氣，市政府推出「聰明騎單車」系列活動，包括新手上路訓練、自行車檢修保養課程、女騎士聚會、通勤路徑規劃服務、還有安全帽大特賣等活動，希望藉由實用、免費的活動，刺激市民騎自行車通勤的意願。

在西雅圖也可以沿著浮橋高速公路騎自行車,欣賞華盛頓湖的風光。(徐名頤/攝)

公部門、私人企業一起來,
努力打造優質自行車通勤環境

除了公部門的推動,私人企業的努力也是提升單車通勤人口的重要一環。愈來愈多公司行號為員工設置自行車停車架,這樣自行車就不會因停在公共場所而容易被偷,員工更樂意騎單車上班。設置淋浴間和更衣室,也讓員工不用因為擔心滿身臭汗,而不願騎自行車通勤。

過去我在西雅圖服務的建築與規劃事務所,對於推廣自行車通勤一向不遺餘力,辦公室除了有自行車停車位、更衣室與淋浴間外,還購置了好幾輛自行車讓員工借用。

公司甚至用發獎金的方式「利誘」員工騎單車上班。此外,還有一個自行車小組,由許多自認是單車狂的同仁組成,除了替公司打點各項自行車相關事宜,並在公司內部舉辦各項教育推廣活動,例如老手傳授新手上路經驗、單車通勤夥伴配對等。

因為公私部門合力推廣,加上西雅圖優美舒適的城市環境,騎單車成為令人心曠神怡的交通和休閒選項,也讓西雅圖被美國《單車雜誌》選為全美 5 個最棒的單車城市之一,與波特蘭、舊金山、芝加哥,以及科羅拉多州的博得(Bolder)共享殊榮。

我生活在美國最棒的單車城市五年之久,卻未好好享受這個「福利」,讓周遭朋友覺得不可思議。還好朋友慷慨地將她的單車讓給我,讓我享受了西雅圖的自行車環境。

1　Burke-Gilman1 小徑，是西雅圖最受歡迎的騎單車路線，途經許多美麗的城市風景。

2　西雅圖的每一輛公車都可以載運兩台或三台的腳踏車。（徐名頤 / 攝）

3　過去我在西雅圖服務的建築事務所推廣自行車通勤不遺餘力，許多員工選擇騎單車上下班。（徐名頤 / 攝）

三輪車翻身機會，
抗暖化的綠色交通工具

在城市的永續發展上，歐洲城市固然有許多值得學習的好經驗，我們的亞洲城市當然也有可取之處。在現代化腳步下劇烈改變的中國城市中，某些還固執存在的傳統事物，其實也是我們可以學習的對象。

2007 年，我在泉州看到的腳踏三輪車就是其中一個好例子。

中國的汽車數量不斷增加，光是那時的泉州，每天有 100 多輛新車加入已經擁擠的車陣中。今天，這個數字應該會更大。

即使汽車愈來愈多，那年，泉州市區內仍有為數不少、載客用的腳踏三輪車滿街跑，是這個城市主要的運輸工具之一。

或許是因為汽、機車的競爭愈來愈大，很多三輪車後座空空的，不知道它們在現代化、汽車化的腳步中還可以撐多久？

無耗能，車陣中討生活的雙腳勞力

做為運輸工具，泉州三輪車的競爭對手還不少，除了得面對私家車、公車、計程車等汽車競爭，載客摩托車也是瓜分生意的對手。

2007 年，我在泉州待了 5 個禮拜進行田野調查，那些在台灣已經消失的三輪車對我來說的確很新鮮，但仔細一瞧，路上許多三輪車看起來像風中殘燭，早已破舊不堪；車伕也多半是上了年紀的老人家，費力地用雙腳勞力討生活。因為不忍讓年邁車伕辛苦踩踏，我不曾想過要搭乘。

直到有一天，和同行的朋友因為怎麼都招不到計程車，只好招了一台三輪車趕路。

車伕是一位非常瘦弱的老先生，20 分鐘的車程讓我們兩人忐忑不安，一來，覺得我們在折磨老先生，特別是友人非常高大，在許多稍有坡度的地方還讓老車伕下車來拉這台沒有變速設計的三輪車。

二來，老舊的三輪車經過任何凹凸不平的路面就會劇烈晃動，不但好像快要解體，還讓我們坐在木板上的屁股很受傷。

三來，泉州街上的交通實在非常混亂，老車伕就好像征戰多年的沙場老兵，在危險車陣中一次又一次地殺出重圍，我們雖然心驚膽跳、幾次瀕臨心臟病發邊緣，卻不得不暗暗為老車伕精湛的「車技」喝采。

令人印象深刻的是，老車伕在混亂、不時有人逆向行駛的車陣和人潮中，幾乎沒有踩過一次煞車；更令我們嘆為觀止的是老車伕闖馬路的技巧，可以直直闖過一條繁忙的大馬路而沒有發生任何擦撞。

下了車，彷彿覺得我們已在鬼門關前走過。

還有什麼交通工具會比用人力驅動的三輪車更環保？車伕也永遠不需要擔心油資漲價，對乘客來說也是比計程車或摩托車更經濟的短程交通工具。

絕對零汙染，
經濟實惠的短程交通工具

即使如此，這個經驗卻也讓我對泉州的三輪車產生了感情。

這些看似落後的三輪車總有一天會在中國革新的大旗之下，消失得無影無蹤，就好像台灣早期的黃包車一樣。

但是轉念一想，在全球暖化威脅之下，載客、載貨兩相宜的三輪車卻是再理想不過的城市運輸工具了，還有什麼交通工具會比用人力驅動的三輪車更環保？

除此之外，車伕永遠不需要擔心油資漲價，對乘客來說也是比計程車或摩托車更經濟的短程交通工具。

若漸漸以三輪車來取代計程車，城市也不用擔心愈來愈糟的空氣汙染、能源使用量節節上升的問題。

為了支持這個綠色交通工具、為了讓老年的車伕有生意做，即使乘坐實在不舒服，我在泉州又陸續搭了幾次三輪車。

行動健身房，改造三輪車狂想曲

看著幾位老邁車伕踩著老舊三輪車的辛苦，我不禁想，要是這些三輪車都能更符合人體工學那該有多好。

如此車伕踩起來輕鬆、乘客坐來也舒服，若再加上新穎的外形設計，那麼踩三輪車就不再會是辛苦的行業，人們也應該會更喜歡搭乘比較便宜的三輪車吧！

在自行車環境愈來愈棒的許多西歐城市，例如阿姆斯特丹、柏林、德勒斯登（Dresden）等，我看到了心目中的現代三輪車藍本。這些現代三輪車外觀新穎，看起來也相當舒適，通常做為短距離的城市觀光使用，絕大部分都是由年輕人（男女都有）經營載客。要是泉州的三輪車都能像歐洲的觀光三輪車一般舒適、新穎，相信會很受歡迎。

載客用的三輪車應該在人口密集的城市裡多多運用，成為普遍的運輸工具，大量取代不環保的計程車。我真希望在台灣的城市看到這樣的未來：大部分的計程車司機，都在政府的

1　德國慕尼黑市區的觀光三輪車。
2　德國柏林市區的觀光三輪車。
3　荷蘭阿姆斯特丹市區的觀光三輪車。

輔導下轉業改騎三輪車，這樣，對原本的汽車駕駛人來說，不但可以繼續掙錢，還可以把工作當成鍛鍊身體之用，賺錢兼健身！

看看富裕國家的人們，大部分的時間都不得不在椅子上度過，如此的生活型態讓許多人得上健身房維持健康和身材。但與其繳錢去健身房，還不如將環保、不耗油的三輪車當成健身工具，在健身之外還可賺錢，節能減碳，一石三鳥！

我與朋友聊到這個想法，他給這樣的三輪車起了很貼切的名字：行動健身房。於是我們兩人一起描繪起三輪車的願景：未來的城市中，每條道路除了人行道、自行車道外，還有載客用的三輪車專用道。城市並實行著一個三輪車共享制度，讓想要運動或缺錢的上班族可以騎三輪車載客來打工。有乘客上門時，可與乘客聊天、交朋友；若沒有乘客，就純運動兼欣賞城市風景。對我們而言，這比去健身房盯著電視踩腳踏車更吸引人！

我希望泉州的三輪車永遠不會消失，就算消失，也是被新一代的三輪車淘汰，而不是被汽機車取代。

— PART —

3

與水和平共存
不是夢想

如果說天下有白吃的午餐,那麼河流就是這白吃的午餐,

一直以來提供人類許多免費的服務。

過去,河流為人類帶來了水源、食物、農作養分、航運之便等好處,

孕育了人類的古文明,被視是母親般的生命體。

今天,當許多城市裡的人們已不需再依賴都市河流的漁獲、也不用就近取水時,

看待河流的態度也不一樣了。

神奇的倒木、漂流木

在人們的心目中，一條健康的河流該有著什麼樣的面貌？

如果一條河流的水道中、河岸上，到處是糾結在一起的倒木或漂流木，這樣的河流健康嗎？答案是肯定的。只是，健康的河流樣貌不見得是人類喜歡的樣子，對許多人而言，這些讓水流打結的倒木或漂流木是眼中釘、肉中刺，得盡速除之不可，以免影響排水效率、威脅居民的安全。

在現代社會中，河流被視為水道，是排洪、排汙的管道，而當管道中某個環節阻塞了，就認為應該進行清淤、疏浚來維護河道暢通。

河流之所以是河流，能夠孕育人類的文明，能夠滿足人們飲水、洗滌、灌溉、捕魚等的需求，就在於它不僅僅是條水道而已。也許因為水中生物不像陸上動植物容易看到，大部分人從未想過，河流也是一個生態系統，是有著許多不同動植物的生命綜合體。

為滿足人類的防洪、航運、水力發電、休閒、水資源運用、水岸土地開發等需求，世界上大部分河流已經被水利工程改造得面目全非，再加上人類定期對河道進行的疏通等維護工作，就好像已經重病累累的身體，不時還要遭受拳打腳踢。許多河流因此早已經失去了生命力，成了不折不扣的排水溝。

倒木和漂流木不是垃圾，
是維繫河流生命力的重要環節

人類對河道的疏通維護工作，最主要的就是清理那些堆積在河道和岸邊的大型倒木或漂流木，特別是暴風雨過後它們大量出現，被視為是侵害公共安全的垃圾，甚至認為它們也會對河流生態造成破壞。直到近 1、20 年來，科學家才慢慢發現，原來這些倒木從陸地上倒入河流中，到隨水漂流（因而又被稱為漂流木）、堆積等過程的自然現象，是維繫河流生命力的重要一環；若清理掉這些大型的倒木和漂流木，就等於拿走維護河流生態健康的重要機制。

近年來，在美國西北地區愈來愈多的生態和水文學者投入了大型倒木與漂流木（合稱 large woody debris，但也有人稱 large woods，以避免 debris 一字隱含的「無用」之意）的研究。西北地區的國家公園中還有幾條接近原始風貌的河流，成了最好的研究室，讓研究人員得以實際探究倒木與漂流木對生態系統的重要性。

2007 年我還在華盛頓大學讀博士的時候，在一門河流生態學的戶外課程中，我與同學們隨著教授來到華盛頓州沿海的奧林匹克國家公園（Olympic National Park），穿梭在植生茂密的溫帶雨林中學習河流的生命故事。

這是最自由的河流，是健康河流的原貌。科學家發現，原來倒木隨水漂流、堆積等過程，都是自然現象，是維繫河流生命力的重要一環。圖為西雅圖近郊綠河中的大量漂流木。

溯過小溪、踏入濕地的爛泥、穿過茂密的灌木後，我們來到一片幾乎是一望無際、錯綜盤結的龐大漂流木堆前，見證了河水強大的搬運力量。

教授告訴我們，當大洪水來臨時，這一大片漂流木因為徹底糾結在一起，所以是一起載浮於水上的。即使教授已研究河流數十載，熟稔河流習性，每每親見大自然的威力仍是震撼不已。

在奧林匹克國家公園的保護下，不少河川中上游得以躲開水泥工程的桎梏，自由奔流。河水的沖積、侵蝕，在河川廊道中雕塑出多元的

生物棲息空間，滋養了各種水棲、陸棲，以及兩棲的物種。

在這裡，河流不總是水流平穩，有時可以波瀾壯闊，有時卻只有涓涓細流；河中沙洲隨時都可能在大洪水過後就不見蹤影，成了河道；河岸也不是永恆，土石隨時都可能隨著河水離去，順便帶走生長其上的高大樹木。

這是最自由的河川，也是健康河流的原貌。而儘管暴風雨的侵襲讓河流面目全非，只要那些隨著河岸侵蝕而從陸上倒入河中的漂流木還在，就可以幫河流找回原本的旺盛生命力。

為什麼看似無用的倒木與漂流木，居然是讓

河流重生的重要推手？

河中的倒木可能來自於洪水沖刷河岸，造成樹木傾倒，也可能是樹木自然死亡倒下後，在洪水來時被沖進河流。這些漂流在河中或堆積在河岸上的巨大木頭，自然會影響水流和泥沙的搬運，進而改變河流的深度、寬度，以及河床地形等物理環境，也就是所謂的「河相」，直接或間接地替河流創造了深潭、淺灘等多樣的生物棲息地。

這些堆積在河道與河岸上的巨大木頭，也是植物生長的好環境。當足夠的漂流木糾結在一起，夠重、夠穩，不再隨河水漂流後，陸上吹來的土壤會慢慢堆積其上，再加上攔截了河水搬運來的泥沙，久而久之形成了小島，植物便得以穩定生長。研究發現，河中沙洲或小島之所以能夠穩定形成，其實是有賴於糾結漂流木的堆積為基礎。

被人們認為會讓水流打結的倒木和漂流木，正因為可以阻擋流水，也同時攔截了許多養分和有機質，成為水棲動物的食物寶藏！此外，這些木頭在水中所創造的小空間，也成為幼魚躲避掠食者的最佳庇護所，對水中生物有許多重要的貢獻。

其實，河流中的倒木和漂流木對人類也不是沒有好處，洪水來臨時，中、上游的倒木和漂流木可以阻擋水流、減緩流速，大大削減下游聚落的洪災危險。

在人們眼中看來礙眼的倒木和漂流木，可真是有許多神奇的作用呢！

不維護河流上游，
復育也只是白費工夫

在美國，雖然大部分的民眾仍視河流中的倒木和漂流木為公安威脅，但實際上，為河流找回原本應有的倒木與漂流木成為河流復育工作的重點項目之一。

在美國西北地區，許多河流復育工程大費周章地運來許多大型樹幹，放倒並固定在河流中來重建生態棲息地；只是，許多類似的復育計畫總以失敗收場，因為往往洪水一來，大部分辛苦堆置的木頭就被沖走了，又回到原點。

顯然，河流復育工作不能只著重於重塑出河川自然樣貌的表象，僅放置大型木頭是不夠的，創造與補充倒木、漂流木的自然機制也必須同時存在。

因此，河流上游的森林環境與河水沖刷都是河流復育時所需要考量的面向。因為，若河流上游沿岸的森林已被砍伐殆盡，或是河岸已徹底水泥化而不受侵蝕，那麼河流就失去了倒木與漂流木的創造與補充機制，即便人們在下游再努力地堆置大型木頭，終究只是白費功夫。

在台灣，不但河流復育尚未受到普遍重視，一般民眾也無法接受漂流木所造成的「河道阻塞」；而且說來諷刺的是，我們反而從不曾缺乏創造、補充漂流木的機制，因為上游水土保持不當，颱風暴雨時河流旁的樹木被流水沖走不打緊，許多時候連整片山坡地的森林都滑落河谷，造成人類社會和生態系統的雙重毀壞。

要破壞一條河流，輕而易舉；但要救一條河流，卻不簡單，不但需要民眾改變根深柢固的認知，還需要眾多大環境條件的相互配合。

如何為河流找回倒木與漂流木、恢復河流生態的健康？目前仍然沒有完美的復育方案，但希望透過對倒木與漂流木的認識，我們可以開始用不同的眼光來看待河流。

至少我們應該要明瞭，河流不只是水道，而是生命。

穿越都市的河流，你還好嗎？

如果天下有白吃的午餐，那麼河流就是，一直以來提供人類許多免費的服務。像河流這樣的生態系統向人類提供的服務，學界稱之為「生態系統服務」（ecosystem services）。

過去，河流為人類帶來水源、食物、農作養分、航運之便等生態系統服務，孕育了人類文明，被視為是母親般的生命體。今天，當城市裡的人們已不需再依賴河流的漁獲、也不用就近取水時，看待河流的態度也不一樣了。

一條被遺忘的河流，一道消失的水域

在都市開發的過程中，許多沒有航運之利的小河在人們眼中愈來愈無用，似乎唯一的功能就只剩下排水與排汙了。

2007 年，我走訪了泉州的後墩村。從地圖上看，這村子有條蜿蜒小河流經，但現實並非「我家門前有小河」那樣美好，這條小河奇臭無比，而且因為承載太多垃圾，根本流不動，從水域變成陸域，魚兒不見了不說，還有許多老鼠竄來竄去。河流已死，後墩村的人們卻仍在死去發臭的水體旁居住、吃飯、工作。

泉州，是中國近年來經濟迅速發展的區域之一，工廠和道路開發的速度之快，讓任何一張新出版的地圖馬上就過時；也因此吸引了中國內地鄉下的人們蜂擁而來，擠進了成千上萬像後墩這樣的城郊村落，在許多地方，客居異鄉的外來勞工甚至多於本地居民。沒有地方認同感，又為了討口飯吃，人們選擇對環境汙染和健康威脅視而不見。另一方面，他們沒有其他選擇，後墩不過是眾多類似社區的縮影，許多可以提供工作機會的發展中區域都面臨嚴重的環境汙染問題。

在那個炎熱的仲夏，我連續幾天得前去後墩進行調查。高溫加上惡臭讓我待不到幾小時就頭暈目眩，但這裡的人顯然處在鮑魚之肆太久，不聞其臭了。我問村中的居民，這條小河叫什麼名字，村民說：「哪有什麼名字，就是條排水溝嘛！」

當河流只是條排水溝，連名字也沒有，最後的命運就是被摧殘至死。被當成排水溝的都市河流或許還算是「好命」的，有些在精華開發地段的河流甚至被認為「占用」空間，乾脆填埋起來，從人間蒸發。有些河流雖然仍在地下涵管中流動，但人們眼睛看不到，自然也不會想起，對人們來說等於消失了，而河流中的生命自然也一併逝去。

在台北，過去的水圳被填平、被地下化了不說，許多自然小河再也不見蹤影。在太平洋另一端的西雅圖，即使以山水環繞的景致著名，

1、2、3　1984 年，柏克萊（Berkeley）就趁打造新公園之便，打開了原本被埋在基地下的草莓溪。

但城市中找不到幾條河流，不是因為這裡本來沒有河流，而是在都市發展的過程中被徹底驅逐了。

被遺忘的地下河，
有了翻身重見天日的機會

與開發中國家的河流普遍遭到嚴重汙染比起來，西方國家的河流即使也曾有過類似的身世，但現在幸運多了。當工業廢水和家庭汙水已不再直接排放到河流中，不少河流已在復健中，漸漸恢復了生命力。

河水乾淨了，人們也開始發現河流的美好，慢慢找回對河流的情感，於是有些被埋在地下的河流被開蓋（daylighting），得以重見天日。

美國就有不計其數讓河流重見天日的案例，舊金山灣區可說是最積極的地區。

早在 1984 年，柏克萊（Berkeley）就趁打造新公園之便，一併將原本藏在基地下的草莓溪（Strawberry Creek）開蓋。此外，歐洲的丹麥、英國、瑞士、德國等地，也有許多類似案例。

在亞洲，韓國的清溪川則是台灣人耳熟能詳的例子。20 世紀中葉，在經濟發展重於一切的社會氛圍中，流經首爾的清溪川被覆蓋起來，隨後更在上方築了一條高架橋。

這樣的窘境在本世紀初有了轉機，為了改善都市形象，首爾市政府拆了高架橋，移去覆蓋在清溪川上的水泥，並美化、綠化水岸，成為首爾最受歡迎的公共空間和觀光景點之一。

但令人遺憾的是，重見天日的清溪川僅著重於塑造親水景觀，而不在復育河流生態。被折騰數十載的清溪川其實早已乾涸，現在得仰賴人工幫浦從漢江引水才能讓水流源源不絕，耗資巨大。今天的清溪川可說是一條人工河流，離生態復育的概念甚遠。

清溪川的例子固然不完美，但愈來愈多城市

首爾市政府讓清溪川重見天日，可惜其考量較著重於塑造親水景觀。

願意打開被覆蓋的河流，重塑與河流的關係，仍是令人欣慰的趨勢。

城市與水相融，水都的和諧表象

當都市河流和其他水體不再積滿垃圾、不再發出惡臭、水鳥願意造訪，甚至還可以看到魚兒的蹤影時，河流自然就成了賞心悅目的城市風景。

許多富裕的城市開始打造親水環境，人們也愈來愈喜歡住在水邊，水岸住宅大受歡迎，成為炙手可熱的房地產。今天，有著交錯縱橫水道的城市也分外迷人，例如威尼斯、阿姆斯特丹、斯德哥爾摩等歐洲著名的水都。

然而，改善水汙染問題、製造親近河流的機會，就代表河流不再受人類折騰嗎？看似乾淨的河水，就代表河流生態回復健康嗎？

並不一定。許多時候，城市與水融為一體、和諧相處的水都表象，其實不過是人類高度控制的結果，荷蘭，就是最好的例子。

荷蘭位在歐洲大河萊茵河與繆塞河（Meuse）出海口，原本是一個生態豐富，密布河道、湖泊、濕地的超大型三角洲。世世代代的荷蘭人為了農耕和開發聚落，不斷改變、重整地景，抽乾了濕地的水、以硬體工程限制河川的變動、開鑿運河與渠道以利航運與灌溉。

今天，許多荷蘭城市有著密密麻麻的運河穿梭其間，是航運與休閒不可或缺的一部分，也造就了荷蘭獨特的水都風情，令台灣人羨慕不已。因為，流經台灣城市的許多河流，總被阻絕於防洪牆或堤防之外，看不到又難以親近。

荷蘭之所以能夠有易於親近的都市水環境，是因為他們高度控管運河水位。對水流的高度控制，當然也就箝制了河流自然律動所創造的生命力和生態多樣性。

荷蘭城市中的水道雖已不再是排汙的管道，

1、2、4　荷蘭阿姆斯特丹的運河水道。
3　荷蘭烏特列茲的運河水道。

但也只剩下替人類服務、提供視覺和經濟發展等功能而已，人們看待河流的態度在本質上沒有什麼重大的改變。換句話說，無論是水與城市融為一體的阿姆斯特丹、築起高堤阻絕都市與河流的台北、視河流只是條排水溝的泉州後墩村，都不在乎河流本身的生命力。

在歐美地區，當水汙染問題得到控制之後，河水變清澈了，專家學者卻繼而發現人類對河流的高度控管仍然持續傷害著河流生態，而且程度絕不小於水汙染。

為了航運及防洪，人類利用各種河川工程改造自然河道並對水流進行控制，例如截彎取直、河道水泥化或是打上板樁、築堤防、建水壩和攔河堰等。如果人類堅持進行這些控制，那麼河流永遠不可能回復健康。

河流不只是水道，也是生命

許多人可能會想：那些被嚴重汙染、徹底改造的都市河流反正已經沒救了，還不如把財力和精力花在保護那些荒野中或國家公園裡的河流。但事實上，讓都市河流恢復健康的重要性不會小於保護尚未遭到重大破壞的河流。

許多都市位在大河的下游，因為水往低處流，讓人們以為下游發生的事情不會對上游產生影響，但其實不然。

西雅圖人看到的河流不只是水道，也是生命。

世界上許多河流孕育著洄游性的魚類，例如大家熟知的鮭魚，牠們在河流中、上游出生，在大海中度過大半生後，會再度回到出生地孵育下一代。又例如鰻魚，則是與鮭魚相反，在河流中出生長大，然後回到大海中產卵。

不管是從河流游向大海，或是從大海游向河流，洄游性魚類都得通過下游城市這一關卡。若城市河流汙染嚴重、沒有適當的棲息環境，又加上水流的擾亂，不但嚴重威脅了河海物種的繁衍，也連帶影響河海生態系統的生物鏈。

鮭魚，是美國西北地區重要的保育類動物。西雅圖做為這個地區最大的城市，因為了解都市河流對鮭魚保育的重要性，近幾十年來花了許多心力來改善都市的河流環境。（參見第34頁〈不只是鮭魚的城市〉）

西雅圖人知道河流除了為城市提供經濟、休閒和視覺功能外，還是一個生態系統；他們所看到的河流不只是水道，也是生命。

去做就對了!!
即使微不足道，總比什麼都沒做好！

然而，都市河流復育的工作困難重重。除了既有環境的牽制和預算限制，相關工作只能著力於治標而無法治本，因此美國西北地區的學者普遍認為，都市河流復育的效益僅在於提供環境教育的材料，對於改善實質生態功能的幫助並不大。

不過，柏林的研究團隊卻有不同看法，認為即使是再微不足道的改善工作，也可能改善河流生態。

由於流經柏林的幾條河道是重要的航道，目前無法進行大規模生態復育的改善工作；但為了減低航運對魚類產生的負面影響，柏林的研究人員選擇兩處船隻往來頻繁的河段，在靠近河岸的水道中加了一道「保護牆」，當船隻往來激起洶湧波浪時，保護牆與河岸間的區域可

為了減低航運對魚類產生的負面影響,柏林研究人員選擇了兩處船隻往來頻繁的河段,在靠近河岸的水道中加了道「保護牆」,當船隻往來激起洶湧波浪時,保護牆與河岸間的區域可以成為幼魚的避風港。

以成為幼魚的避風港。

這是個實驗性的計畫,希望透過這樣的小動作來增加幼魚的存活率,進而維護都市河川中魚類的繁衍。我居住在柏林的 2009 那年,研究人員正針對保護牆的保育效果進行監測調查,但不論效果如何,就是要有這種永不放棄的信念,都市河流才有回春的希望。

台灣人又是如何看待都市河流呢?對大部分的台灣民眾來說,河流是帶來水患的麻煩製造者,無不希望政府築堤束水、疏浚清淤;但另一方面,民眾卻也愈來愈希望能夠擁有親水的機會。

雖然在大部分台灣人的眼中,河流仍不過是水道,但少數民間團體卻早已體認河流生命系統的重要性,竭盡所能地為台灣的河流發聲。

不幸的是,多數民眾和政府官員卻仍固守落後的思維,總是視河流為不聽話的水道,或是沒有好好利用的空間,動不動就要整治,或興建沿河快速道路,正因為他們看不到河流的生命。近年來,民眾的生態意識漸高,愈來愈不能接受水泥化的河流,然而,河流整治並未因此停止,反而以「生態工法」的名稱繼續進行,許多根本不需要被整治的野溪,也在水土保持的名義下慘遭破壞。

如果,我們能夠將河流視為一個生命系統,好好呵護它,河流也會持續不斷地我們提供免費的午餐、免費的生態系統服務,而那也會是一個都市與河流和諧相處的新世紀。

失去生命律動的鴨川，
其實很醜！

鴨川，因為成功整治水汙染、塑造親水環境，成為許多來到日本京都的遊客不會錯過的景點。

在網路上可以看到許多熱情分享旅遊經驗的網友，將鴨川描述成充滿詩意的河流美景；不但如此，還有不少台灣政府官員前往考察鴨川的成功整治經驗，學習鴨川所塑造的「自然風貌」和親水空間。

人工的美麗殺死一條河流

過去我也曾耳聞鴨川整治成功的盛名，2006年有機會親眼一見時，卻失望至極。

一個地方的景致到底美不美，也許見仁見智，但在許多人眼裡的美麗鴨川，在我眼中卻是非常醜陋，怎樣也無法用「自然風貌」來形容這條都市河流。

在繁華都市中的鴨川，我的確看到了一條清澈見底的水道，但這水道卻是沒有生命力、硬邦邦的大水溝，而不是一條富有生機的河流。

一條有生機的河流不只是乾淨的水而已，河流環境的各個環節都擔負著創造、維持生機的任務：

水陸交接的濱水帶應該是濕潤的，涵養各種濕地植物和兩棲動物；河床必須有著多變化的物理環境，如有深潭、淺灘等，讓不同習性的魚類和其他動植物生存繁衍；河床必須透水，讓河水與地下水不間斷地進行交換，以維持河

鴨川是一個徹底水泥化、均質化的河道，一點也不美麗。大部分的原生動物難以活命，生態多樣性不再。

流清澈、保持河水適溫。

　　此外，河床下的世界，也就是伏流水層（hyporheic zone）也不可忽視，那是個與水中世界截然不同的地下生態系統。我們雖看不見伏流水層，那裡卻孕育許多微型生命，對河流生態的健康無比重要。

　　然而，在我眼前的鴨川卻是一個徹底水泥化、均質化的河道，一點也不美麗。

　　城區裡的鴨川橫亙著一道道水泥攔砂壩，彷彿超大型階梯，使得魚兒和其他底棲動物的移動困難重重！加上大部分的河床被鋪上了不滲水的水泥，失去了多樣的棲息環境，且河水與地下水也無法再進行交換；為了營造親水空間，兩側河岸鋪上了水泥或草坪，不再濕潤。

　　在這條人工化的河流中，大部分的原生動物難以活命，生態多樣性不再，只剩下少數頑強的低矮植物可以在水泥縫隙中苟延殘喘，也只有對都市環境適應力極強的鴨子和少數其他鳥類才有辦法繼續生存。

　　是的，在鴨川的確看得到綠色植物和棲息的鳥兒，但這與有著生態多樣性的真正自然風貌差了十萬八千里。

　　今天，這樣的鴨川面貌是非常典型的日式土木工程的產物。工程師用水泥徹底改造了河流原本的物理環境，即便有著清澈河水和親水環境，河川卻再也無法發揮應有的生態功能、提供多元的生態系統服務。

　　造訪京都之時，正值炎熱無比的八月天，體溫般的高溫讓整個城市成了個大蒸籠。

　　黃昏時，我漫步在市區鴨川旁，沒有任何樹木遮蔭，除了熱、還是熱，哪來的浪漫詩意！我不禁想像，如果鴨川的河岸邊能覆上一層厚厚的多樣植被，有了大樹、灌木、矮叢的綠意後，鴨川一定更宜人，整個京都也會更涼快。

　　如果鴨川增添了植栽的多樣性，還可以幫忙調節京都的都市微氣候、緩和都市熱島效應。這樣的京都，將會更幸福！

　　然而，酷暑中、現實裡的鴨川卻如此荒蕪。用現在的眼睛來批判過去的河川整治工程或許太過苛責，但我們該避免盲目地拿過去所謂的「成功經驗」來當今天的範本！

　　現今，許多台灣河川和鴨川比起來是又髒又臭、又難以親近，因此鴨川相對而言的確是美景。不過在我看來，一條失去生命律動的河川，無論如何就是醜陋。

從想像到實踐：
打造一個海綿城市

街道，是城市生活必經的空間。拜工程技術進步之賜，街道從舊時的泥巴、碎石路，演變成水泥或柏油路，愈來愈舒適。

不過，當泥巴路變成柏油路，下雨不用擔心爛泥巴時，工程師就得想辦法處理另一個問題：降到柏油路上的雨水該怎麼辦？

從泥巴路到雨水下水道

泥巴或碎石路或許在下雨時泥濘不堪，但是雨水可以直接滲透到土壤中，等天晴路乾後也就沒事了。但水泥和柏油卻不透水，降下來的雨水永遠也滲不進下面的土壤，那雨水該流到哪裡去？

為了把雨水排掉，不要讓路面積水影響交通，工程師於是在道路兩側設計了排水溝，讓降在不透水路面上的雨水，也就是「雨水逕流」（stormwater runoff），流進水溝，再順著水溝排入河裡。但是，由於雨水逕流將路面髒汙也一併帶進溝裡，沒有定期清理的露天排水溝骯髒又危險，且有礙市容；於是，工程師又將排水溝加蓋，眼不見為淨。

隨著都市人口愈來愈多，土地愈來愈珍貴，排水溝已不符合空間效益，工程師因而設計雨水下水道，將排水溝藏到地下去。

雨水下水道的目的，是為了迅速排除雨水逕流，以防止積水。透過地面的排水口，雨水逕流」導入都市地下複雜的管道網路，然後排放到河流。

問題解決了嗎？水是暫時排掉了，但也成為其他問題的開始，只是一般人看不到那些衍生的問題。

在現代都市裡，當然已經沒有泥巴路，也不容易看到露天排水溝，甚至所有讓我們生活便利、但「有礙觀瞻」的管線，包括排水道、電纜、電線、自來水管等，都被埋到街道底下。

當都市愈來愈乾淨漂亮，我們也愈來愈看不到支持城市運作的基礎建設，當然也就忽略了那些地下系統所產生的環境問題。

把問題丟進河裡，眼不見為淨

今天，當台灣許多地區因為深受水災之苦而嚷著要做擴建雨水下水道的同時，歐美國家卻已經漸漸摒棄這個被認為文明的工程。

雨水下水道是屬於「中央集中式」的排水思維，也就是把所有雨水逕流收集起來後一起排除，不但愈來愈不符合經濟效益，也愈來愈無法有效地將雨水逕流排除。此外，當降雨量大到雨水下水道無法負荷時，反而導致都市淹水

1　雨水花園讓雨水留在原地，一方面可以補注都市區域的地下水，另一方面也避免雨水逕流進入原本的下水道。
2　設計低窪的生態草溝，改以分散式、現地處理雨水逕流的方式來減輕現有下水道系統的負擔。

及河川汙染等問題。

台北市的雨水下水道普及率已高達 98%，如此漂亮的數字源自人們對水患的恐懼，期望透過密集的雨水下水道網路來免除都市水患。但是完全為排水而設計的雨水下水道建設，並沒有考量到它對河川水文和水質的負面衝擊。

想像一片可以透水的森林：降雨時，一部分的水會被大量的植物截留然後慢慢蒸散，一部分的雨水可能滯留在地表形成小水塘，其他的雨水則會滲入土壤中，成為地下水，然後慢慢進入河流。

森林就像海綿，能大量吸收並保存雨水。

再回頭看看那些充滿水泥、柏油等不透水鋪面的都市：降雨時，雨水進不了土壤，全部經由下水道大量且迅速地排放到河流中。充滿不透水鋪面的都市既不吸水、也不保水。

在森林中，一滴雨水從降到透水的表土到成為河水的過程，可能要花上好幾天、好幾個月，甚至好幾年的時間。但在都市裡，一滴雨水從降在不透水鋪面到成為河水，大概只消幾小時、幾分鐘。

在被開發成都市之前的森林，降雨時因為有植物與土壤的截流、蒸散、滯留、入滲等森林保水的緩衝，河流的水位會以相當緩慢的速度升高，然後雨停了高水位還是會持續一陣子。

都市開發後，因為雨水下水道的快速輸送，加上河道水泥化，降雨時河流水位暴漲、雨停了暴落，劇烈地改變了河流的自然水文，對那些千百年來隨著自然水文演化的原生物種，造成嚴重的生存威脅。

此外，都市的雨水逕流是充滿著汙染物的，下雨時雨水沖刷路面就等於是替街道洗澡一樣；誰都知道洗澡水不可能是乾淨的，街道的洗澡水裡除了有汽車滲漏在路面的石油，還包括了垃圾、細菌及其他汙染物。

在世界上許多地方，包括台灣，骯髒的雨水逕流完全沒有經過處理就直接排放到河川裡，對河川水質造成汙染。

在台灣，因為工業廢水和家庭汙水對河川水質的破壞力更為強大，所以雨水逕流的汙染問題並沒有受到重視。

但在歐美國家，因為屬於「點源汙染」的工

人工濕地以「儲水」取代「排水」，一方面可貯留水資源，另一方面可減輕環境衝擊。

業廢水和家庭汙水的排放早已嚴格控制，並經過適當處理，因此屬於「非點源汙染」的雨水逕流反而成為河流生態的頭號殺手，很早就受到重視。

早期，許多歐美城市採用雨水和汙水合流的混合下水道系統，讓雨水逕流隨著汙水一起也進入汙水處理廠處理。但這樣的雨汙合流的系統卻仍然造成汙染問題。在設計上，為了避免系統在雨量太大時無法及時輸送過多的水量，造成都市淹水，都設計了溢流口，當雨量超過一定程度時，雨水及汙水都會透過溢流口直接排放到河流中。

換句話說，在緊急情況下，不管家庭汙水或雨水逕流，會在未經處理的狀況下直接排入河中，也就是所謂「混合雨汙水溢流」（combined sewer overflow）現象，反而比雨汙水分流系統所造成的汙染更為嚴重。

雨水慢慢流，街道排水新革命

依照歐美傳統的都市法規，任何一個土地開發案的業者，都必須估算開發所產生的雨水逕流和汙水排放量，然後建造新的下水道，並與城市原本的系統連結。

但隨著歐美都市不斷擴張，其中央集中式的下水道和末端的汙水處理廠得負擔愈來愈龐大的家庭汙水和雨水逕流量，加重了整個系統的負荷和運作成本。而且，在極端降雨愈來愈頻繁的今天，「混合雨汙水溢流」事件愈來愈常發生，也造成河流水質與生態的日益惡化。

於是，歐美城市一方面開始思考如何減少雨水逕流，另一方面也檢討中央集中式的排水模式，改以分散式、現地處理雨水逕流的方式來減輕現有下水道系統的負擔。

歐美城市在雨水逕流治理上的新做法，與傳統「盡快將水排除」的排水觀念背道而馳，反而是設法將雨水留在原地，在需要維持乾爽的道旁和其他不透水鋪面旁，打造「雨水花園」（rain garden）以及「生態草溝」（bio-swale，或譯為「植草溝」），並將雨水逕流導入其內。

雨水花園和生態草溝，是經特別設計、種有植栽的低窪區域。其面積不大，但土壤有良好

1 德國得勒斯登（Dresden）的一個社區停車場設置下凹的草溝，收集停車場的雨水逕流，並讓其慢慢滲入地下。
2 芬蘭赫爾辛基停車格的鋪面設計容許綠草生長，並可讓雨水入滲，可大量減少雨水逕流的產生。
3 義大利米蘭一醫院停車場，採用可滲水的鋪面設計。

得透水性，讓雨水逕流得以入滲，一方面可以補注都市區域的地下水，另一方面也避免雨水逕流進入原本的下水道。

至於雨水逕流的汙染，則可藉由土壤過濾和植物對特定汙染物的吸收來淨化水質。

雨水花園和生態草溝兩者的原理基本上相同，都有貯留、入滲、淨化的功能，兩者不同之處是，生態草溝通常是帶狀長形，在設計上往往比雨水花園更加強調輸送的功能。除了以上兩者，經常被運用來強化雨水逕流汙染的淨化功能的，還有人工濕地（constructed wetland）。

這樣不仰賴傳統下水道工程，反而藉由貯留、入滲、生物淨化等自然機制處理雨水逕流的做法，可以說是雨水逕流治理的「範型轉移」（paradigm shift）。

新的雨水逕流治理模式，在不同的國家以不同的名稱來大力推動。在美國稱之為「最佳管理措施」（BMPs：Best Management Practices）或「低影響開發」（LID：Low Impact Development），在英國則稱為「永續都市排水系統」（SUDS: Sustainable Urban Drainage System），澳洲則稱為「水敏城市設計」（WSUD：Water Sensitive Urban Design）。在亞洲，新加坡自 2007 年也開始推動類似政策，名為「活水、美水、淨水計劃」（Active, Beautiful, Clean Waters Programme 或 簡 稱 ABC Waters Programme），台灣則在流域綜合治理的新思維下推動「逕流分擔與出流管制」，而中國也在2015 年正式推出名為「海綿城市」的計畫。

在歐美國家，綠屋頂是已經愈來愈普遍的技術；在屋頂鋪上淺淺的土壤並種植低矮的植栽，不但能從源頭減少雨水逕流量，還能淨化雨水、淨化都市空氣，並減輕都市熱島效應。

因為名稱繁多，我將新的雨水逕流治理模式統稱為永續雨水逕流治理。

永續雨水逕流治理與傳統排水思維最大的不同是，不再著重「事後」的處理（指雨水逕流產生後再來處理），而是在源頭就減少逕流發生的機會，因此並非是一套單一的工程系統。

除了雨水花園、生態草溝、人工濕地之外，還包括一連串減少雨水逕流的措施：例如，在建築物地下室設置儲水池，或在屋簷下放置雨水蒐集桶截留雨水，並拿來澆花、沖馬桶……

永續雨水逕流治理思維中最重要、也是最根本的措施是，減少城市中的不透水鋪面。

我們其實可以找到很多讓城市表面喘口氣的機會。例如，人行道、或車流量較小的街道和停車場等相對汙染較低的表面，可以改用透水鋪面；此外，可以用「綠屋頂」（green roof）來取代傳統屋頂。有著淺層土壤和低矮植栽的綠屋頂，不但能吸收大部份的雨水，還可以降低建築內部的溫度。

讓我們再度想像如海綿般會吸水、保水的森林。從小處著眼，善用自然貯留、滲水、淨水的機制，我們可以將原本硬邦邦、不透水的水泥叢林變成一個海綿城市！

效率不是唯一考量，
台灣要排水？還是保水？

傳統的排水思維已漸漸為歐美國家所摒棄，我們的水利署也在美國的「低衝擊開發」的啟發下，推出了「逕流分擔與出流管制」的政策，強調雨水逕流的治理不能只依賴水道排水，土地也必須分擔部分工作。然而，台灣大部分民眾仍然停留在傳統的排水思維。近來，許多不曾淹水的鄉下地方開始發生水患，民眾紛紛要求政府興建排水工程。

我們要繼續將自己的納稅花在興建更多落伍又不永續的水泥排水工程嗎？台灣人即使不在乎雨水逕流帶來的河川汙染問題，也必須了解，雨水下水道絕非水患的解方。

讓我們看看台北市的經驗：雖然雨水下水道普及率如此之高，但颱風、豪雨後仍然無法避免都市大淹水。而我曾居住過的新加坡和香港，擁有比台北市更加完善且費心維護的都市排水系統，卻也仍然無法免除淹水情事。

都市絕不能完全仰賴雨水下水道免除水患，因為中央集中式的系統設計一旦疏於維護、或是系統某部分因不可預期的因素堵塞、或雨量過大過猛時，一個環節出錯，整個系統就會崩潰，反而造成更大的災害。2001 年台北市的納莉水災，就是最好的例證。

從水患治理的角度而言，台灣現階段都市人口密度高、開放空間的使用強度也高，即便盡量把硬鋪面換成透水鋪面，目前還是必須利用雨水下水道來協助排除過剩的雨量。但是，我們也應該開始善用自然機制，在不透水的水泥叢林中加入雨水花園、生態草溝、人工濕地、綠屋頂等「綠色基盤」（green infrastructure），來分擔現有雨水下水道的負荷。

想像一下，若我們的城市有大量可以治理雨水逕流的綠色基盤，當颱風暴雨來臨時能像海綿般地吸納雨水、保水，那麼河流水位升高的速度就不會那麼快，水患威脅也可稍微降低。

從減少逕流汙染的角度而言，盡速採取永續雨水逕流治理做法，邁向海綿城市，也是必要的。既然台灣的汙水處理廠並不處理雨水逕流，我們更需要利用自然機制來淨化逕流，避免對河川生態造成更多破壞。再說，讓雨水滲入土壤，也可以補注台灣都市地區的地下水。

此外，在雨水逕流產生的地方（問題發生的源頭）就地進行處理，遠比把所有問題集中起來，再搬運到十萬八千里之外去處理的傳統做法更符合經濟效益。

大自然賜給台灣豐沛的雨水，但我們卻一邊飽受水災之苦，一邊極度缺乏水資源；在叫渴的同時卻又把拼命把從天而降的水往外排，顯見我們在水資源管理上的矛盾。

台灣的水環境管理的確有許多先天上的困難，但最大的障礙卻是來自觀念本身 —— 排水，正是一個需要檢討和革命的觀念。

歐美正在矯正過去所犯的錯誤，積極進行永續雨水逕流治理的工作。台灣不用追隨著他們的腳步犯錯，許多尚未建雨水下水道或其他排水工程的地方還有機會可以好好打造一個更先進的雨水逕流治理系統。

今天，海綿城市不再是只是想像，已經有愈來愈多的實踐。台灣需要的，是更積極擁抱、推動永續雨水逕流治理的觀念與做法，以「儲水」取代「排水」，一方面可儲蓄水資源，另一方面可減輕環境衝擊，不是一舉兩得嗎？

都市排水，
從鮭魚開始說起

一直覺得很有幸，能夠有機會在西雅圖居住長達 7 年的時間。

我一向對水環境議題特別有興趣，而西雅圖對水環境的打造充滿著理想與熱情，許許多多的專業者努力讓都市與河流生態和諧共處，讓我得以親眼看到許多精采的好案例，特別是在雨水逕流治理上的努力，西雅圖可以說是全球的典範之一。

跟朋友講述西雅圖在雨水逕流治理上的範型轉移，我總是從鮭魚開始說起。

鮭魚跟雨水逕流有什麼關係？

看來不相關，但其實關係可大了。也許因為在美國西北地區的河流中仍能看到體型碩大的鮭魚洄游，西雅圖人知道河流是有生命的，也特別愛護那些快要瀕臨絕種的鮭魚。

西雅圖的街道邊緣新方案：SEA Street。自然排水不但能保護河川生態，連居家環境也變美了！

街道邊緣新方案，
一條為了鮭魚改造的道路

透過對鮭魚多年來的研究，專家學者已經愈來愈了解，什麼樣的河流環境有利或不利於鮭魚的生存繁衍。

他們發現，大西雅圖地區的都市河流不利於鮭魚繁衍，主要是因為透過雨水下水道進入河道的雨水逕流，改變了河流的水文、水溫和水質；而且雨水逕流因為洗過路面，挾帶大量的細砂，一併進入河流後，原本的礫石床就變成砂床了。

礫石床是鮭魚卵孵育的必要環境，鮭魚媽媽必須將卵藏在礫石的孔隙中，防止被其他魚類吃掉；而且，礫石的孔隙也有助於水流循環和氧氣交換，維持鮭魚卵孵化的良好環境。

但當礫床變成砂床後，由於沒有孔隙，鮭魚卵不但失去庇蔭，更可能在砂粒覆蓋下窒息。

既然雨水逕流對鮭魚造成殺傷力，把鮭魚當寶貝的西雅圖當然得設法改善既有的排水模式，減低雨水逕流對鮭魚棲地的影響。

於是，西雅圖嘗試新的雨水逕流治理模式，

他們稱之為「自然排水系統」（natural drainage system），強調用自然機制來排水。雖然名稱中仍然有「排水」一詞，但做法上已非「快速排除雨水」的思維；近來，為了強調綠色基盤所扮演的重要角色，西雅圖改以「綠色雨水設施」（green stormwater infrastructure）來稱之。

近20年來，在西雅圖公私部門共同推動綠色雨水設施之下，許多街道、社區有了嶄新的面貌，不但促進鮭魚保育，也讓地方環境變得更舒適美麗。

其中，一個稱做「街道邊緣新方案」（SEA: Street Edge Alternative）的計畫，是西雅圖第一個綠色雨水設施建設，是一個讓人豎起拇指的精采案例。

「街道邊緣新方案」是一個實驗性計畫，由西雅圖工務局、交通局，以及社區居民共同合作，將一條典型的社區街道變臉，換一個新面貌，這條在2000年完工的路段於是被稱為SEA Street。

過去，這個路段就像許多西雅圖的住宅區道路一樣，即使車流量不多，卻有著大而無當的寬闊路面。雨水逕流經由下水道收集後，就直

西雅圖的高點社區全部採用自然排水做法，是目前全美最大規模的自然排水系統。

接排到不遠處的河流中，對鮭魚和其他河域生物造成嚴重威脅。

主導這個計畫的西雅圖工務局對這個路段做了幾個重要改變：

首先，將原本筆直且過寬的柏油路大量縮減為 14 英尺，勉強容納兩輛車擦身而過。

再來，是讓已經瘦身的道路蜿蜒，不但可以減低車速，更重要的是，道路彎曲產生的剩餘空間則設計成數個低於路面的生態草溝，以接收柏油路所產生的雨水逕流，並種上植栽，讓植物和土壤負責淨化逕流水質。最後，還為這個路段增添了原本沒有的人行道。

街道邊緣新方案計畫除了藉由綠色雨水設施來保護河川生態，也致力於塑造一個更舒適美觀的街道環境。

同時，SEA Street 也肩負教育功能，透過有別於下水道的露天設計，讓民眾有機會認識不透水鋪面、雨水逕流和生態環境之間的關係。

由於 SEA Street 是一個實驗性的計畫，西雅圖工務局和位於本地的華盛頓大學合作，在完工後的兩年內持續進行監測，以了解綠色雨水設施的成效。

監測結果發現，以一般降雨強度（一年中發生機率為 50%、或是重現期距兩年的降雨）來設計的 SEA Street，可以成功吸收 98% 的雨水逕流量。也就是說，自然排水系統的功能幾乎不遜於傳統的雨水下水道。

此外，研究也顯示生態草溝中的植栽和土壤能夠有效移除逕流中所含的汙染物質。

從計畫一開始就與西雅圖工務局密切合作的在地居民，對 SEA Street 的結果非常滿意。對他們而言，最直接的收穫就是居家環境變美了，彎彎曲曲的狹窄街道與大量的花花草草，明顯提升了視覺和環境品質，也讓這裡的房地產價格頓時飆高，引起其他社區的羨慕，紛紛要求西雅圖工務局也趕快替他們的街道改頭換面一番。

由於 SEA Street 的成功，西雅圖工務局又陸陸續續在其他地方施作了更大規模的綠色雨水設施，目前已經有 6 個完工的案例。

其中，位於西雅圖地勢最高的高點社區（High Point），因為整個區域都採用綠色雨水設施，完工當時是全美最大規模實施「低衝擊開發」的地方，深受國際矚目。

改造後的西雅圖北門購物中心停車場，讓分隔島同時兼具生態草溝的蓄水、滲水及淨水的功能。

　　SEA Street 其實可以成為台灣鄉村地區道路改造的好範本。與其拓寬一條又一條大而無當、粗糙不堪的柏油路，台灣鄉村不如學習西雅圖的 SEA Street，改頭換面重新設計道路，不但能提升鄉村街道的環境和景觀品質，更能讓街道為河川保護盡一份心力。

下水道不是唯一解答，
分隔島也能滲水、淨水

　　西雅圖公部門在雨水逕流治理上的新嘗試，也影響了私人的開發商。

　　在 SEA Street 以及幾個案例完成之後，西雅圖的北門購物中心（Northgate Mall）也趁著擴建機會，一併改造其西邊的停車場。

　　原本，北門購物中心停車場不過是一大片柏油，沒有任何植栽，和那些在美國各地都可見到的典型購物中心停車場一樣，在下雨時總會製造大量的雨水逕流，威脅河川生態。

　　改造後的北門購物中心停車場，多了許多種著植栽的分隔島，但這些綠化的分隔島都是下凹的，而非像傳統分隔島那樣高出路面。

　　這樣的分隔島其實跟一般分隔島施作方法沒有太大不同，不過是將水泥護緣開幾個洞，就可變成生態草溝來接收柏油路上的雨水逕流，讓其在綠化外同時可以吸水、保水及淨水。

　　在西雅圖，綠色雨水設施已經成為雨水逕流治理的主流觀念，相關的設計和做法也成為都市設計的重要環節，讓愈來愈多的地景建築師開始與水利、植物及土壤專家一起合作，投入綠色雨水設施設計的行列。

　　西雅圖的經驗告訴我們，只要在都市空間的運用上多用點心，雨水逕流不一定得對河流生態造成負面衝擊。都市排水也能有更好的解決方法，下水道絕不是唯一的解答，更不是理想的方案。

處處都有排水改造的機會

　　許多人可能有疑慮，在寸土寸金的都市裡，想辦法把公共設施埋到地底下都來不及了，怎麼可能有多餘的空間可以塞進雨水花園、生態草溝、人工濕地等吸納雨水的綠色基盤設施，怎麼可能讓城市變成「海綿城市」？

　　其實，城市裡舉凡公園綠地、街道旁的植栽區域，只要稍微改造一下，就在原本的休閒、綠化功能之外還兼具貯留、入滲、生物淨化，變身成為綠色雨水設施，或是「海綿設施」。

　　這些吸水、保水的海綿設施，不一定要採用像西雅圖的 SEA Street 那樣有著自然風格的設計。海綿設施長什麼樣子不是重點，最重要的是要充分利用貯留、入滲、生物淨化的自然機制，在形式設計上可以有很多可能性。

改造街道植栽區，也能創造就業

　　和西雅圖同樣位在美國西北地區的城市波特蘭（Portland），就提供了不少好案例。波特蘭和西雅圖一樣，以重視環保著稱，在推動環境相關政策上的積極程度，甚至有過之而無不及；在永續雨水逕流治理的推動上，就是一例。

　　波特蘭州立大學旁的「十二大道綠色街道計畫」（SW 12th Avenue Green Street Project），就有著與西雅圖 SEA Street 截然不同的設計。

1　波特蘭第十二大道人行道上的植栽區經巧妙改造後，成為可以入滲和淨化雨水逕流的「逕流植栽區」。
2　逕流植栽區設立解說牌，希望達到教育目的。

只要讓雨水慢慢流，排水設計上也能創意十足。馬爾摩 Bo01 的排水系統結合公共藝術、創造生物棲息地，非常賞心悅目。

　　在這個案例中，街道沒有被徹底改頭換面，只是將人行道上的植栽區從突起改造為下凹，成為可以入滲和淨化雨水逕流的「逕流植栽區」（stormwater planter）；雖然名稱不同，但是與「生態草溝」是同樣的設計原理。植栽區維持著原本幾何的樣貌，但增加了水文功能。

　　這是任何一個城市都可以輕易達成的空間改造。想像一下，如果城市街道所有的植栽區都改造成像波特蘭這樣的逕流植栽區，將能處理更多的雨水逕流！

　　在經濟不景氣時期，政府與其用造橋鋪路來刺激經濟，何不以大規模改造街道植栽區的方式來創造工作機會呢？

雨水逕流設施設計，也可以很藝術

　　處理雨水逕流的設施，做為城市空間的一部分，也可以與公共藝術結合，順便達到永續雨水逕流治理新觀念的宣導、教育功能。

　　位在瑞典馬爾摩（Malmö）的新市鎮開發案 Bo01（參見第 188 頁，〈一個全是綠建築的綠色城區〉），就將雨水逕流設施融入了公共藝術中。

　　在 Bo01，與其用下水道來排水，設計團隊打造了一個露天的雨水逕流治理系統。這個系統雖然與傳統的不同，但嚴格上來說也不能稱為「海綿設施」；因為 Bo01 基地的前身是工業區，有著土壤汙染的問題，因此不能讓雨水

入滲到土壤中，以免造成地下水汙染。

所以，Bo01 的雨水逕流治理系統的精神不在於雨水入滲，而在於集水、蓄水來創造許多大小不一的濕地和水池，以做為生物棲息地、創造生物多樣性。在這樣的設計概念下，誕生了一連串兼具設計感的開放渠道、濕地水塘所組成的雨水逕流治理系統，同時也成為賞心悅目的公共藝術。

同樣位在馬爾摩的另一個社區奧古斯坦柏格（Augustenborg），早在 1999 年進行社區環境改造時，就加入了許多海綿設施。

和 Bo01 類似，奧古斯坦柏格也有露天的溝渠，以及濕地和水塘等設計。但是，這裡系統是不折不扣的海綿設施，雨水不但是滋養生物多樣性的媒介，也可以自然入滲。

值得一提的是，無論是 Bo01 或奧古斯坦柏格，都運用了大量的綠屋頂來減少逕流的產生。而且，綠屋頂和露天溝渠、濕地、水塘等元素一樣，不但是永續雨水逕流治理的一環，也是生物的棲息地。

不直接拷貝，學習方法背後的精神

無論是設計成藝術品般硬性的露天溝渠，或是以生態草溝、雨水花園等軟性、綠色設施為主系統，都打破了都市排水系統設計的傳統。除了免去高昂的下水道營造成本，還可以減少對河川或海洋生態的衝擊。

特別是綠色的海綿設施（例如波特蘭的逕流植栽區）的施作，比起傳統以水泥為主的排水工程是既不耗時又不費錢，台灣沒有理由不大量運用這樣的海綿設施。但是，台灣絕不能直接拷貝溫帶國家的細部設計，畢竟氣候和降雨條件不同、植栽物種也大不同。

要強調的是，本書介紹許多國外案例，重點絕不在其細部設計，而在於傳遞案例背後的設計精神。

例如在 Bo01 或是奧古斯坦柏格的案例中，其所打造出來的濕地和水塘造景並不是重點，雨水逕流的收集和儲存，甚至如何運用雨水來創造生物多樣性才是重點。

如果讀者在這些國外案例中只學到了用雨水來塑造水景，那麼在台灣應用的下場很可能是因為經費不足而以失敗收場，因為任何水景的維持都需要花費許多人力和財力。

我在國外看了為數不少的永續設計案例，最令我感動的從來就不是設計細節，而是對既有觀念的大膽突破。永續雨水逕流治理，正是對傳統排水觀念的革命，值得台灣學習。

近年來，台灣受到美國「低衝擊開發」（LID: Low Impact Development）的啟發，也慢慢開始推動永續雨水逕流治理。很可惜的是，研究者以及公部門就挪用美國的名詞，直接以「低衝擊開發」甚至 LID 來稱呼，完全無法反應台灣在雨水逕流治理上的脈絡，一般民眾也難以從字義上理解這個概念。

歐美國家以及新加坡，在永續雨水逕流治理上，都發展出了自己的政策名稱，中國甚至直接採用「海綿城市」一詞。即便水利署推動了「逕流分擔與出流管制」，政策名稱的拗口，可能不利於對一般民眾的推廣。台灣政府推動永續雨水逕流治理的做法，我是非常樂見並絕對支持，但也很希望相關單位能夠多一些創意，發展出屬於我們自己的、從台灣背景脈絡長出來的政策名稱，將會更有利於廣泛推動。

馬爾摩奧古斯坦柏格（Augustenborg）
社區的自然排水系統結合了濕地、水
塘與開放溝渠設計。

住在河道中，
能奢望不淹水嗎？

©Thomas@flickr

在我的生命中最重要的兩個地方，都飽嘗水患之苦。每到夏天颱風季，台灣就受淹水、土石流之災；到了冬天，則換成太平洋另一端的美國西北地區泡在泥水中。

旅居西雅圖的那幾年，除了關心當地消息，也同時關注台灣的新聞。我看到了一個固定的模式：大雨降臨時發生水災是常態，沒有淹水則是反常。當人們在洪水中哀嚎時，各界的罵聲和檢討聲從不缺席，但若僥倖沒有淹水時，連居民自己也失去了憂患意識，彷彿又回到太平盛世。

水患之災，非關意外？

2008 年 12 月，美國西北地區出現了少見的暴風雪。大量的積雪被 2009 年初的豪雨融化，造成河流更大規模的氾濫，不意外地，又帶來了嚴重的水患。

我自從 2003 年搬到西雅圖之後，年年冬天看到華盛頓州西部的低窪地區淹水，而且每年的水災規模都被形容為「前所未有的災難」。

人顯然是健忘的，一年又一年、幾乎是周而復始的規律氾濫，在人們潛意識中仍認為是反常的意外。

在富裕的美國西北地區，許多人絕不像其他地區的窮人或弱勢族群一樣，除了河邊貧民窟外沒有其他落腳的選擇（參見第 122 頁，延伸觀點〈都市河岸部落去留的習題〉）。但河畔家園一年又一年地毀於洪水，為何還是有人膽敢繼續住在本來就會淹水的洪汜平原，甚至河岸上？

2009 年的那場水災過後，西雅圖時報的一篇報導給了我一些答案。記者訪問一位長期居住在河畔的老先生。這位老先生已經有五次房

2005 年 8 月卡崔娜颶風橫掃紐奧良，災情十分慘重。圖為淹水前後衛星影像 vs. 實景比較圖。

子被洪水沖走的經驗，但他繼續在河畔蓋房子的意志卻堅定不搖；他的理由很簡單：住在河畔風景優美又安靜，是許多人稱羨不已的居住條件，即使家園經常毀於洪水，但他形容自己就像隻河狸般，就是離不開河流。

另一方面，美國聯邦政府實施強制水災保險，在每次災難後給予老先生足夠的保險理賠，讓他的河畔住宅得以蓋了毀、毀了再蓋，

5 次！美國果真是尊重人民自由的國家，不但如此，還拿人民的納稅錢充分保障這些「只要我喜歡，有什麼不可以」的人的「自由」。

家園被洪水沖毀，受災戶當然值得同情，透過保險由社會大眾分攤救援的費用，反映了人們人飢己飢、人溺己溺的同理心。但是，在有其他選擇的情況下，許多人（包括建商）卻一次又一次地讓自己暴露於風險中。

2006 年多瑙河淹水前後衛星影像 vs. 實景比較圖。

和河流爭空間，爭不贏的！

　　一個進步社會應該包容這樣的「選擇自由」嗎？人們選擇在洪氾平原甚至緊鄰河道的地方蓋房子，河流氾濫時自己受難也就算了，更糟糕的是還嚴重影響到下游民眾的安全，尤其是被沖掉的人為構造物，成了高危險的災害和難

以處理的垃圾。那些明明可以有其他選擇，卻堅持住在河流旁的人，似乎認為這些社會和環境成本不關自己的事。

　　美國聯邦政府的水災保險制度似乎也不在乎，持續用保險理賠鼓勵人們在不該蓋房子的地方蓋房子。美國許多專家學者早已嚴厲批評這個制度的嚴重缺陷，但台灣不乏有專家學者

2002 年易北河淹水前後實景比較圖。

主張學習美國實施洪水保險，來減輕水患的災難。

水災保險，也許可以暫時協助台灣許多沒有選擇的民眾減輕水患帶來的痛苦，但是，我們千萬不要把美國的致命缺失也一併抄襲過來，鼓勵人們忽視公共安全，阻擋了洪水本來宣洩的道路。

那位自稱自己像河狸離不開河流的老先生，其行為雖然我無法苟同，但他畢竟跟河流相處久了，十分了解河流的習性，說出的一句話語十分中肯：「河流的風險無所不在！」

當一些過去不曾淹水的地方淹了水，人們總當成是意外之災，但這對河流而言卻是再正常不過，因為河道從來都不是固定的。在人們有限的 7、80 年生命中所看到的河流面貌是一個樣，另一個世代的人所看到的可能又是另一個樣。

「變」是河流唯一不變的特質

河流的改變鮮少是漸進的，大部分的時候是瞬間而急遽的，一場暴雨下來，河流可能就改了道。任何地勢低的地方過去都可能是河道，未來更有可能被河流討回來。把時間的軸線拉長，其實很多人根本是生活在河流中。

就因為有如此的體認，連以防洪工程著名的荷蘭，都已經放棄與河流爭地了，反而開始「還地於河」（參見第 131 頁，〈還地於河：荷蘭與河流握手言和〉）；同樣的，美國西北地區的地方政府也漸漸不再加高堤防，甚至拆除原有的堤防來加寬河道，以減輕水災。

河流需要空間，這一點是人類怎麼爭都爭不贏的。即使上一代爭贏了，倒楣的下一代還是要償還代價。在河流沒有足夠空間氾濫之前，冬天，我曾客居的美國西北地區淹水；夏天，我的原鄉台灣泡水，大概會是每年可以預期的規律了。

都市河岸部落去留的習題

富裕的美國人為了河邊美景而執意住在河岸，但台灣的都市裡卻有許多原住民為了存活，不得不群居在河流旁，形成一個個的都市河岸部落。

然而這些河岸部落卻經常面臨拆遷的威脅：2008 年 2 月，新北市大漢溪畔的三鶯部落被拆除；2009 年 2 月，桃園市境內大漢溪畔的撒烏瓦知部落也被拆除了。

強制拆遷的官方理由是：部落占用河川行水區，違反水利法。而撒烏瓦知部落被拆除的原因，還要加上有礙未來河濱單車道的觀瞻。那幾年，新店溪的溪洲部落也活在被拆遷的恐懼之中。

在法理與社會公義之間，
河畔部落的存廢

在河岸部落拆遷的爭議中，一邊是被視為違建的原住民部落，缺乏法理上的支持與保護，一邊是擁有絕對權力的政府，以水利法來管理河川空間。一般人即便同情弱勢，卻直觀地認為政府依法行事、執行公權力也是理所當然。但是，對同情河岸部落艱困處境的人來說，法令上行水區的規定不盡合理，因為河岸部落即使搭建於河畔，卻從未淹過水，沒有必要以安全的理由拆遷，應該讓部落就地合法。

但是，河川管理的依法行事和都市原住民的生存空間，真的是不得不二擇一的選擇題嗎？我認為，無論強制拆遷或就地合法，都不會是最好的解答。

要做這道申論題，我們可以先從河川管理的面向來看。河川是動態的，不斷改變樣貌，所謂十年河東、十年河西，在沒有人為干擾的情況下，特別是大洪水之後，河川很容易改道，至於改道的頻率與幅度就要視氣候、地理和其他相關條件而定，而且往往難以預測。換句話說，一個地方即使過去不曾淹水，不代表將來就不可能淹水，甚至變成河道的一部分。因此對行水區的定義，本來就有一定程度的困難和模糊性。

再者，河川並非只是眼前所見，有水的區域，河川兩旁平時看似沒有水的區域，也是河川的一部分，是洪水流動的空間。因此，河川實際行水的範圍是不斷變化的，河水絕不會乖乖地待在法律定義上的行水區內。

因為河川的變化不可預期，若政府要保護河川免受人為活動破壞，或保護人民免於水患，劃定的行水區範圍當然是愈廣愈好，而且規劃的視野必須長遠，至少要有 1、200 年以上的遠見。

雖然我們無法精準地預測未來河川變遷的狀況，但至少可以根據過去河川改道的紀錄，加上對未來氣候的推估，劃定一個最保險行水區。

給原住民生存空間，
先解決上游的開發問題

對政府而言，執行前面所描述的河川管理策略
應非難事，但真正的挑戰在於：環境管理永遠不
是單純的科學問題，還是複雜的社會課題。

河岸原住民部落的困境反映出弱勢族群的社會
正義課題，更增加了河川管理的難度。然而，專
精於河川水利的官僚雖然看到了河川管理的面
向、看到了集體的公眾利益，卻看不到社會正
義、看不到少數弱勢生存的面向。學理固然是重
要的施政依據，但卻不是決策的真理；今天，河
川管理的問題要解決，都市原住民的生存問題也
是政府需要面對的真實課題。

原住民到都市尋求經濟來源，卻仍無法在漢人
的競爭模式和遊戲規則下找到穩定的收入來源，
族人聚集、彼此照顧，是他們最大的社會資源和
福利。他們在都市中找不到任何可以容納整個部
落的空間，往河川高灘地去是不得已的選擇。

從河岸部落安全的角度來看，都市原住民住在
行水區內不是長遠的辦法，因為即使過去不曾淹
水，並不代表未來不會遭遇洪災。

一來，氣候變遷下極端降雨頻仍，河岸原住民
部落面臨洪災的機率將愈來愈大，政府的確有必
要考慮原住民部落的安危。二來，台灣河川上游

的水土保持愈來愈糟糕，也會增加下游的水患風
險。

然而政府首先該處理的應是集水區上游的水土
保持和土地利用管理。財團在上游的大規模土地
開發，是最需要趕緊拆除的違建。

要幫助原住民在都市安身立命，政府需要有完
善的短期和長期計畫。短期內，與其花大錢興建
不符合原住民部落需求的國宅，還不如幫助他們
改造現有的居住形式，協助其興建耐洪的住宅。

如果政府有遠見和魄力，更可以將這個看似衝
突的課題轉化成一個實驗、創新的機會，吸引人
才投入設計不會影響水流又可以防洪的住宅，讓
原住民部落可以暫時與洪水和平共存。

以台灣的河川水文特性而言，住在行水區當然
並非長久之計，所以政府也必須繼續和部落以及
學者專家合作，以參與式規劃的模式來進行長期
的安遷計畫，確保部落的遷移能夠維繫族群文化
和相互照顧的機制。

只要政府運用創意並容許彈性，河川管理和都
市原住民的生存空間，不用成為二擇一的難題。
其他的都市河岸部落也不會成為下一個失去家園
的部落。

從河流整治到與洪水共存

客居異鄉的那些年，也許是因為與家鄉台灣隔了一段遙遠的距離，在國外所看到的台灣新聞更容易牽動心情。

當那些烏煙瘴氣的政治新聞被國外媒體過濾掉之後，我能看到的台灣新聞竟多是災害的畫面，尤其是剛到美國的那幾年，台灣島上的水災、土石流一個接一個發生：

2001 年的桃芝和納莉、2003 年的米勒、2004 年的敏督利和艾利等颱風重創台灣⋯⋯那些家破人亡的畫面，對離鄉背井的我來說分外深刻，讓人在地球的另一端乾著急。

這幾年我也發現，台灣並不孤單，即使連水利工程相對先進的歐洲，也飽受洪水之災。

2002 年 8 月，多瑙河和易北河沿岸爆發大規模的水患，影響範圍廣及俄羅斯、奧地利、捷克、德國、羅馬尼亞、西班牙、斯洛伐克等眾多國家；光是在德國，約有 100 人死亡，境內受影響的人數更高達 400 萬人。

2005 年 8 月，歐洲再度遭受大規模水患侵襲，包括瑞士、羅馬尼亞、德國、奧地利等國受到嚴重影響，造成共 42 人死亡、數千人被迫撤離家園的狀況。

過去幾十年來，水患已經成為歐洲最主要的「天然」災害。然而，專家學者檢討近年歐洲水患的成因卻發現，對土地及河流的不當治理和使用等人為因素，才是造成水患加劇的原因，而且一連串大規模的水災，反映出工程治水的不管用。

防堵式的河川工程，雙輸是必然的！

雖然人們認為河川氾濫是造成沿河地區水患的原因，但河川氾濫的本身並不是災害，而是河川自然現象的一環，也是維持河流生態系統健康的重要機制。

若不是人們與河爭地，選擇居住河道旁低窪的洪氾平原上，洪水也不會造成災難（參見第130 頁延伸觀點〈淹水土石流該怪誰？〉）。

為了希望安穩地住在洪氾平原上，人類想盡辦法以工程來整治河川以控制洪水。不過，包括堤防、疏洪道、河岸水泥化，以及水壩等防洪工程，不僅對川流生態造成嚴重的破壞，也沒能解決水患。

年復一年，在颱風暴雨的侵襲中，水患仍不斷發生。用硬體工程來整治河流給了我們雙輸的結果：不但生態環境遭受徹底的破壞，人們仍然飽受水災之苦。

為什麼會這樣呢？防洪工程會造成生態破壞，這不難理解，但是一般人不解的是，為何防洪工程無法提供人們所期待的安全保障？

荷蘭在萊茵河南岸城市 Meinerswijk 復育了 200 公頃洪氾平原。

　　防洪工程最重要的目標之一，就是增加河道的排水效率。河川廊道中的任何植物都被認為是排水的阻礙，所以去除這些障礙、甚至將河道整個水泥化，是增加排水效率的最好方法。不過，排水效率的增加也表示洪水流速的增加，洪水流速愈快，其沖擊的力道也愈強，反而增加了潰堤的危險。

　　堤防的用意在於阻擋洪水流向原本的洪氾平原，但也一併攔阻了挾帶在洪水中的沙石。當沙石無法溢散到洪氾平原上而被困在河道中，經年累月下來河床就會升高。當河床的高度太高以致河水水位甚至高於堤防內的聚落時，一旦遇上颱風暴雨，洪水很可能溢過堤防，以高速沖進聚落，造成更嚴重的災難。

　　這些都是防洪工程沒有考慮到的致命缺失，不但沒能解決水患，甚至會讓水災更嚴重。

　　防洪工程另一個嚴重問題，在於其所創造的「堤防效應」（levee effect）。研究發現，堤防等防洪工程給人一種錯覺，以為一旦有了這些硬體設施的保護就能「永久免除水患威脅」，因此鼓勵了更多的水岸開發，吸引更多的人口居住。世界各地的許多政府，包括台灣，基本上都用防洪工程來鼓勵土地開發。

　　但是防洪工程有其局限，只能抵抗特定規模以下的洪水（例如，台北地區防洪計畫的設計，就是抵禦一年中發生機率是 0.5%，或是重現期距 200 年的洪水）。因此，若颱風豪雨帶來的是超過設計標準的洪水，因為會發生溢堤甚至潰堤，所造成的生命財產損失就更加嚴重。

　　在現實世界中，堤防效應造成的災難不計其數。在台灣，過去每逢颱風必淹水的汐止即為一例；在美國，2005 年 8 月卡崔娜颶風（Hurricane Karina）重創紐奧良，淹沒 80% 地區，造成全城居民撤離，是血淋淋的教訓。

　　紐奧良位在密西西比河（Mississippi River）出海口的大三角洲上，原本就是水道縱橫、地勢

濕熱地區的傳統建築形式 —— 高腳屋，是一個「人與洪水和平共存」的好案例。

地窪，會週期性氾濫的地區；過去因圖航運樞紐位置而在此建城，用重重的堤防來阻止氾濫。

堤防的保護讓紐奧良得以繁榮發展，許多低於海平面的區域也聚居了大量人口。但颱風不長眼，原本該淹水的地方就是逃不開泡在水中的命運。因為城市建在不該建的地方，釀成了美國史上最慘痛的災禍之一。

然而放眼世界，許多國家都不吝於投注大量金錢在防洪工程上。台灣在這方面更是慷慨，2005 年通過 1,400 多億台幣預算的「易淹水地區水患治理計畫」，接下來幾年，又以兩個

「特別條例」加碼治水經費，要以大量的硬體河川工程徹底整治全台灣的河流。

照理說，政府願意花錢解決水患問題應是好事一件，但卻反而讓人更憂心，因為數不清的河川工程將把台灣的河川從下游到上游徹底水泥化，河川生態被徹底毀滅是可預見的後果，其減災效益也讓人無法期待。

硬體防洪工程在解決水患問題上的失敗，已經是不爭的事實，台灣為何還要付出生態破壞的代價，繼續重複著過去的錯誤？

緬甸（Inle）水域中漂浮式的栽種模式，洪水再大，浮在水面上的菜園永遠也不用擔心被水淹。

無法控制也無法避免，
學習與洪水共存

　　歐美國家卻早已意識到防洪工程的問題，在硬體工程之外也實行「軟體」的洪災應變策略，例如，水災保險、災難救助基金、水災預警系統等。他們漸漸體認到，人類永遠都無法完全控制洪水，也不可能完全避免水患，所以也展開了治本工作，訂定相關法令嚴格限制洪氾平原的土地開發，以避開水患風險。

　　今天，不只水利大國荷蘭已改變治水觀念，其他飽受水患威脅的歐洲國家如英國、德國、法國、比利時等，也漸漸揚棄工程防堵的治水手段，改以尊重河流的方式來減低水患威脅。

　　過去 10 年來，一個與河川整治完全不同的環境哲學「與洪水共存」（living with flood）觀念慢慢浮現，不再一味講求控制、抵禦洪水，而是試圖與洪水和平相處，以更細緻的配套措施來減輕洪水對人類造成的災害。

　　「與洪水共存」並非新觀念，事實上，過去在防洪技術不普及的情況下，許多人類社會都演化出與洪水共存的生活方式。今天，世界各地的原住民部落以及某些偏遠鄉村，仍然保留著與洪水共存的生活智慧。

　　過去幾年，我就針對東南亞地區仍然與洪水共存的偏鄉做研究。我走訪了泰國、越南的村落，了解人們如何運用高腳屋來避免水災、如何用小船與簡易步橋來維持淹水時的交通運等、如何配合淹水季節轉變經濟模式，來與洪水和平共存。

　　在孟加拉與緬甸，還發展出「漂浮菜園」的栽種模式，洪水再大，浮在水面上的菜園永遠也不用擔心被水淹。

荷蘭在萊茵河支流瓦爾河南岸栽種多樣植栽，讓 300 多公頃的洪氾平原恢復生機。

恢復洪氾平原的功能，
各國啟動自然防洪

　　目前在歐洲，「與洪水共存」的哲學主要落實在所謂「自然防洪」（natural flood defense），或者是「軟工程」（soft engineering）的手段上，利用河川的自然作用來防災。保護河川免於因水泥化整治而喪失珍貴的生態功能，是與洪水共存的重要精神。此外也要復育河川自然的水文、地形、生態，來提高洪氾平原的蓄洪、滯洪量及河道的容水量。

　　洪氾平原除了有蓄洪、滯洪的作用，還為人類提供許多其他好處。洪氾平原不僅是地下水補注的地方，它也可視為是水陸交接處的濕地，是各種不同物種的棲息地，是具有高度生物多樣性的環境。在洪水氾濫期間，洪氾平原的土壤和植物所進行的物理和化學作用還可以淨化水質。此外，因為臨水，洪氾平原也成為人們休閒、賞景的去處。

　　洪氾平原為人類提供許多免費的生態服務。但當我們用堤防將它與河道阻隔，挪為農田或住宅用地後，其生態服務也消失了。

　　為了減少水患、為了找回這些生態系統服務，歐洲許多國家近幾十年來大力進行洪氾平原的復育工作。

　　德國在 1998 年完成了布略得河（Brede）的大規模復育工作，包括將截彎取直的河道恢復蜿蜒，及復育一連串的濕地，而其易北河水患治理行動計畫中，則包括了總面積 2,600 公頃的 15 個洪氾平原復育的子計畫。

　　1990 年，荷蘭則在萊茵河南岸 Meinerswijk 復育了 200 公頃洪氾平原；也在萊茵河支流瓦爾河（Waal）南岸栽種多樣植栽，讓 300 多公頃的洪氾平原恢復生機；2000 年起更進行了「還地於河計畫」，復育更多的洪氾平原（參見第 131 頁，〈還地於河，荷蘭與河流握手言和〉）。

　　奧地利則在 1996 到 1998 年對境內的多瑙河和多瓦河（Drava）進行 500 公頃的洪氾平原復育。此外，英國、法國、波蘭等國家，也都有已完成或正在進行中的相關計畫。

氣候變遷下最好的調適策略

　　與洪水共存的策略，其實正是氣候變遷下最好的調適策略。

　　氣候變遷除了讓地球平均溫度愈來愈高，降雨模式也將會愈來愈極端，所以人類將面臨規模愈來愈大、愈來愈不可預測的洪水。

　　事實上，近年來全球各地包括台灣，都經歷了愈來愈頻繁的暴雨。氣候變遷不是未來式，而是現在進行式。如此一來，那些只能抵擋某個洪水規模的防洪工程就顯得愈來愈不可靠。

面對不確定的未來，最好的策略就是調適，而不是一味抵擋。人類是有創意的動物，相信可以發展出更多與洪水和平共存的好點子。但最重要的是得先拋掉企圖宰制自然、「人定勝天」的傲慢，揚棄極度暴力的河川整治工程，將洪水視為人類的夥伴。

不當開發的惡果，洪水是人禍！

國際間已經愈來愈多將水災當成人禍而非天災的反省輿論。

人禍指的並非政府疏於治理河川而使人民遭受水災侵襲，而是指不當的土地開發、問題重重的河川整治工程，以及自大的人定勝天態度所種下的惡果。今日我們所面臨的頻繁水患早已不是純粹的自然現象，而是人類行為與自然作用交織下的結果。

河川永遠不會停止氾濫，但是我們的確可以設法讓氾濫不要造成災難。水患絕對不只是水利工程的問題，更應該是都市規劃、社會經濟、生態環境等層面的問題，不是交給水利工程師、把河川整治一番就可以解決。

畢竟在水患問題上，我們真正要對抗的不是河川本身，而是人類不當的環境利用方式；重新檢討台灣的土地利用，並學習與洪水和平共存，才是避免災害的根本之道。

1　奧地利為多瓦河復育了 500 公頃的洪氾平原。
2　德國將布略得河截彎取直的河道恢復蜿蜒，並復育一連串的濕地。

淹水土石流該怪誰？

2007 年夏天我回台灣探親，迎接我的是梅雨季的滂沱豪雨，水災季節又到了。

雨已經下了好幾天，電視新聞中盡是豪雨災情的報導。一面是人民的苦不堪言：滔滔洪水沖入民宅、民眾家當泡湯、後院擋土牆倒塌、道路坍方、甚至還有數人被土石流掩埋；另一面是官員挨罵：當時的台北市長郝龍斌到社子島巡視時，民眾不但不領情而且開罵，對立的政客立刻藉市長治水無方展開砲轟。

在台灣，每當豪雨來襲，就有人受害，然後就會罵聲四起。為心疼自己的生命財產而罵，或是政治人物用來做為政治鬥爭的工具，總之罵的不外乎是政府無法保護人民，並且要求政府加強整治河川。民眾生命財產泡在水中的痛苦和尋求解決之道的心急可以理解，但一個殘酷的事實卻不能不面對 —— 淹水是不可能被「解決」的，不但用河川整治工程無法解決，更不可能在一定期限內解決。

淹水不會因為政治人物「拚」一下就解決，更糟糕的是，某些看來好像已經解決的淹水問題，其實並沒有真正解決，不過是將水轉移到其他地方，甚至轉移到未來。

今天發生在台灣的水災事件，許多其實是不當的防洪工程所造成。那些加諸在河流身上的硬體結構也許可以暫時減少某些地區的小規模淹水，但是洪水絕不會憑空消失。

即便原本是自然洪氾平原的地方被高堤阻隔不再淹水，水總是會跑到其他地方。所以，許多歷史上不易淹水的地方，居然也開始頻繁淹水。因此，用防堵的心態來因應水患問題，只是將洪水做地理上的重分配罷了。

既然治水工程不過是等於「洪水重分配」，那麼，誰家該淹水，誰家不該淹水？從台灣的整體環境角來看，短視近利的防洪工程整治，完全不符合環境永續發展原則。

但為什麼人們總嚷著要整治河川？為什麼人們以為政府可以根除水患？聲聲要求政府解決水患的背後，是民眾對工程力量的盲目信仰，是人類以為可以駕馭自然的傲慢態度。

許多不該住人的地方都蓋了密密麻麻的住宅，土地的不當開發及過度使用，才是水患發生的主因。如果要罵政府無能，罵的不該是政府沒有做好排水設施或堤防等防洪工程，而該罵政府不斷在天然易淹水的地方進行開發。

例如，台北市的社子島，本來就是淡水河與基隆河交會沖積出來的河中沙洲，河川一旦氾濫，沙洲不淹水才奇怪。人們若是執意要住在水路上，就不可能逃開淹水的可能性。

因為人類太渺小，我們無法察覺土地其實是會變動的。只有暴風雨來臨時，當水流奔得更猛、山坡滑得更遠時，人們才猛然驚覺土地也是會急遽變動的。不管是洪水或土石流，都是自然界中再自然不過的環境變動現象，無論人類如何嘗試控制或阻擋，都不會消失。而且，在不完全了解這些變動現象的情況下一味阻擋，反而會引發更頻繁、更大的災難。

沒有任何政府或個人可以完全阻擋自然變動。淹水、土石流等變動的發生是機率問題，而這機率永遠不會等於零。

在水患治理議題上，台灣社會一直進行著失焦的討論和指責，生命財產的損失固然令人心痛，但大部分的民眾和政客看不到問題的核心，令人憂心。如果每當發生災難，就把矛頭指向政府疏於治理，並盲目要求政府盡快解決，卻不去思考災難的根源，台灣將永遠擺脫不掉多災多難的命運。

淹水、土石流該怪誰？不要只怪政府，還要怪我們自己的天真和盲目。

還地於河，
荷蘭與河流握手言和

荷蘭人很驕傲，他們總說：上帝造人、荷蘭人造陸。荷蘭位在河海交接的三角洲地帶，從有歷史以來，就與河流、海洋搏鬥，有時成功地搶了不少空間、創造了不少土地，但有時土地也會被河海收回去。

十幾個世紀以來，荷蘭人在這場空間爭奪戰中看似占上風，的確擴張了不少陸地面積，造就了國家的繁榮和強盛。不過，要維持這樣的戰果，他們也必須戰戰兢兢，持續投入龐大的資源來確保土地不會被河海收回去，更得經常留意洪水與潮水的間歇襲擊。

與水爭來的土地，太平盛世下的隱憂

1953 年，荷蘭發生了一場死傷慘重的大水災。那次悲痛的經驗促使荷蘭人打造任何國家都無法比擬的防洪設施。許多國家的防洪工程是設計以應付一年中發生機率 1%，也就是俗稱「百年一遇」的洪水（台北市則是 200 年一遇），但荷蘭的防洪工程卻是為了因應發生機率為萬分之一，或者說「萬年一遇」的洪水！荷蘭人在防洪工程上的設計規格和投資超乎想像。

但現在，荷蘭若是不繼續投入大量的金錢來維護那些高規格的防洪工程，基本上也難以持續繁榮。防洪工程之於荷蘭，就好像醫生為病人裝上的維生導管一樣，一旦拔了管，病人不死也去了半條命。

過去半個世紀以來，荷蘭人成功地鎮壓住河海，為荷蘭帶來數十年的太平盛世。除了零星幾次接近危險的緊急情況，必須大規模疏散人員，至今沒有再遭受水患。

但這樣的太平日子過久了，卻反而讓人開始不安起來。深謀遠慮的專家學者知道水患不是不來，而是不知何時會來。氣候變遷的趨勢讓降雨強度愈來愈大，沒有人知道下次來襲的大水會是多麼恐怖。他們最擔心的是，處在太平盛世的荷蘭人早已忘了自己是活在與水爭地的情況下，失去警戒心，將無法應付突如其來的大水。

目前荷蘭持續維護現有的防洪設施，每 5 年就會根據氣候、水文的變化強化硬體工程。但氣候變遷下的降雨強度難以精準預測，唯一可以確定的是，未來的洪水量只會愈來愈大。依照過去的做法，只要加高、加寬堤防就可高枕無憂，但荷蘭現有堤防的設計標準已經相當高，在氣候不可預測的狀況下，誰能夠保證未來不會有更大的洪水？許多水利工程師已經不太確定，用堤防防堵的策略可以維持到什麼時候。而且，荷蘭民眾也不願意繼續加高堤防破壞自然景觀。

21世紀，荷蘭正式展開「還地於河」計畫，要把已被農田、聚落占領的洪氾平原還給河流，讓這些洪氾平原像過去一樣發揮滯洪、蓄洪的功能。

在這樣的情況下，荷蘭的水患治理產生了重大的轉變。

既然洪水無法擋，就把地還給河流

就在人類文明正式進入 21 世紀的那一年，荷蘭政府決定不再與河流爭地了，而且，還要把部分過去爭來的土地還給河流！一直以來處在與河流對抗的緊張狀態下，荷蘭似乎累了，也體悟到氾濫本身是自然現象，無法持續抵擋，還不如盡快找出與洪水和平共存的方式，來減低未來可能的損傷。

2000 年，荷蘭主管公共工程與水利的中央單位（Rijkwaterstaat）正式展開一個「還地於河」（荷文 Ruimte voor de Rivier）的計畫，要把已被農田、聚落占領的洪氾平原還給河流，讓這些洪氾平原像過去一樣發揮滯洪、蓄洪的功能。換句話說，與其加高堤防，增加垂直的空間來抵擋洪水，荷蘭決定以增加水平空間的方式來容納洪水。

還地於河的計畫象徵著荷蘭踏出了與河流握手言和的第一步，並開始試著把洪水當成夥伴而非敵人。

荷蘭政府選定低窪的萊茵河流域執行還地於河計畫，並制訂「國土規劃重點決策」（Spatial Planning Key Decision）來確立計畫的整體方針，闡明萊茵河流域在水患治理、景觀整體規劃，以及生態環境改善上的目標，著重以土地使用管理而非水利工程來降低水患風險，並強化環境品質。

還地於河計畫落實在地方的主要做法包括：加大兩岸堤防間距以增加行水空間、復育洪氾平原、降低河床高度等。

一開始，還地於河計畫遭到當地民眾強烈反對，因為對他們而言，要把好幾個世紀以來居住、耕種的土地拱手還給河流，是件不可思議

©Siaak Kemperman(?)

的事情；甚至也有輿論以文化景觀保存的理由反對。

但荷蘭政府提供相當優渥的補償條件，並持續宣導、溝通，也確保所有規劃設計方案都以由下而上、參與式方式進行：由地方政府及民眾提出規劃設計方案，而非由中央政府主導。最後，還地於河計畫終於得到民眾的支持與配合。

還地於河整個計畫的相關工作已在 2015 年告一段落。荷蘭境內的萊茵河比以前更能自由流動，沿岸民眾的安全也更有保障。還地於河計畫等於是承認：人類不可能又要住在洪氾平原上，又要永遠免於氾濫。沒有任何人為工程可以真正控制洪水，唯有河流本身才有可能「馴服」自己的洪水；也唯有將原有的洪氾平原還給河流，回復河流原本該有的蓄洪、滯洪能力，才是解決水患威脅的治本之道。

尊重河川，才能真正免於洪水之災

水患治理觀念和做法的轉變，也代表這個議題不再只是水利工程師的事，而是需要都市規劃、水文生態等專家一起參與。空間規劃設計專業者尤其必須積極投入，畢竟水患治理的本質應該是對土地使用與居住模式的重新思考。

目前在台灣，水患治理的討論仍然停留在治水預算的多寡和政治分配。大部分的人天真地相信只要政府砸錢治水，盡速以工程整治河流就可以解決水患問題；卻從來沒有想過，以「整治」為主的策略是不是真的可以帶來安全保障。此外，政府在政策宣導上也給予民眾錯誤的訊息和不切實際的期待。

21 世紀的水患治理，必須跳脫落伍的抵禦、整治思維，唯有與河川握手言和，還地於河，更尊重河川，才能真正免於水患。

消費！浪費？
何時該適可而止?!

經濟不景氣雖是危機，但某種程度也可以成為契機，

是一個讓產業轉型的好機會！

如，2008～2009年經濟蕭條之際，

美國歐巴馬政府的經濟復甦政策就強調了所謂的「綠領工作」（green-collar jobs），

透過發展替代能源或其他環保產業來增加就業機會。

經濟危機，其實提供了一個大好機會，

讓政府可以透過產業轉型和勞工轉業政策，來淘汰那些不永續的產業。

聰明消費，才能救經濟

在 2008 年全球經濟危機風暴下，包括台灣在內的全球重要經濟體，都將消費視為刺激經濟的良方。2009 年 1 月，台灣政府發放「消費券」，一時之間「消費救國」成了台灣的全民運動，小孩子甚至以為愛國就是多買東西！但「消費」這件事真的這麼神奇嗎？用力多消費，人們就能過著幸福快樂的日子嗎？

當報章雜誌或民眾討論著經濟不景氣，卻鮮少認真地檢視「消費」和「經濟」的內涵，多是打混仗地簡化這兩件事，以致政府及一般民眾的邏輯就是：多消費就能振興經濟。

經濟的內涵必須透視經濟基礎

但「經濟」到底代表什麼？根據全球共同採用的經濟表現計算模式，經濟的基礎約等於製造與消費總量，而經濟表現的好壞在於其是否能持續「成長」，也就是說製造消費總量是否能持續擴張。

根據這個邏輯，只要人們多消費，需求就會刺激更多的製造，整體經濟就會成長。然而，整體經濟的不斷成長，卻不保證每一個人都能吃飽穿暖，更不代表心靈上的快樂滿足。

西北歐等先進國家的經濟成長率，遠低於幾年前的台灣、以及現在的中國、印度、巴西、東南亞等所謂「開發中」國家。然而，西北歐國家的經濟成長數字偏低，不等於人民沒工作、餓肚子、生活水準低，因為那些國家的「開發」已經達到某種「極限」和水準，無法也沒有必要再繼續成長。

這表示，人們只要能穩定地補充每天所需的食物和基本物資，即使每天的補充量不遞增，也能過著舒適的生活。

整體而言，台灣人的生活已算是相當富裕，但政府和媒體卻仍然被經濟成長數字牽著鼻子走，讓人民誤以為只要經濟成長率下降，就會民不聊生。讓我們看清楚一點，那數字不過是「成長率」，而非絕對的經濟基礎。

人民的經濟生活好不好，是基本經濟體質的問題，評量應著眼於經濟「基礎」，而不在於「成長」的總量。

消費行為也有社會和環境成本

面臨經濟不景氣、愈來愈多人的生活無以為繼，政府應該思考經濟的基礎問題，而不是一味用消費來衝高表面的經濟成長的數字。

救經濟之際，也應該思考經濟分配的問題：該救的是誰的經濟？如果消費真的可以暫時帶來甘霖，那我們又該如何消費，才能為那些走

投無路的中下階層紓困？

「消費」的內涵又是什麼？在承平之世或經濟危機之際，我們都應該深入探討消費背後隱藏的兩個層面 —— 社會公平與環境影響。消費的標的物有千百種：勞務、食物、必需品、奢侈品都是消費，但從事不一樣的消費，會產生不同的經濟、社會及環境效果。

經濟不景氣對每個人的影響是不平等的，對那些已經苦哈哈的窮人來說，衝擊重大；但對本來就肥滋滋的富人而言，心理衝擊大概遠大於實質衝擊。當一個窮人的財產從 100 元減半成 50 元，生活是絕對過不下去的；但當一個富人的財產從 10 億減半成 5 億，損失雖然遠較窮人多，卻絕不致餓死，而且日子還可以照樣過得很奢華。

從社會公平的角度而言，政府必須確保：透過消費進行的經濟紓困經由市場的運作後，最終的效果是讓大部分窮人可以吃飽穿暖，而不是僅讓少數富人感覺心裡舒坦。

和社會公平息息相關的環境課題，卻總是在經濟不景氣中被刻意忽略，甚至被認為是不切實際。歐美、日本，甚至台灣等富裕國家的過度消費，是造成氣候變遷、生態多樣性驟減、水資源枯竭等全球環境危機的根本原因。我們這些在地球上占少數的城市人卻挪用了大部分資源、創造大部分垃圾、並排放大部分溫室氣體；少數人用消費所撐起的經濟成長，卻是建立在讓多數窮人的資源愈形匱乏之上。

消費不是罪惡，但也不要過度消費

當然，除非隱居山林與世隔絕，現代人用錢消費是無法避免的經濟行為。

真正的問題在於「過度」的消費。

在食物和工業製成品上的過量消費，背後代表的是大量的能源使用和原料採竭，即使所有的工業製品都是所謂的環保產品，即使所有的食物都是有機食品，過度的製造和消耗這些東西，仍將造成環境的危害。

當全球許多政治領袖多少都能拿氣候暖化、溫室氣體減量等時髦字眼來做順口溜時，卻忽略了環境問題的根源；而一旦經濟不景氣的風暴來襲，更亂了陣腳，不問三七二十一地馬上祭出消費的尚方寶劍來拯救經濟。

若經濟非得靠不斷擴張消費才能維持，那麼在地球資源確定逐漸枯竭的狀況下，這樣的經濟發展不會永續，人類的未來肯定黑暗。

經濟不景氣是產業轉型的契機

經濟不景氣雖是危機，但某種程度也可以成為契機，是一個讓產業轉型的好機會！例如，在 2008 ～ 2009 年美國面臨經濟不景氣之際，歐巴馬政府的經濟復甦政策就強調了所謂的「綠領工作」（green-collar jobs），透過發展替代能源或其他環保產業來增加就業機會。經濟危機，其實提供了一個大好機會，讓政府可以透過產業轉型和勞工轉業政策，來淘汰那些不永續的產業，例如大量製造的汽車工業及高汙染產業。在經濟不景氣的情況下，我們該做的不是繼續盲目地消費，而是學習如何聰明消費，讓消費成為終止地球環境惡化、形塑真正永續經濟的力量。

讓我們一起想像，一個真正永續的經濟體該是什麼樣子？在我的想像中，那是一個不仰賴大量製造新東西來維持人們生計的社會，是一個能夠利用最少的能源，讓現有的物資在不同的個人、不同的世代間不斷循環再利用，並且公平分配的節制社會，也就是所謂的「循環經濟」。這有可能嗎？

雖然人類犯了許多愚蠢的錯誤，但人類也是有創意的動物，沒有什麼改變是不可能的，包括徹底改造一個體質不佳、不永續的經濟生活形態，只要我們願意先接受「經濟不成長不代表生活不好」的觀念，不再將經濟成長數字做為檢視政府施政的標準，並且督促政府，開啟一個不同的經濟發展模式，邁向真正永續的經濟發展。

真的非買不可嗎？
別被廣告給糊弄了！

不久前，許多人根本沒聽過氣候變遷或全球暖化這回事，環境保護也只被認為是環保人士的工作。而現在，全球暖化與節能減碳已經成為當今最熱門的議題之一，在一夕之間爆紅，現在報章雜誌或政府官員得紛紛想辦法在嘴上多少提些節能減碳之事。

全球暖化和節能減碳議題受到重視，對我們唯一的地球當然是一件好事，愈多人關心這個議題，愈能匯集共識、共謀解決方案。

推廣全球暖化議題不遺餘力而獲諾貝爾和平獎的美國前副總統高爾，為了呼籲世人盡快採取行動，在 2008 年聘僱做汽車保險廣告相當成功的廣告公司，啟動了一個抗暖化的宣傳戰。用諾貝爾獎的獎金加上自己的存款，高爾投入了高達 3 億美金來打這個宣傳戰，宣傳主題非常直接，就叫「We Can Solve the Climate Crisis」（我們可以解決氣候危機）。

除了純公益廣告，我對行銷廣告術一向沒有任何好感，絕大多數的行銷策略不過是企業化妝術，說穿了就是要消費者掏錢買東西。而高爾花錢替地球打廣告，無涉消費者的口袋，是我樂見的；而且，有人願意自掏腰包鼓勵更多人採取相關行動，值得鼓掌。

對抗氣候暖化，
更需要徹底檢討消費文化

可惜的是，高爾的抗暖化宣傳戰中提及的多是能源問題，偏重科技的解決方式，對於造成全球暖化的癥結 —— 人類毫無節制的消費，沒有任何著墨。

不只是高爾，今天許多有影響力的人士在討論全球暖化的解決方案上，都沒能對症下藥，包括美國前總統歐巴馬（Obama）。（參見第 146 頁，延伸觀點〈歐巴馬的氣候宣言〉）

許多大眾媒體的論述，將氣候變遷的原因簡化為過量的二氧化碳排放，又將二氧化碳排放的問題簡約為能源問題，能源問題又被局限於能源選項問題。但當全世界都將注意力集中在「替代能源」或所謂「乾淨能源」的選項上，驅動能源大量使用的消費模式卻被忽略不談。

我們平常消費的物品，從製造、包裝、運送、販賣、使用，以及成為垃圾後的處理，都需要使用能源；因此若不從消費需求的層面解決問題，再多的省電燈泡、油電混合車、再有創意的替代能源，都無濟於事。

恐怖的行銷廣告，就是要你買！

美國是台灣人最喜歡模仿、最崇拜的國家，但在消費文化上卻是個極其恐怖的地方。美國號稱是世界上最民主自由的地方，人民信仰個人主義，任何事務都想要隨心所欲，但卻也是最會糟蹋地球環境的國家之一。

2001 年，當美國發生了震驚全球的 911 恐怖攻擊事件，小布希總統為了安慰人心，建議美國人血拼消愁，堪為美國消費主義現象的經典案例。在這個連鎖企業盛行、廣告充斥的國度，任何時候都逃不開要你買、買、買的廣告，甚至有廣告鼓勵人們故意毀壞車子、弄髒衣服鞋子，好為購物血拼找理由。

許多台灣人去美國觀光，必定將大型購物中心列為必要行程，殺紅了眼買得不亦樂乎，再快樂地抱著中國製的美國垃圾回台灣。除了複製美國的消費模式之外，台灣也複製著美國的消費空間，蓋出一間又一間的 outlet，也就是暢貨中心或是工廠直銷中心，令人憂心。

毫無節制的消費習慣，驅動了更多的工業製造，也就等於資源和能源的無止境取用。如果我們仔細檢視，許多買來的東西常在幾個禮拜，甚至幾天後就變成垃圾；有些不實用的東西只要生產了就注定成為垃圾。

買愈多、垃圾愈多，但我們看不見這個事實，以為東西丟出家門、被垃圾車載走就沒事了。大量工業製造品所耗用的能源和原料，加上隨之而來的巨量垃圾，根本無法以環保筷、環保袋、省電燈泡、油電混合車、再生能源等的使用來抵銷。

要對抗全球暖化，最有效的行動應是減少消費、減少製造。

但充斥在生活中大量的行銷廣告，卻不斷地煽動我們進行消費。說廣告是造成全球暖化的幫凶一點兒也不為過，現在更可怕的是，連與全球暖化相關的字眼竟也成為廠商的行銷利器，繼續鼓勵人們買、買、買。

綠色唬爛，我們被洗腦了嗎？

許多被認為是破壞環境元凶的企業，特別是汽車製造商與石油公司，竟然也開始在電視上大打綠色形象廣告。

這幾年不管是美國或是台灣的電視上可以發現愈來愈多的企業形象廣告，你所能想像的各種汽車品牌、石油和能源公司、家電廠商等都開始大玩綠色行銷。

這些形象廣告無關特定產品，而是充滿著各種與產品無關的美好畫面：天真無邪的小孩無

憂無慮地玩耍、大人彼此會心微笑、美麗的森林和山川……旁白則是「某某企業重視地球環境與生活品質」，企圖讓消費者把企業形象與美好的未來連結起來。

那些過去對環境冷酷無情的企業，真的轉綠了嗎？還是我們被他們的行銷術給糊弄了？

行銷廣告著重包裝與化妝，消費者畢竟看不清企業卸妝後的真實面貌；而且，行銷廣告呈現的大半不是真實，說難聽一點是騙術，正是因為沒有真實才需要包裝與化妝。

許多企業看準當前消費者的環境意識愈來愈強、愈願意支持環保產品，於是搭著環保綠色順風車，推出綠色商品或企圖扭轉形象，好繼續從消費者口袋裡挖出更多的錢，至於是不是真的有積極的環保作為，是另一回事。企業這麼做不過是幫自己「漂綠」（greenwash），就是對消費者做「綠色唬爛」！

曾經有一段時期，「樂活」這個詞在台灣紅遍半邊天，是廠商的吸金器，只要產品或服務加上樂活二字，消費者就趨之若鶩。

另一個字眼「綠建築」，近來也成為國內外房地產行銷文案的寵兒，許多建商僅做做基地綠化，就用綠建築來包裝出場，糊弄不了解綠建築的民眾。

從根本改變，從消費端改變製造端

並非所有宣稱環保的廠商都意圖糊弄消費者，我相信的確有認真改善商品、減低環境衝擊的廠商；但在廠商愈來愈精於漂綠行銷術的年代，我們實在很難辨別所購買的商品是否真的環保，所以也不能一味地相信，只要把舊燈泡換成省電燈泡、舊車換成油電混合車等，就是真的節了能、減了碳。

雖然高爾的抗暖化廣告宣傳戰沒有「命中要害」，但也清楚地傳達了兩個重要訊息：

第一，氣候變遷的威脅迫在眉睫，我們得盡快採取行動。

第二，只要採取行動，地球還是有救的（我們可以解決氣候危機）！

市井小民也許無法在能源政策上產生影響力，可能也搞不清楚到底該買什麼樣的商品才是環保節能，但這些其實都不重要。只要謹記，最重要的是，不要被廣告糊弄了；環保綠生活最重要的不是使用什麼產品，而是能不買就不買。減少消費，從根本改變消費文化，才能真正減少垃圾，減少環境破壞。從現在開始，少買一些吧！

達到「搖籃到搖籃」，還得節制適量

《從搖籃到搖籃：綠色經濟的設計提案》
Cradle to Cradle：Remaking the Way We Making Things
作者：威廉·麥唐諾（William McDonough）
麥克·布朗嘉（Michael Braungart）
野人文化出版

過去我在西雅圖上班的建築與規劃事務所很重視環保，不但業務上走綠建築方向，連辦公室的家具汰舊換新時，也會選擇較環保的產品。有一次，公司弄來幾張環保辦公椅（名為Think®）讓我們試坐幾天，外表設計賞心悅目不說，坐起來還真是舒服到讓我愛不釋「股」。

符合人體工學、又有漂亮外形的椅子在市面上何其多，但有環保訴求的卻寥寥可數。而且這張椅子還不是張普通的環保椅，它可是第一個達到「搖籃到搖籃認證」（Cradle to Cradle Certification）的家具呢！

到底什麼是「搖籃到搖籃」？

2000 年，關心環境議題的美國建築師威廉·麥唐諾（William McDonough）和德國化學家麥克·布朗嘉（Michael Braungart）共同出版了《從搖籃到搖籃：綠色經濟的設計提案》（Cradle to Cradle：Remaking the Way We Making Things），詳述其概念和實際做法。

他們認為，工業製成品可以不必成為環境的負擔，不必走向「搖籃到墳墓」最終變成垃圾的結局。在環境議題被大眾簡化為「經濟與環境不能兩全」的那時，「搖籃到搖籃」的觀念跳出這個框框，開闢了一條出路。除了出書，

他們還進一步發展出「搖籃到搖籃認證」，以一套設計標準評估工業產品是否達到「搖籃到搖籃」的境界，對地球不產生負擔。

沒有東西是無用的，摒棄「垃圾」的概念

做為工業設計的新觀念，「搖籃到搖籃」的概念同時也挑戰了傳統的環保思維：「少做一點壞事」（less bad）。許多已被視為理所當然的環保手段，例如廢棄物減量、資源回收、建築物節能等，其實背後的邏輯仍不脫破壞性的經濟發展，只不過是「減緩」了工業產品對環境的破壞。

壞事少做了一些，卻仍是做了壞事。

以資源回收而言，我們以為回收可以解決垃圾問題，但其實再生後的物料品質通常比較差，再生了幾回之後就無法再繼續利用，最後仍會成為垃圾。目前資源回收再利用的模式不

1 第一把通過「搖籃到搖籃認證」的椅子。
2 福特汽車出產的 Mode U。

過是讓資源在走向垃圾場或焚化爐的途中逗留了一下，並沒有真正移除問題，對環境保護無濟於事。

垃圾，是人類製造出最棘手的環境難題。如果仔細觀察自然生態系統的運作，會發現「垃圾」這個概念並不存在：沒有什麼是無用的，即使動物的排泄物都是另一種動物或植物的食物或養分。其實舊時的人類社會也同樣也沒有垃圾的觀念，生活中可得的物資都充分循環運用，包括人類自己的排泄物。一直到工業社會，機器的高效率讓人類以為資源取之不竭、用之不盡，所以物質不再循環利用也無妨。

「搖籃到搖籃」的觀念就是向大自然學習，相信人類的經濟運作與工業製造仍然可以創造出對環境只有好處而沒有壞處的產品。因此，主張整個經濟體應該超越垃圾回收減量，徹底摒棄垃圾這個概念，讓所有壽終正寢、或達到階段性目的工業產品，還可以成為下一批產品的高品質原料，甚至更進一步成為大地的養分。

在《從搖籃到搖籃》一書中，麥唐諾和布朗嘉舉汽車為例：目前的汽車設計會產生空氣汙染，但設計良好的汽車應該要做為「空氣清淨器」，開車不但不排放廢氣，還可以潔淨空氣，壽終正寢的汽車還可經生物分解成為泥土的養分。當然，目前這樣的理想尚未實現，但是應該要成為工業設計專業者的目標。

產品設計要考慮「投胎轉世」！
別將處理垃圾的麻煩丟給消費者

許多工業製品所以成為垃圾，是因為設計產品時只管給產品「生命」，而不管「死後」怎麼處理，更沒有想過一個產品是否有「來生」，可以轉化成為另一個產品，因而沒有將回收再利用納入設計考量。也難怪當垃圾要再生利用時，反而需要投入更多的資源，甚至可能更不環保。更有甚者，許多工業製品，例如各種人類已經離不開的電腦與智慧型手機，甚至故意設計成「短命」，讓其不出 3、4 年就會出現各種問題，並且求修無門，讓人們不得不汰舊換新。這種惡質、卻被業界視為經濟成長理所當然的做法，被稱之為「計畫性報廢」（planned obsolescence）。

要解決「搖籃到墳墓」的問題，就得從產品的設計面來革命：設計時不但考量功能，更要考量產品的長期演進，設計「投胎轉世」般循環不已的機制，實現「搖籃到搖籃」綠色製程的精神。

以 Think® 辦公椅為例，從設計階段開始，設計師便採取了不同的策略。一般產品的設計原則在於「如何把所有零件組裝起來成為可用的東西」，但是這張椅子的設計思維卻相反，從思考「如何拆解一張椅子」這個問題開始做設計。因為一張椅子若不再使用，又無法輕易拆解成可再利用的零件，就根本不必談回收。為此，設計師特地詢問資源回收廠，設法了解在什麼樣的狀況下他們才願意回收椅子？了解需求後，設計師創造了一張在 5 分鐘之內就可以完全拆解的椅子，而且任何人都可以用簡單的工具來達成。拆解容易，就能確保這張椅子所有組件都可以投入其他工業製程中再利用，達到搖籃到搖籃的理想。

「搖籃到搖籃」的觀念也挑戰了我們對工業產品的認知。工業產品和食物不同，當我們購買它們時，大部分時候並不是消費東西本身，而是享受產品帶來的服務。以電視機為例，買電視的目的並非要機體本身，而是要觀賞電視節目；所以當電視機的功能尚健全時，我們視其為資產，但當電視機壞了，就成了頭痛的垃圾。但仔細想想，廠商設計產品時完全不考慮成為垃圾後該怎麼處理，卻又將垃圾處理的麻煩丟給消費者是不公平的。

《從搖籃到搖籃》一書於是提出「服務性產品」（a product of service）的觀念，認為更環保的消費模式應是讓消費者僅購買服務本身。例如消費者購買的應該是看電視的時數，而非電視機本身，當消費者不想再看電視了，可將電視機退回廠商。如此一來，當廠商必須完全負責回收處理自己製造的商品時，就會被迫更認真地思考產品生產時，也必須設計好回收再利用的流程與技術問題。

跳脫舊思維，適量與節制的重要性

「搖籃到搖籃」的概念是針對工業製程的革命，用創意突破了舊思維的框架，對當前綠色設計思潮具有相當大的啟發性，是本值得一讀的好書。但是值得特別注意的是，麥唐諾和布朗嘉在大力推銷「搖籃到搖籃」觀念之餘，卻仍然對經濟成長抱持盲目的信仰，沒有跳脫經濟必須成長的舊思維。麥唐諾和布朗嘉以為，只要改善工業製程、改善工業產品，工業（或者說經濟）成長會是百分之百的好事。換句話說，只要設法讓所有的產品都對環境有益而無害，那麼製造再多的產品也無妨。

因此《從搖籃到搖籃》一書中宣稱：「20年後，即使地球上汽車數量是目前的 3 倍，也不成問題。」

但這樣真的沒問題嗎？那可不然。他們忽略了多樣性的重要，也並未想到，造成生態環境惡化、大自然反撲、人類社會無法永續的根本原因，正是無限制的成長，是人類對任何事物的不知節制。

除了現代人類以外，自然界大部分的物種都有特定的天敵，棲地也會受到氣候或地理條件的限制，而且還有各種自然機制來抑制無止境的成長。在沒有人類干擾的情況下，大自然存在多元的物種，每個物種發揮特定的功能來維繫生態系統的健全運作。

但科學技術日新月異，讓人類得以不受自然條件的束縛，人口無限制地成長，對資源的擷取造成整個地球生態嚴重失衡，威脅其他物種的生存繁衍。換句話說，不管工業產品是否落實「搖籃到搖籃」的理想，若毫無節制成長，就會讓人類與其他物種及環境間的關係愈來愈不平等。

想像一下，一個塞滿環保車和其他環保產品的地球，如何還能夠在生物上、地理上以及文化上豐富多樣？沒有多樣物種和多樣環境的支持，人類也無法永續，而且，那會是一個多麼無趣的世界！

麥唐諾和布朗嘉在書中引用了愛因斯坦的一席話，來強調工業製程改革的重要性：「如果我們以製造問題的相同思維來解決問題，這個世界將永遠無法超脫當前的危機。」可惜的是，兩位作者仍陷在舊思維中，以為光用工業設計製造的改革就可以消除人類追求成長所帶來的環境破壞。

要真正跳出舊思維的框框，除了改革工業設計和製程外，我們更該思考的深層問題是：人類如何在節制和適量的發展下生存繁衍？人類社會如何與其他物種保持更為對等的關係？如果不檢討無限制成長的必要性，任何號稱綠色或永續的解決方案，包括「搖籃到搖籃」，對人類的永續發展都沒有太大助益。

歐巴馬的氣候宣言

「耽延,已不再是選項;否認,已不再是可接受的回應。我們的賭注太大,後果嚴重,解決氣候變遷問題不易,現況也不會一夕改變,但我可以向你們保證,當我就任後,任何願意推動乾淨能源的州,將會得到白宮的支援;任何想要發展乾淨能源的企業,將可以在白宮找到夥伴;任何加入對抗氣候變遷行列的國家,美國將是與你們並肩作戰的盟友。」

2008 年 11 月 18 日,在加州州長阿諾史瓦辛格所籌辦的「州長氣候高峰會」(Governors' Climate Summit)中,剛當選美國總統的歐巴馬以錄影的方式,對在場的美國及其他國家州長發表簡短談話。

這席話清楚而肯定地昭告世人,在歐巴馬領導下的美國,將在氣候變遷議題上展開迥異於小布希(George W. Bush)政府的積極作為。

新總統帶來新希望

2008 年 11 月 4 日是美國歷史,甚至世界歷史的一個重要里程碑。

這天,非裔的美國國會議員歐巴馬當選美國總統。歐巴馬壓倒性的勝選,讓大部分對小布希厭倦不已的美國人終於看到了改變的契機,開始歡欣鼓舞地迎接各項政策上的改變。

環保人士看到了環境的希望,引領企盼歐巴馬在急迫的氣候變遷課題上展現國際領導力。畢竟,氣候變遷是沒有國界的全球議題,解決方案也需要全球各國攜手合作才能落實。

過去在小布希領導下的美國,做為溫室氣體排放的最大宗國,卻始終拒絕與國際合作、拒絕採取減緩氣候變遷的必要行動。小布希最令人詬病的「事蹟」之一,就是拒絕簽署京都議定書,對於日益嚴重的氣候暖化現象置之不理,甚至絕口否認。

歐巴馬的上任,為美國氣候政策帶來了新氣象,最重要的是,他讓大家知道由下到上的努力將不會再如此辛苦,因為由上到下的力量將會一起並肩作戰!

歐巴馬了解氣候變遷的嚴重性,他在競選廣告與公開演說中不止一次提到海平面上升、沿海陸地退縮、疾病肆虐、愈來愈極端的氣候災害等氣候變遷後果;他也支持氣候變遷乃人為過量排放溫室氣體而引起的科學結論,因此,他主張施行總量管理制度(cap and trade),並設定了溫室氣體減量目標:2020 年減至 1990 年的排放量,2050 再減量 80%。

發展替代性的乾淨能源,是歐巴馬為溫室氣體

減量的主要手段，因此，將投注大量經費來發展相關產業。

有人批評如此大舉花費將使經濟更為惡化，但歐巴馬強調，發展替代性能源產業一方面可以讓美國盡速脫離對外國原油的依賴、強化國家安全，另一方面更可以創造眾多新的就業機會，刺激經濟復甦。

當時，歐巴馬的氣候政策是前瞻的，而且同時照顧了國家安全與經濟這兩個受到高度關切的課題。歐巴馬曾說復甦經濟是他首要的任務，看起來，對他而言「拚環境」就是「拚經濟」。

將氣候、經濟、國家安全三個看似不相關的議題連結在一起，顯示了歐巴馬的頭腦比許多政治人物清楚；反觀台灣政治圈，仍然陷在「經濟是經濟問題、環境是環境問題」的謬誤泥沼中。

從根源做起，徹底解決環境問題

雖然歐巴馬的氣候政策比起小布希的完全置之不理，算是跨出重要的一大步，但仍有許多可以修正的空間。

第一，若長期的政策仍是著重於總量管制和替代性能源的政策主軸，那仍是治標不治本。在2008 年美國總統競選期間和接下來關於氣候政策的討論中，幾乎聽不到「環境問題」這個字眼，環境問題似乎已經被化約為氣候變遷問題了，但地球環境面臨的危機豈止是氣候上的變化而已，生態多樣性消失、土壤流失、水資源匱乏等，也是不能忽略的急迫課題，而這些議題卻完全沒有被提及。

再者，溫室氣體減量的課題也不全然等同於能源使用問題。森林砍伐、都市無止境的蔓延、不當的建築設計、大量肉品的飲食習慣等等也是造成溫室氣體排放的大宗。

當前，溫室氣體減量的解決方案焦點，不外乎聚焦在替代能源上，但我們必須知道，成功地用其他能源來取代化石燃料並不代表環境問題的解決，甚至，不當的替代能源會造成其他的環境和社會問題。

許多所謂「乾淨」的替代能源，其中甚至包括相當具爭議性的核能與根本不存在的「乾淨燃煤技術」（clean coal technology），過度依賴和信賴科技的能源政策，仍然令人擔憂。

在全世界都向美國物質生活水準看齊的今天，美國若要真正做一個負責任的大國，解決氣候及其他環境問題，除了帶領發展替代能源，更必須領導美國進行生活和消費模式的革命，打造一個不以大量製造、消費來活絡經濟的永續國家。

你丟掉的舊車、舊電視到哪裡去了？

2008 年 1 月，我在迦納首都阿克拉，困在烏賊車所組成的壅塞車陣中，一邊龜速前進，一邊吸著隔壁烏賊車所噴出的骯髒廢氣，無處可逃。

迦納，汽車的墳場

工業國家每年製造那麼多的汽車，新車來、舊車去，舊車不會憑空消失，而是送到了西非的迦納。

這些便宜的舊車，於是成了多數迦納人唯一負擔得起的選擇。許多在迦納街上跑的舊車，不知道已經轉過了幾手；計程車尤其老舊，特別是在鄉下的計程車，破舊到讓人擔心會不會在凹凸不平的泥巴路上的晃動中解體。路上不難看到寫著日本字、中國字和其他語言的各種廂型車，我猜這些是曾經在美國、歐洲、日本，甚至台灣等地服務過的公務車。

使用二手車不是問題，但是許多富裕國家淘汰到迦納的車，也沒剩下多少壽命，在迦納賣給了當地人，沒開多久就冒黑煙，再不多久就徹底報廢、一命嗚呼。

二手的汽車零件也在迦納找到了市場，特別是輪胎。據我所知，台灣也輸出了許多舊輪胎到迦納。在阿克拉街上到處都可以見到堆積如山的舊輪胎，這些已經有一定磨損程度的輪胎可能用不了多久就爆胎。

在迦納的路上，經常看到拋錨的車子。這些車因為車型老舊，根本不可能找到適當的零件修理；迦納友人告訴我，有些拋錨的車子已經停在那裡好幾年了，等於是永遠留在路旁的大垃圾。

奈及利亞，電視的墳場

如果迦納是富裕世界的汽車墳場，那麼奈及利亞就是他們的電視機墳場。

電視機是許多國家人民的生活必需品，在台灣與美國，每個家庭有兩、三台以上的電視機已經是常態。光是 2017 年，全球液晶電視機的出貨量預估超過 2.3 億台。這個數字遠大於地球上許多國家的總人口數。而且，不用等電視機壞掉，人們就不斷地汰舊換新。而那些被我們扔掉的舊電視機，幾乎都落腳在奈及利亞的最大城市拉哥斯。

拉哥斯的居民，基本上生活在一個由電子廢棄物和其他垃圾組成的大垃圾場中。每個月，超過 500 個大貨櫃滿載來自世界各地的舊電視機、舊電腦和舊手機，傾倒在這個人口密集的城市。理論上，這些電子廢棄物是被運送到這

1　迦納街上常見許多破舊的老爺車，沒開多久就會冒黑煙，再不多久就徹底報廢、一命嗚呼。
2　二手的汽車零件在迦納也有龐大市場。

裡進行回收或再利用，但其實有超過 7 成是廢物，毫無再利用價值，於是只好被送到垃圾場，甚至被隨便扔在城市的空地上。

經過風吹雨淋，這些破損的電子產品中所含的有毒化學物質會被釋出，顯像管的鉛慢慢滲入土壤、流入地下水、流入奈及利亞人民的身體中。而當送到拉哥斯的電子廢棄物愈來愈多，在空間有限又沒有其他處理方式的情況下，人們只好現地焚燒，燃燒過程中所產生的有毒氣體，對在地居民的健康危害程度難以想像。

不斷汰舊換新，再把舊物傾倒到西非

這一切，只因我們怕自己擁有的東西跟不上流行。從電視機到車子，只要有更新、更好、更炫的產品問世，人們就迫不及待把還沒有壞掉、卻即將落伍的東西一腳踢開。

政府的政策，也造成垃圾的大量製造。2008年我還住在美國時，電視機一直播放著一則近似威脅的廣告：美國政府打算在 2009 年將電視的收視轉換為數位系統，因此民眾若不盡早把電視機換成數位電視機，屆時將無法收看！

因為這個政策，成萬上億堪用的電視機因此被扔掉，而當那些生產數位電視的廠商因為狂增的銷售量而笑到合不攏嘴時，地球另一端的另一批人將因此承受莫名的災難。

科技愈進步，人類也製造了許多大自然無法分解的東西。這些東西不能自然分解則已，還會產生許多有毒的汙染物，嚴重威脅人類和生態的健康。但包括電視機、汽車等無法分解的東西，已經成為所謂「進步生活」的必須品；而且人們以為，唯有當東西壞了、用膩了就可以毫不費力地換新，才是生活品質的提升。

於是，所謂先進城市都有一套有效率的廢棄物清運系統，把不要的東西盡速移除於大多數

在迦納首都阿克拉街上到處都可以見到堆積如山的舊輪胎。

人的視線以外，好讓我們在乾淨整齊的環境中追求著其他人生目標，讓文明生活順暢地進行。

實質的物品被創造出來後，當然不會憑空消失，被移除到視線外的文明廢棄物到哪裡去了？到衛生掩埋場或焚化爐處理妥當了嗎？

我們現在知道，事情沒有那麼簡單。富裕國家不斷汰舊換新，享受愈來愈高品質的生活，並以資源再利用的名義，將一批又一批的舊物傾倒到西非以及其他比較窮困的國家，眼不見為淨地享受著無垃圾汙染的高品質生活，但也讓窮困國家的生活品質愈來愈低落。

但為何富裕國家的電器電子和汽車垃圾都

集中在奈及利亞和迦納呢？

在迦納經商的友人告訴我，奈及利亞和迦納是喜歡外出遊走的民族，在世界各地只要遇到非洲來的人，大概不是從奈及利亞就是迦納來的；而這些外出的遊子多半有著生意人的頭腦，與富裕國家圖「清運垃圾」的方便一拍而合，於是，大批大批終究會成為垃圾的舊貨透過奈及利亞和迦納人的仲介，進入自己的國家。這些有冒險精神的商人，大概無法了解這種交易對自己國家人民的毒害。

二手及廉價貨充斥，環境無正義

除了舊車和舊電子產品，今天西非的街頭還充滿了各式各樣從富裕國家來的其他二手貨。在中國工商業崛起之後，大量製造、便宜但劣質的中國貨也大量進入西非，讓這個地方更加被垃圾淹沒。

全球化的貿易運作不啻是讓非洲人成了次等公民，不但得花冤枉錢買那些一下子就壞掉的二手貨與劣等貨，還得承擔這些東西快速成為垃圾後的環境災害！

也許有人會說，誰教西非商人自己要進口這些垃圾？但，對不富裕的人民來說，誰不想買比較便宜的東西呢？

但這並不代表貧窮國家的人民就該使用被富裕世界淘汰的劣等品。輸出二手貨不是問題，但輸出國政府也必須看到此種貿易行為可能產生的環境正義問題，必須拿出良心、負起道德責任，嚴格監督並確保輸出的品質，才不會造成輸入國的環境負擔。

今天，除了非洲以外，中國、印度等相對不重視環境人權的國家，也都成了富裕西方國家的垃圾場。

諷刺的是，富國人民一邊享受著物質建構出來的文明生活和光鮮亮麗的環境，卻一邊鄙夷著窮國的物資短缺和惡劣環境，並歧視來自那些國家的人民；殊不知道，自己之所以「先進」、乾淨，是用他人的「落後」、骯髒換來的。

在奈及利亞和迦納，人們沒有選擇，只能被迫與大量的垃圾共存；在垃圾堆中討生活的同時，喝著被汙染的水、呼吸著有毒的空氣。

別小覷了消費者的集體力量

我們能做什麼嗎？也許，我們可以試著不要盲目跟隨潮流，沒有必要的話盡量不添購、不汰換身邊的東西。只是，我們現在所擁有的汽車、機車、電視、電腦、DVD、手機、印表機、音響、微波爐、冰箱、電子鍋等等，總有一天會壞掉，總有一天會對世界上另一個角落的人們造成災難。

這得怪罪於科技發展的短視，因為短視，人類在為各式各樣的工業產品帶來生命時，卻沒有想過該怎麼替這些產品善終。

還好，在環保人士的提醒下，已有少數廠商開始用比較宏觀的角度思考產品的製程，將產品的整個生命週期納入考量，並研發回收再利用的方法（參考第139頁〈達到「從搖籃到搖籃」，還得節制適量〉）。但若要改變現狀，還需要廠商在道德良知上覺醒，並採取積極行動。

做為消費者的我們，因為大部分的時候只能消極地接受廠商提供的商品，固然在改善產品製程的直接影響力有限；但也不要忘了，消費者是廠商的「衣食父母」，集體消費選擇權的影響力不容小看。只要我們支持願意改進產品製程的廠商，相信也可以督促其他廠商採取對環境友善的行動。

但從長遠來看，消費者能不製造垃圾就不要製造垃圾。所以，再重複一次，少買一些吧！

非洲最友善的國家

　　大多數的人雖然很難將貧窮與西雅圖連在一起，卻可輕易地將貧窮與非洲畫上等號；特別是撒哈拉沙漠以南的非洲國家，許多人每天可運用的資源換算成美金的話，竟然不到一塊錢。

　　透過媒體報導，非洲的貧窮印象深植人心，但這是非洲的真實面貌嗎？2008年，我生平第一次踏上非洲大陸，有幸造訪西非迦納，我的確看到貧窮，但更看到了快樂和分享；我沒看到明信片般的稀世景色，但卻看到了此生難以忘懷、最美的人文風景。

快樂、善意的笑容，是裝不來的！

　　迦納舉國電力不足，因此政府嚴格要求一般住家改用小瓦數的省電燈泡，入夜後一般家庭多是燈光昏暗。在迦納，不但電不是理所當然，自來水也不是。我深刻地體會到，原來，可以在明亮的燈光下讀書、有自來水把身體和手洗乾淨，絕對是奢侈。

　　我與妹妹同行，在迦納7天3夜中有3個晚上沒有電，另外3個晚上即使來了電，燈光照明也相當微弱；這7天也沒洗過熱水澡，因為根本沒有熱水澡這回事。甚至，6夜中有5天，洗澡水不是從水龍頭自來，而得去水井打來。

　　雖然昏暗的燈光，洗不乾淨的身體和手，總是讓過慣方便生活的我們渾身不對勁，但迦納人卻是自在快樂地過著他們的簡單生活。我在這個國度看到一張又一張快樂的臉孔，若不是生活真的開心知足，這樣的表情是裝也裝不出來的。

　　迦納還有個奇觀，就是處處可見人們吵架：車站有人吵、車上有人吵、攤販旁有人吵、看足球賽時也有人吵……剛到迦納的外地人可能會被嚇到，但當地的友人說不要緊張，迦納人吵完馬上就會和好，而且絕不會遷怒到外人。

　　快樂的迦納人，對來訪的旅人充滿善意，且相當保護，所以在迦納旅行其實很安全，在單純的鄉下更是自在；許多旅遊書都說迦納是非洲最友善的國家，可真是一點兒也不假！

　　對迦納人來說，我與妹妹是膚色明顯不同的外國人，走到哪裡都受到不少注目，與其感到不自在，只要有人對我行注目禮或微笑，我也就大方揮手打招呼，享受著「明星般的待遇」。

　　帶著一台大相機，我不管走在城市或鄉村中，都會有不少人要我替他們拍照；即使我主動要求拍照，迦納人都相當大方，有的還會擺出搞笑的姿勢，其中最開心的就是小孩子了，只要看我舉起相機就樂不可支，或擠成一團搶著入鏡、或耍寶地擺出怪姿勢、或乖乖地排排站好，讓我情不自禁地按了許多快門。

　　因為迦納人活力四射、因為他們的快樂臉孔，我第一次覺得自己的鏡頭中有了真正的生命力，和過去鏡頭下那些精工雕琢、唯美、卻有距離感的歐美風景相比，是那麼地截然不同。

並非一無所有，貧窮的知足慷慨

不用走一趟迦納也知道，迦納的物質水準遠不如台灣以及其他高度工業化的國家；但要走過一趟迦納才知道，他們雖然擁有的不多，卻仍活得很開心。

迦納友人告訴我，迦納人知道自己比起其他西非鄰國是相對富裕的，因此普遍樂天知足；不但如此，他們還不吝將自己的所有與他人共享。我們在一個貧窮村莊的友人家作客兩天，用餐時間總有幾個穿著破爛的小孩坐在角落，我們吃飽後友人就把剩飯剩菜給那些小孩吃；我一直以為那是朋友的小孩或親戚，一問之下才知道是附近人家的小孩，家裡沒有東西吃所以固定來這裡吃飯。招待我們的友人其實也不富裕，但卻不吝於照顧更窮苦人家的小孩，實在令人感動。

迦納走一遭，我儘管看到了不少讓人覺得沉重的畫面，卻也看到更多刻板印象之外中的動人面貌。人們透過媒體所看到的非洲人文景象，是貧窮、饑荒與戰爭，這固然是生活富裕的人們所不能不看到的現實；但另一方面，人們也需要知道，那不過是非洲的其中一個面向，這裡更有太多值得我們學習的生活精神。

造訪迦納的一年多後，在柏林短暫的德語課上我認識了一位來自安哥拉（Angola）的年輕人楠多，由於我們住的公寓相距不過幾步之遙，下課常常一起走路回家。有了迦納經驗的我，自然對另一個非洲國度感到好奇，抓住機會向楠多問著安哥拉的國情；與楠多的短暫交會，讓我對安哥拉的了解仍然連膚淺都談不上，但我不會忘記，不過20出頭的楠多語重心長的一句話：「我實在不希望世界只看到非洲貧窮的一面，當人們討論著非洲的貧窮與飢餓，似乎也以為非洲真的一無所有。」於是，我再度憶起迦納最美的風景 —— 人。

人，是迦納最美的風景！

看到這裡，喜歡旅行的朋友也許會好奇：迦納好玩嗎？坦白說，迦納的確沒有什麼世界級的景點，帶著典型觀光心態來迦納一遊的人大概不會滿足。

大部分的人對觀光的定義，不外乎是去看美麗漂亮的事物：看雄偉壯觀的歷史建築、看鬼斧神工的自然風景。小時候的我也曾發願要蒐集「世界級」、「此生不能錯過」的視覺感動，但愈來愈多的旅行經驗讓我慢慢發現，其實所謂熱門旅遊景點的記憶是非常容易被遺忘的。如果不看照片，當下的感覺鮮少能回味再三，因為那些世界級景觀與真實生命的距離是那麼遙遠。從世界級的視覺經驗回到現實後，總讓人誤以為自己生活和周遭環境是索然無味的，於是，旅遊不過成了暫時逃離無味現實的手段。

去迦納走一趟吧！沒有明信片般的風光，你反而可以更清晰地看到人的風景，而且你會更珍惜自己現下所擁有的一切。

廉價商品真的很便宜嗎？

2000 年剛到美國時，費城當地的朋友非常照顧我，經常主動載我到處採買生活用品和食物。朋友為了替我省錢，經常帶我去以低價著稱的連鎖大賣場「沃爾瑪」（Wal-Mart）。

在省吃儉用的留學歲月裡，沃爾瑪的低價商品的確替我省了不少錢。

每次到沃爾瑪，朋友總是忍不住說著，「沃爾瑪是我最愛的商店！」

沃爾瑪不僅在美國，甚至全球各地都有連鎖店，它不但是朋友最愛光顧的地方，也是千千萬萬其他美國人的最愛。因為這個以低價位為行銷策略的賣場，東西的確比其他地方便宜；再來，這裡可以買到各種你所能想到的東西，甚至在有些州還能買得到槍！

地球上每天平均有將近 2,000 萬消費者光顧沃爾瑪的賣場，因為各地消費者的忠誠擁護，還讓沃爾瑪的老闆在 2001 年打敗比爾蓋茲成為全世界的首富。

一個僅靠零售為業的商人居然可以成為世界首富。但在媒體和普羅大眾對沃爾瑪的成功嘖嘖稱奇之際，卻看不到其「成功」策略背後的冷血和不人道。

當我愈來愈認識沃爾瑪後，就再也不願意踏入任何一家沃爾瑪賣場；2003 年，我也加入全美各地愈來愈多抵制這家連鎖企業的行動。

你看到了嗎？低價背後的高成本

全球化對在地文化所帶來的負面衝擊愈來愈明顯，今天愈來愈多人開始厭惡並反對沃爾瑪和其他連鎖企業，例如麥當勞和星巴克。

即使大企業的力量有如洪水猛獸般巨大，但在美國，已經有許多社區同心齊力、成功阻止沃爾瑪入侵家園的例子。

2005 年，一群影像工作者更是製作了一部紀錄片《沃爾瑪：低價背後的高成本》（Wal-Mart: The High Cost of Low Price），詳實揭露了沃爾瑪種種惡劣的企業經營模式；甚至還有草根團體經營一個叫做《覺醒吧，沃爾瑪》（Wake Up Wal-Mart）的網站，將沃爾瑪種種不道德的行徑攤在陽光下。

那時，沃爾瑪在美國及世界各地擁有總數高達 1,600 萬的員工，相當於 80% 的台灣人口！

表面上看起來沃爾瑪為地方帶來了就業機會，但事實是，即使在美國本土，為沃爾瑪賣命的員工卻領著微薄的薪水，還得按照公司規定自費購買沃爾瑪的健康保險。大多數的基層員工是來自社會底層的低收入戶，薪水都不夠用了，怎麼能負擔得起健康保險，只好申請政府提供的低收入戶保險。

如此一來，沃爾瑪「聰明」地將其本來該負

別以為便宜就是好的，低價背後的高成本同樣驚人！

擔的員工健康保險花費，轉嫁到政府的身上，也等於是由廣大的納稅人來幫沃爾瑪老闆支付員工的健康保險。

在沃爾瑪撿便宜的消費者大概怎麼也沒有想到，自己在沃爾瑪省下來的錢，又間接放回沃爾瑪老闆的口袋裡了。

因為沃爾瑪給員工低薪資，加上逃掉了健康保險的大量花費，所以得以壓低其商品的銷售價格。

沃爾瑪為了壓低人事費用，無所不用其極，雇用最少的人來從事最多的工作。員工不但必須被迫延長工時，還領不到加班費，如果不願意配合加班，會被威脅開除。在就業市場上沒有太多選擇的基層員工為了保住飯碗，只好忍氣吞聲乖乖配合。

同時沃爾瑪還不允許員工組成工會來替自己爭取權益，過去有意集會組織的人，都被白色恐怖伺候過。

沃爾瑪也跟其他企業一樣，充分利用窮國那些只要能賺點錢養活自己和家人、什麼苦都願意吞的廉價勞工。

在中國、孟加拉、宏都拉斯，以及許許多多發展中國家的沃爾瑪工廠裡，不人道的勞工待遇超乎想像，不但實質工作環境惡劣，1 個禮拜得工作 7 天，一天超過 14 小時，但 1 小時的工資卻不到幾分美金。

沃爾瑪「大盒子開發」模式，破壞了原有的農地與綠地。

不成比例的低薪資和高產出，讓沃爾瑪得以壓低產品價格，在市場上維持高競爭力。

沃爾瑪對貧窮國家勞工的「有效率」運用模式，成為其他零售業學習的「典範」。於是，為了與沃爾瑪競爭，許多也在貧窮國家設廠的西方廠商也有樣學樣地剝削沒有選擇的勞工。

許多人不知道，跨國企業在發展中國家創造就業機會的背後，卻是如此的慘無人道。

在《沃爾瑪：低價背後的高成本》這部紀錄片中，中國的沃爾瑪工廠的勞工對著攝影機道出了他們卑微的希望：「當你們在沃爾瑪消費廉價產品的時候，請想想遠在地球另一端沒日沒夜地工作的我們……」

當人們心滿意足地在沃爾瑪買到一件不到 10 塊美金的衣服時，能想像那衣服是遠在地球另一端某個密不通風、擁擠酷熱的工廠裡，一個未成年小女孩忍著飢餓、被禁止去上廁所、在用眼過度有失明危險的情況下，一針一線縫出來的嗎？

大型連鎖店擠壓小商家生存空間，小城鎮也失去了地方活力

撇開人道不談，沃爾瑪的恐怖之處還在於其對地方產業的毀滅力。

每當一個城鎮出現了沃爾瑪，鎮上的雜貨店、五金行、輪胎店、園藝店等支撐生活機能的小商家，就無法與之競爭，而被迫關門大吉。因為失去了這些支持著地方生氣的商家，許多美國小城鎮竟因此成了死城。

沃爾瑪對地方的影響還包括環境破壞。

因為是大賣場的經營方式，沃爾瑪在各地城郊立起一棟棟的大型倉庫建築，等於是在土地上放了個大盒子，美國人就直接稱這種開發模式為「大盒子開發」（big box development）。原有的農地與綠地被破壞，變成巨大的盒子加上一望無際的停車場，對生態環境的影響自是不言而喻。

不過這幾年來，沃爾瑪為了扭轉形象，開始

那些廉價到不可思議的產品,是無數被剝削員工的血汗和淚水、無數在地產業和城鎮的毀滅,還有無可挽救的環境破壞。

在環境的面向上做一些補救工作,例如宣稱賣場要使用再生能源,或是在大盒子上覆上綠屋頂等,但這些不痛不癢的漂綠小動作,卻怎麼也補救不了沃爾瑪讓世界賠上的社會、人道與環境成本。

挑便宜的商品來買是人之常情,但在企業唯利是圖、罔顧商業道德的企業操作之下,一般人怎麼也想不到低價的背後竟藏著恐怖的高成本。

那些廉價到不可思議的產品,同時也是無數被剝削員工的血汗和淚水、無數在地產業和城鎮的毀滅,還有無可挽救的環境破壞。而這些沒有反映在標價上的成本,只能由社會和下一代來承擔;企業主不負擔任何責任,反而荷包滿滿。他們「成功」的故事被整個社會視為傳奇與典範,經營的手段甚至成為商學的教材。

知道了沃爾瑪的故事,再看看世上其他富可敵國的企業主,讓我對他們的生財法有了不同的看法。每當我在商店中看到便宜到不可思議的產品,更不免心生懷疑,不知道這廉價產品的背後又有著什麼樣的醜陋故事。做為消費者,購買商品除了看品質、比價錢外,我們也要開始注意廠商的道德,以免自己也成了不肖廠商的幫凶。

買在地、吃在地

西雅圖巴勒德（Ballard）區的農夫市集。

　　常買舶來品嗎？常吃進口食物或水果嗎？常常光顧跨國企業的連鎖店嗎？這些行為在我們的觀念中，是進步和富裕生活的一部分，但若現在還崇尚這些消費行為，可就落伍了。

使用在地材料，減少生態足跡

　　現在更酷的反而是：買在地、吃在地，支持在地的產品！

　　就這麼簡單的消費選擇，也能對環保產生大貢獻。貨真價實的在地產品與舶來品最大的不同，在於原料、勞工都來自當地，製造的成品大部分也在本地銷售。

　　本地產品在產銷過程中省去大量的長途運輸需求，代表對環境破壞的減少。因為無論哪一種運輸模式：飛機、貨輪、火車或卡車，不管是跨國界或是跨縣市的運輸，都得消耗化石燃料、排放溫室氣體衝擊環境。

　　從運輸造成的環境成本來看，在地產品比外來品對環境造成的負擔較小。支持在地產品的觀念，早已率先在綠建築的觀念中實踐。

　　在美國普遍使用的綠建築評估標準 LEED（Leadership in Energy and Environmental Design）中，就有對建材來源或是運輸里程的評估。由於建築物需要使用大量建材，因此綠建築除了必須選用較環保的建材，也必須注意建材原料從哪裡來、在哪裡加工製造。

在地食材，新鮮又環保

　　在食物消費上，重視環保、生活品質的族群也開始選擇在地產銷的食品，去有機超市買菜甚至已不是最好的選擇。

　　一位柏林友人告訴我，為了確保自己吃的有機食品來自附近農場，他們大費周章地成立食物合作社，直接向農夫訂購食物。當我住在柏林的 2009 年那段期間，這樣的合作社在柏林有 30 幾個之多。

　　當我旅居西雅圖時，城市中就有許多農夫市集。不少西雅圖人最愛去那裡，直接從農夫手中買到最新鮮的食物。一個西雅圖最大、歷史最悠久的農夫市集（University District Farmers Market）就在華盛頓大學校區旁邊，這裡販賣的食物都來自方圓 100 英里（約 160 公里）以內的農場，也就是說消費者買到的食物，其「食物里程」絕不會超過 100 英里。

　　100 英里雖然不短，但與美國食品平均食物里程的 1,500 英里，也就是 2 萬 4 千公里比起來，實在是小巫見大巫！（參見第 158 頁，延伸觀點〈家鄉滋味的高成本〉）

在這個全球化的年代中，沒想到連「吃」這件再簡單不過的事情，在運輸上都要這麼大費周章。弔詭的是，依照當前世界運作的邏輯，大老遠從別的國家進口食物，在成本計算上反而還比較「符合經濟效益」，顯然「成本」的計算中遺漏了太多看不到的面向。

我們所消費的任何一樣東西的原料來源、製造地點、運銷距離等都代表了對環境衝擊的程度。全球化的結果讓一件平凡的商品變得十分國際化，例如在中國礦石場所採的石材，可能先運到義大利進行雕琢和加工，再移到美國南部的工廠進行包裝，再運到世界上另一個角落的某個建築工地，整個運輸過程的能源消耗之大，可想而知。

全球貿易的結果讓物資流通愈趨頻繁，我們輕而易舉地就能買到地球另一端的商品。商品的選擇增加，理論上消費者應該是最大的贏家，但事實卻不是如此。透過市場競爭，通常資金雄厚、從事大規模行銷廣告的連鎖大企業占有大量市場，讓在地小本產業經營不下去。

當市場上只剩下幾個大型連鎖企業，而本地產業消失殆盡時，消費者的選擇反而減少，怎麼會是贏家呢？我曾經住過 3 個高度全球化、自由市場的地方：美國、新加坡、香港。在我看來，這些地方的消費者可說是徹底的輸家，因為這些地方的市場都被大型連鎖企業所占領了。

以美國而言，從東岸到西岸，在商業區及購物中心的商家千篇一律，幾個大型的企業絕對不會缺席：服飾業不外乎是 Old Navy、Gap，百貨業則是 Wal-Mart、K-Mart，賣電器電腦產品的 Best Buy，辦公文具用品是 Staple，五金及房屋修繕是 Home Depot，餐廳是麥當勞和 Pizza Hut，量販店是 Costco……這些大企業變成美國唯一的公路風景，不斷重複、大量出現，造成視覺極度疲乏。而在新加坡和香港，所有購物中心內能看到的品牌幾乎都一樣，即使煩了、膩了也沒其他選擇，因為大部分在地的傳統小商家早就絕跡了。

我不反對外來商品，市場上適度存在一些外來競爭，可以刺激本地產品提升品質。但是，如果大部分人，在大部分時候所用、所吃的都是大量製造、單一品牌的產品，撇開環保和文化問題不說，這樣的生活還有什麼樂趣可言？

本土商店是環境永續的希望

而近年來，台灣也愈來愈是如此了。台灣已經不折不扣地成為美國企業的殖民地：美國面積是台灣的 266 倍大，美國的速食連鎖店台灣幾乎都有，台北市的星巴克門市密度更直追其發源地西雅圖。

如果認真地統計美國連鎖店在台灣的密度，會不會有一天比美國本土還高？當台灣的商業比美國還要「美式」時，台灣還有特色嗎？

如果自家附近還有堅持賣本地產品、用在地原料的商店，或是堅持用心、少量、慢工出細活的傳統產業，大家一定要盡量支持，因為有了他們，社會才會少些汙染、才能維持多元。如果能夠在本地商家買到類似產品，就盡量不要買連鎖企業大量製造的東西。

唯有消費者的支持，本地產業才能在連鎖霸權的競爭中立足，才能夠繼續提供高品質的商品，抑制連鎖企業以全球性擴張來破壞環境。

這無關「愛不愛台灣」的意識型態，而關乎未來世代子孫的生存環境。

家鄉滋味的高成本

當我還在西雅圖的華盛頓大學念博士時，曾經有幸聽了一場演講，是一位人類學教授分享他對移民的觀察。人類學家告訴我們，中南美洲的移民如何把母國的菜園地景，複製到眾多美國城市的故事。

這位人類學家透過田野研究發現，這些移民所打造的都市菜園，無論是在空間配置或作物種類上，幾乎都與家鄉的菜園如出一轍。他認為，在異地複製家鄉菜園對中南美洲移民來說，是很重要的一件事，除了在表面上滿足了鄉愁，還有更深層或更實用的意義。

任何一個人的身體成長等於是跟從小所吃的食物一起演化的結果；當我們的身體已經適應了家鄉的食物，一旦到了一個新的地方，缺乏身體所熟悉的食物，對身體機能的維護自然是一個挑戰；因此移民在生理上需要家鄉的食物來維持身體機能。

於是，移民到了另外一個國家，異地重塑那個能夠創造熟悉食材的菜園，以料理出有家鄉味的菜色，是很實際也是必然的結果。

旅居異鄉的環境成本

這位人類學者的研究幫我回答了一個自己耿耿

於懷的生態足跡（ecological footprint）問題。生態足跡指的是一個人或國家生活模式對環境生態的影響，用量化的土地面積顯示；數字愈大，代表生活形態所需耗用的土地資源愈多、對生態的影響也愈大。網路上有不少計算個人生態足跡的小工具。

旅居西雅圖時，我算了一下自己的生態足跡，發現自己的足跡居然比一般台灣人平均值還要高！

這讓我感到非常愧疚，我自認是有些環境意識的，也會特別注意自己生活上對環境的影響，即使如此，數值仍然高於一般台灣民眾。

當時，我毫不考慮地將此歸咎於美國不永續的城市規劃（例如，到很多地方都不得不開車）。但這位人類學者的研究提醒我：我忽略了食物里程的影響。

食物的重要性沒有人會否認。在異鄉遊子的生活圈裡，哪裡有好吃的台菜或中菜，永遠是讓人眼睛發亮的聊天話題，尤其對於旅居異國多年的人，食物更是重要。即使我生性愛嘗試不同食物，也不需要天天吃熟悉的家鄉菜，若餐餐吃西式食物我還是會受不了；也許，正因為我的身體是在台灣伙食下演化的結果。

於是，我們這些在美國的異鄉遊子雖不至於自

己種菜來吃，卻也經常捨棄較近的西方超市，不辭千里地往華人超市跑，因為在那裡除了可買到熟悉的空心菜、Ａ菜、芥藍等，還可以買到各式各樣從台灣進口到美國的調味料、零食和雜貨。西雅圖有許多從台灣來工作、求學的人口，隨著台灣人來的除了台灣進口的食材和零食，還有珍珠奶茶，甚至還有壹週刊、時報週刊等台灣本土的八卦雜誌！

在西雅圖，我們長途開車去買菜，就先排放了不少溫室氣體，買來家鄉食物背後的長途運輸成本，又在溫室氣體排放量上加了一筆！

許多在西雅圖華人超市可以買到的熟悉蔬菜，其實是在華人眾多的加州栽種的，即使運輸成本比遠從台灣來低了許多，但那些本來不長在美國的蔬菜，可能需要更多的灌溉和肥料才能生長，也是對環境的沉重負擔。

另一方面，外來物種的引進對本土生態系統有潛在性的威脅，所以許多國家都會嚴格禁止任何種子帶入國境內。許多中南美移民違法將種子帶入美國，才得以複製和家鄉同樣的菜園。移民帶入的種子如果本來就屬於北美洲的原生種，也許不會產生太大問題，但如果違法帶入的種子是繁殖力強、破壞力大的外來種，那就會造成生態上的浩劫。

地球村的時代，人們得以在各國之間輕易地流動。人口在不同國界中的流動，的確有經濟和文化上的好處，我旅居國外17年，知識和心靈上的收穫著實豐富，但免不了為了身體和心理的需求，也在異鄉複製了某些台灣的生活模式，直接和間接地增加了環境的負擔。

原來，人在國外享受良好的學術或工作環境之餘，環境成本可是不小的！

少吃肉，健康、環保、又人道

自從 2000 年旅居國外後，我的身邊多出了許多吃素的友人，不因宗教而為了健康。近幾年，也愈來愈多的友人為了環保而不吃肉；旅居柏林時，甚至認識了因為人道因素而拒絕吃肉的朋友。

不吃肉不但比較健康、還能做環保、甚至兼顧人道，這大概是 3、40 年前當肉品還是奢侈年代的人們意料不到的吧！

要健康，少吃肉！

歷經了瘋狂吃肉的階段，近來，愈來愈多人已經了解，多吃肉不但無益反而有害，於是對肉類的消耗量開始減少。

德國有著深厚的醃肉文化，超過 1,000 種各式各樣的香腸、火腿等肉品在飲食中扮演著重要角色，不難想像龐大的肉食消耗量。但因為體認到過量肉食對健康的危害，德國平均每人的肉食量從 1980 年代後持續下降。然而，畢竟是相對富裕國家，今天德國每人平均肉食量仍是世界平均值好幾倍。

根據 2002 年世界資源組織（World Resource Institute）資料，美國、法國、英國、丹麥、加拿大、紐西蘭等國的每人平均肉食量遠高於德國，這也顯示了世界上少數的富國消耗了多少世界上的肉！

畜牧業是最大元凶，抗暖化，少吃肉！

肉類在歐美非常便宜，甚至比豆腐、蔬果來得便宜，但太便宜的東西當然暗藏玄機。富國人民享用的便宜肉品多來自貧窮國家，而窮國用很低的成本來大量砍伐森林、發展畜牧業；森林的開發造成當地的住民被迫遷離家園、失去土地，便宜肉品因而有高昂的人道成本。

肉類的大量消耗除了造成森林被大量砍伐的生態浩劫外，還有其他高昂的環境成本。家禽家畜，尤其是工業化養殖的，被餵養大量穀類。一口牛肉背後所消耗的穀類，可以讓貧民飽餐好幾頓。而家禽家畜的大量排泄物，也造成嚴重的環境汙染，像是許多台灣人都曾是養豬業所造成河川汙染的受害者。

大規模、工業化的畜牧業其實也是全球暖化的元凶之一。根據聯合國報告，畜牧業占全球溫室氣體排放的 1/5，其造成氣候變遷的「惡行」甚至大於運輸部門！

許多專家學者與環保團體因而呼籲世人少吃肉以對抗全球暖化。像是德國政府就呼籲德國人更積極地減肉食來保護環境。然而，因為就像許多台灣人一樣，多數的德國人仍覺得餐

1、2　德國有著深厚的醃肉文化，超過 1,000 種各式各樣的香腸、火腿等肉品在飲食中扮演著重要角色，不難想像龐大的肉食消耗量。

3　如果偶爾要吃肉，我們可以選擇來自在地農場、用比較自然、有機方式產出的肉品。

點中沒有肉，好像哪裡不對勁。

台灣也曾有民間團體組成「蔬食抗暖化行動聯盟」，用連署的方式推廣蔬食在環保上的重要性，並希望衛生署檢討過時的「每日飲食指南」，提供更符合健康的飲食建議。

我從來就不是特別重視養生的人，但近 5 年來，肉類占飲食的比重愈來愈低，在家除了偶爾來點魚肉外，已經不料理任何的肉類，不再喝牛奶、不吃蛋。

姑且不談環境問題，在講求效率的大規模飼養模式下，動物被囚禁在狹小的空間中、被注射賀爾蒙、飼料中添加了化學物，牠們生出來的奶、蛋、肉已不再「自然」，因此我擔心食用奶、蛋、肉會讓我也一併吃下了對人體不利的物質。

人偶爾吃肉是正常的，但是肉食過度消耗，造成我們必須用非常不自然、不尊重動物的方式來飼養牠們，也造成資源使用不平衡。如果偶爾要吃肉，我們可以選擇來自在地農場、用比較自然、有機方式產出的肉品。不過，在有機食品仍然頗為昂貴的情況下，大量減少肉食才是最環保、健康的做法。

過去遇到吃素的人，我總會好奇他們是吃「宗教素」？還是「健康素」？現在，人們不吃肉的理由也可能是「環境素」或「人道素」。

少吃肉或不吃肉，是對人以外動物的慈悲、對自己健康的重視、對環境保護的責任、也是對其他族群的關懷，好處還真多呢！

比省錢更重要的事

2008 年底,我與夫婿搬到柏林短居半年。在張羅生活必需品的那幾天,我買了一個省電燈泡,用沒幾天卻莫名其妙地壞了,於是我們來到了一家大型電器用品店,打算再買一個。

找到了想要的 21 瓦省電燈泡(相當於傳統鎢絲燈泡的 100 瓦),要價近 8 歐元;而另一邊同樣亮度的傳統鎢絲燈泡,兩個只要一塊多歐元。雖然自己要的是省電燈泡,比價之後卻有些不確定了;在經濟不景氣、荷包縮水,又旅居在外的情況下,該忍痛買省電燈泡嗎?還是乾脆買便宜的鎢絲燈泡?

換購省電家電的迷思!

天人交戰之際,我先生說:「當然是買鎢絲燈泡啦,反正我們的電費是包括在租金裡,省電燈泡又不會讓我們比較省錢!」

經自己的另一半這麼一說,我才開始思考,到底有多少人使用省電燈泡是為了環保目的?又為什麼願意花比較多錢買省電燈泡呢?對環境保護和永續發展而言,這是個重要的問題。

一直以來,無論是公、私部門推廣環保行為時,多是採用省錢利誘的方式,例如美國剛開始推廣綠建築時,正是強調「綠建築在長期上比較省錢」的論述,設法與個人效益掛勾,來影響大眾的行為決策。然而,如果一味地用省錢或是個人效益做為行為改變(例如改用省電燈泡)的誘因,很可能會造成反效果。

2008 年 4 月,世界自然基金會(WWF)一份報告《風向球與路標:處在十字路口的環境運動》(Weathercocks & Signposts: the environment movement at a crossroads),點出了利誘式的環保推廣的謬誤。

報告認為,許多所謂「綠色消費」的環境運動,因為擔心陳義過高,往往不敢直接告訴消費者運動背後的環境目的,也不敢主張太大的行為改變,於是許多環保行為的推廣只能局限在資源回收、換省電燈泡、買節能電器等小動作。

這些行為改變或許可以幫人們省錢,但對環境已經極度惡化的地球不痛不癢。

更糟的是,許多研究指出,民眾反而可能將省下來的錢,拿去做其他更不環保的消費,例如,省了電費卻去買一台更大的電視。如此一來,人們可能在這一頭減了碳,另一頭卻製造更多的碳排放和垃圾,正因為人們省錢行為的背後無涉任何環境目的。所以,在電費已經包含在公寓租金的情況下,省電也不會省錢,一般人自然不會願意多花好幾倍的錢,只為了減少碳排放而買省電燈泡。

減少不必要的消費，才是根本！

　　環保運動必須清楚地讓大眾了解環保行為背後的完整邏輯：省錢雖然是好事一件，卻不是真正的重點，省去不必要的製造和運輸、省去將來會產生的垃圾、省去碳排放，才是重點。與其將焦點集中在推廣像換省電燈泡這樣的行為改變，不如將資源拿來教育民眾減少不必要的消費。

　　地球環境已經非常惡化，人類沒有本錢繼續將時間浪費在不痛不癢、甚至有反效果的「環保」行動，我們必須盡速採取更積極、大膽的行動來減緩氣候變遷的趨勢。

　　此外，進行民眾教育最有效的方法是引誘獨立思考，而不要直接告訴民眾該怎麼做。

　　就像幫民眾列出環保行動清單（隨手關燈、換省電燈泡、冷氣溫度不要設太低、騎腳踏車上班等），或幫民眾想好解決辦法，或用簡單的口號推廣環保行動，雖然方便，卻可能成為不詳加思考的機械性動作。

　　如果民眾能獨立思考，根據個人狀況自行改變對地球環境友善的行為，行為背後的環境意義才能深入人心。

　　天人交戰了半天，最後我們還是買了省電燈泡。雖然電費不用我們自己出，但未來氣候變遷的後果，我們還是得跟所有人一起攤，而那不是多花幾個錢就能了事的。

— PART —

5

城市設計革命，
未來城市的任務

城市整建，其實是孕育一個新的都市生態系統：

一個人與自然緊密互動的生態系統、一個有別於我們傳統認知的「自然」生態系統。

該如何讓這個「混血」的生態系統永續發展？

儘管我們對改造整建工作的大方向很清楚，但卻沒有任何前例可循；

儘管我們可以師法自然的運作，但永遠無法完全複製原始。

城市整建，沒有人確切地知道該怎麼做，

這是人類發揮高度創意、在不斷試驗與錯誤中學習的時候了。

美國夢的真相

曾經，我也做過美國夢。小時候對於「移民美國」有著無限的嚮往，以為移民美國的人，得以拋開擁擠喧鬧的台灣，進入天堂般的先進國度，從此過著幸福美滿的高品質生活。

我的美國移民夢從來沒有實現，甚至連半個移民美國的親戚朋友都沒有。只是當自己在美國求學工作後，我看清了美國夢的真相，再也不想移民美國。

美國夢不是只有我曾做過，許多我這一代以及上一代的台灣人及大部分開發中國家數不清的人，也對美國生活有著美好想望：擁有一個遠離嘈雜都市、坐落在安靜郊區的獨棟洋房，有專用的車庫，有著廣大翠綠的草坪做為私人庭園……

這是典型的美國郊區生活模式，也幾乎是美國夢的具體圖像，包括大部分美國人和外來移民，終其一生的努力目標就是擁有一棟擁有私人庭院的獨棟住宅。

都市蔓延，郊區變成孤島

欽羨這樣生活品質的人們，看不到郊區生活背後極高的社會和環境成本。美國因為國土遼闊，得以讓中產階級也能如願構築自己的獨棟住宅。

美國從 60 年代開始，因應戰後高漲的住屋需求，建商開始興建一個又一個完全由獨棟住宅所組成的社區；同時，也有許多人不想住在擁擠的都市，使得城外的獨棟住宅需求量愈來愈大。於是，這樣的居住模式就從市中心邊緣不斷地向外擴散、複製著。

郊區開發案吃掉了農田和森林，有如皮膚病般快速地在美國國土上蔓延開來，於是綠地被象徵都市化的柏油路、建築物、草皮取代。

雖然這讓許多美國人和移民圓了夢，但都市無限制的擴張卻造成嚴重的問題，於是這種現象被貼切地稱為「都市蔓延」（urban sprawl），而且在都市規劃的領域中帶著負面的意義。

許多都市理論學者開始注意到都市蔓延對社會經濟層面的影響。當多數有能力購置獨棟住宅的中產階級選擇遷居到郊區，原本的市中心人口大量流失，只剩下無力搬到郊區的低下階層，於是市中心漸漸蕭條，治安愈來愈壞。洛杉磯就是一個典型的例子，其市中心幾乎已經成了危險破敗的死城。

都市蔓延所造成的環境衝擊近來也受到了重視。當一個接一個的郊區開發案漸漸啃食掉原本的農地和森林等綠地，直接造成其他物種的棲息地大量縮減。此外，原本自然土壤的透水表面被柏油、水泥等不透水鋪面及草坪取代

後，雨水全部被下水道集中排到河流或汙水處理廠，無法補注地下水，改變了原本的水文循環。直接排到河流中的雨水，容易造成河岸侵蝕；而洗過都市骯髒表面、含有汙染物的雨水，更威脅著以河流為家的水棲動物。

美國郊區的資源利用非常沒有效率。既然大家都有著大庭院、住獨棟房子，人口密度顯然比市中心低，但所需的公共建設卻不見得比市中心少，一樣需要馬路、供電供水設施和下水道等等，但因為只有相對少數的人使用這些公共設施，所以資源利用效率遠比市區低。

住宅蔓延到郊區，而辦公室和商店等，都遠在走路不可及的地方，再加上郊區通常沒有完善的大眾交通系統，使得人們不得不開車通勤、買菜，以及處理生活上的瑣事。於是，汽車變成郊區生活的必需品，住在郊區的人沒有汽車就像沒有腳一樣。

剛到美國時，朋友好心讓我借住她在費城郊區的房子。當朋友全家都開車上班後，我便像是困在孤島上的囚犯，哪裡也去不了，甚至無法在沒有人行道的郊區中散步！這是都市規劃的一大失敗。當人們的生活徹底依賴汽車運輸，就導致溫室氣體排放量增多，加劇了氣候變遷與地球暖化的趨勢。

美國汽車文化的發展，令人嘆為觀止！除了各種為懶得停車和下車的人設計的商業服務外（例如速食店為汽車設計的外帶點餐窗口「得來速」〔drive through〕，連銀行也有存錢提款的得來速），現在建商蓋新房子，只有 1 個車庫已經賣不出去，至少要有 2 個車庫才能符合大多數美國家庭的需求；而有 3、4 個車庫的房子更是比比皆是。有趣的是，因為只要出門就得開車，許多人進出家門完全都只用車庫的門，住宅的正門變成了裝飾品，完全用不到。

美式的都市發展也許提供了表面舒適的居住環境，但是背後的社會和環境成本何其高，這些都將由下一個世代的人來承擔。

撇開社會和環境的問題，郊區的生活模式真可以說是浪費生命。住在郊區每天得花上 2、3 小時通勤的大有人在，渾然不覺生命中有好大一部分時間是在汽車和高速公路上度過。此外，典型的美國郊區環境完全為汽車所設計，面貌單一無趣，盡是一模一樣的房子，以大片無表情的車庫拉門面對街道。於是郊區成為沒有活力、沒有生氣，完全失去特色和地方感的居住機器。

這就是美國夢的真相。是的，美式的都市發展也許提供了表面舒適的居住環境，但是背後看不到的社會和環境成本是何其的高，這些都將由下一個世代的人來承擔。

美國的空間專業界早已嚴厲批判這樣的都市發展模式，然而世界各地許許多多的國家還看不到問題的嚴重性，正在自己的土地上複製著不環保的美國夢。即使連地小人稠的台灣也不例外，不但許多大型的社區開發案林立於郊區山坡，連農地也成為有錢人蓋獨棟豪宅、複製美國夢的地方。

在台灣的土地上構築台灣夢

該怎麼制止都市蔓延呢？目前在美國與歐洲的諸多城市，對都市的空間擴張已經開始進行管制，實行所謂的「成長管理」（urban growth management）。不管是歐洲所推廣的「緊密城市」（compact city），或是美國的「智慧成長」（smart growth）觀念，都屬於都市成長管理的策略，主要做法在於提高原有都市地區的住宅供給量，以減緩都市外圍農、綠地的開發壓力；換句話說，設法增加都市區域的人口密度，成為當前歐美最重要的都市永續策略之一。（不過這樣的思維也不無問題，請參見第202頁，延伸觀點〈永續設計的謬誤〉）

有沒有搞錯，增加人口密度是永續策略？這對飽受都市擁擠之苦的台灣人來說是匪夷所思的！台灣當然不能全盤複製歐美的解決方式，因為增加現有的人口密度只會讓台灣都市環境品質更加惡劣。但是，歐美都市成長管理的核心精神，也就是保護現有的農地與綠地不受開發，的確是我們應該努力的方向。此外，歐美在嘗試增加現有都市人口密度之際，也致力於創造足夠的公共空間，例如公園、兒童遊戲場、會呼吸的綠地等開放空間，來確保高密度環境下的生活品質。

所以，台灣在都市空間規劃上的主要挑戰是，一方面要在都市中創造更多的公園綠地，讓高密度的都市成為適於人居的地方；另一方面則是防止農、綠地變成建地，這是台灣所需要的「聰明規劃」！

然而，在台灣人口眾多的情況下，希望藉由任何空間規劃的手段來提升生活品質，都是非常困難的。

這幾年有機會走訪許多令我羨慕不已、擁有高品質生活的歐美城市，深究他們的空間規劃策略後，我深刻地體會到，台灣都市的生活品質比不上歐美，不是因為他們的都市規劃比較高明，而是因為台灣都市的人口實在太多，在空間和資源有限的情況下，生活品質自然被犧牲。即使歐美目前主張高密度的都市發展，但他們所謂的「高密度」，對台灣人來說仍然是不可奢求的「低密度」狀態。台灣都市人口若不減少，沒有任何規劃手段能夠幫我們打造高品質的都市生活。（參見第171頁延伸觀點〈「增產」真的能報國嗎？〉）

我們目前可以做的，是好好檢討台灣都市的空間運用，設法將閒置用地優先保留為公園綠地，另一方面則設法在現有的都市區域中創造更多住宅。我相信這不需要以犧牲都市綠地的方式來達成，因為我們的都市中存在著大量空屋，對這些空屋的有效率使用，絕對可以滿足不少住宅需求。

此外，台灣城市，特別是台北市，除了在空間結構上的挑戰外，還有房價結構的問題。以大台北都會區而言，許多在台北市工作的受薪階級實在無力購屋置產，被迫住在離工作地點很遠的地方，得花長時間通勤上班。台灣都市高房價的現象並非需求遠高於實際供給，而是炒作下的不合理結果，需要政府用魄力解決。

台灣人忍受次等的都市生活品質太久，我們有權要求更好的生活環境，但這不需要像美國夢一樣建立在對現有農、綠地的蠶食鯨吞上，我們可以改造現有城市空間和房價結構，讓每一個人都得以合理的金錢成本、最少的社會和環境成本，在台灣的土地上創造屬於我們自己的台灣夢！

「增產」真的能報國嗎？

在台灣，結了婚卻還沒有小孩的夫妻，得經常回答「什麼時候生小孩？」「怎麼還不生？」等親友不時丟出的問題。

自從媒體開始報導台灣生育率下降，政府和專家用各種理由來強調生育的重要性之後，不生小孩的年輕夫妻三不五時還會被輿論扣上自私、享樂主義等罪名，儼然成了國家罪人。以前還年輕的時候，即使身在國外，我也偶爾會被朋友提醒應該要「增產報國」。

對於這些善意的提醒，我多半隨便找個理由糊弄搪塞一番，其實打從心底不認同「增產報國」這件事。

許多問題的源頭就在於人口太多

棘手的環境問題，讓政府及專家學者傷透腦筋，總想不出完美的解決方法。世界上也的確沒有完美的解決方案，因為許多問題的源頭就在於人口太多；精確地說，是那些生活模式太過浪費的人太多，也就是生活在富裕世界的我們。我們這些太過浪費的人口愈多，所耗用的資源也就愈多。

於是，我們開發了原本不適人居的洪氾平原和山坡地、以基因改造來製造更多糧食、加深依賴化石燃料、截斷河流建水庫。近幾十年來人類才猛然發現，地球的生態環境愈來愈糟糕，溫度也愈來愈高。

富裕世界的人們雖然知道問題的嚴重性，卻又苦於找不出兼顧生態環境與人類欲望的對策，無論從能源、水資源、城市空間的角度來看，科技都不是永續發展的答案。唯有將人口控制在環境所能承載的範圍內、控制無止境的欲望，永續發展才有曙光。

台灣人是跟著「地小人稠」、「人口過剩」等字眼一起長大的。一個蕞爾小島有將近 2,300 萬人口，許多原本不該被開發的地方都塞滿了人，例如順向坡的山坡地、斷層帶、濕地、洪氾平原等，汙染問題怎麼可能不嚴重？天災來臨時損失怎麼可能不慘重？為了養活大量的人口，我們對環境超限利用，讓台灣被大自然反撲，近年來更成為一個不折不扣的災難之島。

台灣人要是仍不斷「增產」，對台灣的永續前途還真是有害而無益，因此台灣生育率的下降、總人口數下降，應該是值得高興的好事！只是，這樣的說法絕對會招來白眼，甚至可能被貼上不愛台灣的標籤。因為在 21 世紀的今天，台灣民眾和政府對人口的概念似乎還停留在帝國時代，以為人口減少就等於國家衰弱。

但今天台灣的人口總數其實還是有增無減的，不過是「增加的趨勢」在減緩，政府和所謂的專家學者就緊張得不得了，不斷以「人口結構失衡」、「勞動力不足」等名詞來對民眾灌輸生育

率降低的恐怖性。

在乎生育率數字的政府和專家學者似乎認為，台灣人口只能增不能減，而且只要人口一減，社會內部的均衡就會全盤瓦解，這是一個大有問題的邏輯。不可否認，生育率降低的確會對人們習慣的社會運作模式產生衝擊，但是，難道解決衝擊的唯一對策只有「以人補人」嗎？

解決長遠問題必經的短期陣痛期

假設我們要解決停車問題，「興建更多停車場」也許是減輕短期陣痛的方式，但不會是個永續的解決方案，因為停車的方便又更加鼓勵人們用車，衍生更多的停車需求，造成惡性循環。用「持續供給人口」的方式來因應「人口結構失衡」的衝擊，也是同樣短視的邏輯。

報章媒體總將「人口成長減緩」和「高齡化社會」等同於問題的本身，但我們必須搞清楚，人口成長減緩、少子化、高齡化只是「趨勢」而已，趨勢可能會帶來正面或負面的後果，但趨勢的本身並不是實質問題。當前生育率降低，所造成的問題核心本質可能是教師沒工作或勞動力不足等，要解決這些問題絕對有比「鼓勵生育」更高明的永續方案，政府和相關學者能不能至少發揮一些創意？

台灣人口成長減緩及未來總人口數遞減的趨勢

能不能帶來正面效果？也許我們需要經過一些無可避免的陣痛，但我相信答案絕對是肯定的。看看全世界最先進、生活水準最高的北歐諸國：包括挪威、瑞典、丹麥等，人口跟台灣比起來可以說是少得可憐，但是他們仍然可以維持富強的國力。很顯然，除了人口以外，當然還有其他可以讓國家進步的方法。

今天台灣島上的每個人都在抱怨生活環境不好，但不要忘了，你我都是造成環境品質低落的原因。台灣島上大量的人口競逐著有限的資源，在資本主義的遊戲規則下，資源分配永遠不會公平，少數有野心、動作快狠準的人所能爭到的遠多於一般市井小民。現代夫妻每生一個孩子，雖然是增加了社會勞動力，但也為台灣社會增加了一個資源競爭者，所以，「增產」真的可以報國嗎？也許不增產反而對整體社會的福祉更有利。

台灣的人口不但不能再增加，而且必須大量減少。在台灣環境愈來愈惡化、大家都不快樂的今天，人口總數這件事對國家的影響，顯然未被多方面考量。台灣政府與其花費資源在鼓勵生育上，更應該將心力投注於調整老人照護系統、教育系統，以及產業結構上，讓我們可以不用經過太大的社會陣痛來迎接人口負成長的未來。

西雅圖，
可以複製的美國夢

旅居美國後，小時候的美國夢雖然徹底破滅，但在西雅圖，我看到了一個不一樣的美國夢，或許那是一個還未達成的夢想，但卻是所有城市都可以努力複製的精神。

美國不永續的生活型態和都市發展模式，讓曾旅居美國的我多少也成了全球環境惡化的幫兇，但住在西雅圖讓我覺得自己的「罪行」似乎可以減輕一些。因為在環境保護上，西雅圖一直是美國最為前進的城市之一，而這個城市在對抗全球暖化的領導作風，讓做為過客的我都覺得與有榮焉。

發動城市連線，西雅圖顯示決心

西雅圖的永續規劃，可追溯於聯合國氣候變遷協會（Framework Convention on Climate Change）在 1997 年通過的京都議定書。當時共有 141 個國家簽署，同意減少溫室氣體排放減量，然而長期以來溫室氣體排放量居全球之冠的美國卻拒絕簽署。

2005 年 2 月 16 日，京都議定書正式生效，美國中央的聯邦政府雖然置身事外，但許多城市卻在同一天聯合起來，誓言以地方城市的力量來達成京都議定書所規範的目標。

發起這項城市連線行動的是當時的西雅圖市長尼可（Greg Nickel）。身為美國公民，尼可市長深為當時的美國總統小布希拒絕簽署京都議定書、拒絕正視日益惡化的全球環境行為感到羞恥。既然聯邦政府不採取任何行動，尼可市長決定聯合全國各地大大小小城市的市長，以城市為單位，訂定策略來達成溫室氣體的減量；他相信，如果全美許多城市都能有效減低溫室氣體的排放，那麼美國整體的排放量必能降低。

西雅圖發起了這項城市行動，就必須提出策

美國是個高度仰賴汽車的國家，西雅圖也不例外，其溫室氣體排放大部分來自於汽車所排放的廢氣。

在環境保護上，西雅圖一直是美國最為前進的城市之一。

略顯示其決心，因此尼可市長召集專家學者，擬訂「西雅圖氣候行動方案」（Seattle Climate Action Plan），讓西雅圖達到京都議定書的規範：在 2010 年前減少 68 萬噸重的溫室氣體排放量。一般成年的大象約 8 噸重，這相當於 8 萬 5 千隻大象的重量！

多管齊下，成為全美的典範城市

那麼，西雅圖採取了什麼樣的城市行動來面對棘手的全球暖化議題呢？美國是個高度仰賴汽車的國家，溫室氣體排放有很大部分來自汽車所排放的廢氣，西雅圖也不例外。因此西雅圖多管齊下，致力拓展更多的通勤選項，包括大眾運輸系統、腳踏車及步行，減少人們對自用車的依賴。

西雅圖有很長的一段時間，唯一的大眾運輸系統就是公車。因此政府第一步要做的，就是改善大眾運輸系統。2009 年，一段南北向的輕軌電車系統終於開通，之後該路線又向北延伸。目前，西雅圖終於有一個方便又值得信賴的大眾運輸工具，希望能夠減低開車的需求。第二，在建造輕軌電車系統的同時，也著手規劃腳踏車道及行人環境，將城市中的自行車專用道從原本的 25 英里提高為 50 英里（80 公里），同時也增加 200 個行人專用坡道、改善 50 個行人穿越道來為市民創造更舒適的步行環境。第三，實施道路收費制度，依使用者付

©Ramanathan, I. Kathiresan@flickr

費原則，在不同的道路上依不同費率對開車族收道路使用費。第四，對商業停車場增稅，以高停車費來抑制開車的欲望。第五，增加市中心的住宅數量，讓人們可以住得離辦公室近一些，減少長途通勤的需要；另一方面，也藉由法令來限制郊區的無限制擴張。

西雅圖氣候行動方案中也包括讓車輛更省油策略，並增加使用植物性燃油，如公車系統已全面採用生質燃油（biodiesel fuel），並大量使用不排放廢氣的電車（electric trolley）；同時，油電混合的公車也早已取代原本的舊車種，不但更省油，也減少約9成的溫室氣體及其他有害氣體的排放。建築物的營造與電力使用，是另一個溫室氣體排放的大宗，因此成為行動方

案的重點。西雅圖是美國第一個規定公家建築興建必需符合綠建築標準的城市，甚至在建築節能的規範上特別嚴格，希望透過良好的設計來達到節能效果。

西雅圖氣候行動方案沒有忽略民眾的教育宣導。基於「只要大家同心協力，西雅圖可以開創新局面」（Working together, Seattle CAN make a difference!）的信念，市政府架設了名為「西雅圖馬上氣候行動」網站，讓民眾認識全球暖化，並提供對抗暖化的生活撇步。

西雅圖市政府在推動一連串的政策和宣導之際，自己也以身作則，以一系列的行動來減低市政府運作的溫室氣體排放量。例如，2003年才落成的市政府新建築就是經過認證的綠建築，其他相關的行動包括對市政府員工施行抗暖化行動的相關訓練、購買環保節能的公務用品等。

在這一連串的行動和計畫中，我看到尼可市長和西雅圖人正進行一個野心勃勃的計畫：徹底改造那個已經破碎美國夢。2005年，全美各地的市長共同推舉西雅圖為全美最適合人居的大城市，原因就是西雅圖的抗暖化行動，尼可市長的遠見和環境上的施政，讓這先天就擁有絕佳條件的城市，成為更適合人居、更積極邁向永續的城市。西雅圖在氣候及環境保護上的積極行動與態度，可以做為台灣城市的借鏡。

台灣的政經民情和氣候環境和西雅圖有著顯著的差異，因此溫室氣體排放減量的策略上也應有所不同。但西雅圖讓我看到了地方政治人物的遠見和魄力，這是無論台灣的地方政治人物或民間團體都可以學習的精神：即使在全國性的議題上，地方也不需要等待中央先採取行動，可以積極地用地方力量來尋求改變。

到達里程碑之後：西雅圖溫室氣體減量的啟示

從 2005 年開始，西雅圖就積極從事溫室氣體減量的工作。開展了一連串的相關行動後，市政府在 2007 年底發現，其實在 2005 年，西雅圖就已經達到京都議定書的減量目標了！京都議定書規定 2010 年的溫室氣體排放量必須比 1990 年的水準低 7%，而西雅圖在 2005 年的排放比 1990 年的水準低了 8%。這個消息顯示西雅圖在溫室氣體減量的努力中，已經達到了一個里程碑，領先其他美國城市。

然而，達到京都議定書的里程碑，卻不能代表西雅圖在對抗氣候暖化這場戰役中的成功，西雅圖還有許多棘手問題要解決，尤其是交通運輸的排放量與 1990 年比起來不減反增，民眾仍然大量倚靠私家汽車而非大眾運輸系統。那麼西雅圖為什麼能夠相對快速地到達京都議定書的標準呢？到底是西雅圖相關減量政策太成功，還是京都議定書的標準過於寬鬆？

提前達到目標？弔詭的數字遊戲

數字是人們設立目標、訂定行動的方便媒介，但用數字做為衡量事物的絕對標準卻是危險的。數字雖然會說話，但數字也隱藏著許多問號：例如，溫室氣體排放量到底怎麼計算的？方程式中忽略了哪些因子？排放量的帳面數字降低，並不代表城市活動對氣候環境的影響減少；排放量減到一定的水準，更不表示人類已成功地扭轉氣候暖化的趨勢。

我們必須記得，人類目前所面對的環境挑戰遠多於溫室氣體減量，但僅以某個減量里程碑為目標，容易讓大眾以為達到那個目標任務就結束。而且，當所有的焦點都集中在「減量」這個極簡化的目標時，減量手段的合理性及背後產生的其他環境和社會衝擊，往往被忽略。

帳面上，西雅圖的溫室氣體排放量能比其他城市低，其中關鍵因素就在於這個城市的供電系統並非來自化石燃料，而完全來自被草率歸類成「乾淨能源」的水力發電。負責供電的西雅圖電力公司（Seattle City Light）在華盛頓州建造了許多水壩，自 1990 年之後就完全仰賴水力發電，同時以碳交易來達到帳面上所謂的「碳中和」（carbon neutral），該公司也因此成為全美第一個達到碳中和的電力公司。

但是水力發電真的乾淨嗎？一點也不。根據研究，大型水庫其實也排放不少溫室氣體，而且在熱帶地區，水庫排出的溫室氣體甚至可能比火力發電廠還要多。然而，水力發電的溫室氣體排放，並未被納入計算的方程式中，水壩所造成的生態

破壞以及因為迫遷所導致的社會成本，也絕不乾淨。另外，西雅圖的溫室氣體減量中有少部分「歸功」於碳交易，那些溫室氣體量並沒有真正減去，而是透過付錢給其他國家或組織來替自己的碳排放「贖罪」後，在帳面上抵銷。根據西雅圖市政府的資料，若不納入碳交易的減量，西雅圖其實並未達到京都議定書的標準。

抗暖化作戰，不能停止的漫漫長路

當前西雅圖溫室氣體排放的大宗來自交通運輸，最棘手的問題在於如何降低人們買車、開車的需求。雖然西雅圖的大眾運輸系統可能遠比其他美國城市來得完備，卻遠不足夠；再加上道路四通八達、停車便利，開車仍是最佳、甚至唯一的選擇。不僅如此，都市規劃仍然跳脫不出為私家車輛服務的思維；在文化上，從 10 個電視廣告中就有 9 個跟汽車有關的現象中，就可以看出西雅圖人是難捨汽車的。

其實，西雅圖還能夠提前抵達京都議定書的里程碑，遙遙領先其他城市，反而令人為地球的前途更加擔憂，顯然京都議定書的標準太低。學者預測，未來 50 年大西雅圖地區的人口會急速增長；在不可抗拒的人口成長趨勢下，如何減少自然資源耗用、甚至整建對環境的破壞，是一個巨大考驗。抗暖化是場難打的仗，因為我們要對抗的不是氣候，而是自己。

西雅圖人很清楚，未來的工作還很艱鉅，到達京都議定書的里程碑絕不算成功。

水泥叢林變綠色城市

　　都市常被形容為水泥叢林，但灰壓壓的都市相較於自然的叢林，並沒有什麼生態功能。當叢林成為無法透水的建築物和道路，沒有植栽和泥土的覆蓋，許多動植物再也無法在水泥叢林中生存。

　　近幾十年來，全球都市化程度激增，人口愈來愈向都市集中，都市內與都市邊緣的綠地也愈來愈縮減。台灣許多都市近郊山坡地已淪陷為密密麻麻的住宅區，大量的農地不種作物，而是長出違建工廠和豪華「農舍」，於是野生動物的棲息空間急遽縮減，大量動植物滅絕或瀕臨絕種。

都市的綠寶石，
但不是所有的公園都是綠地

　　森林、草原、濕地、河流等未被開發的自然環境，以及農地都可以被定義為綠地。除了為我們帶來視覺和心靈上的紓解，這些綠地提供許多生態系統服務：做為各類生物的棲身之所，保護生態多樣性；讓雨水進入土壤中，補注地下水；緊鄰河道的濱水區、濕地，以及洪氾平原等綠地，有蓄洪與滯洪的功能；綠地還可以淨化空氣和水質、調節微氣候，減緩都市的熱島效應，並可協助吸存二氧化碳，幫地球

減碳。綠地對人類的好處數不完。此外，研究還發現：綠地可以提升身心靈健康，甚至增強腦力。

　　城市中的綠地，更為珍貴，是都市人不可或缺的「綠色基礎建設」（green lnfrasturcture）。城市中的綠地本來就所剩無幾，每再失去一塊綠地，等於是損失了無價的生態系統服務，是都市生活品質上的劇烈折損。都市綠地通常以公園的形式出現，但不是所有的公園都可以稱為綠地。許多公園充滿太多的水泥化設施和不透水鋪面，既沒有足夠的植栽供動物棲身，也無法補注地下水，更遑論幫市民淨化空氣與水質、減緩都市熱島效應。公園沒有綠地的原因，是因為從民眾到政府，甚至設計者對公園的定義僅在於提供休閒娛樂，而沒有考量公園的生態功能。另一方面，也因為台灣崇尚開發主義，人們貪心地希望任何一塊土地都能做最有「效率」的利用，於是許多公園即使地面上看起來綠意盎然，地面下卻是停車場。例如台北市的大安森林公園結合地下停車場與公園，雖達成「多功能」的土地利用，卻失去了涵養地下水的功能，其森林之名，不副其實。

　　台灣都市中常見的河濱公園，是另一個沒能發揮生態效益的例子。許多河濱地帶雖然因為水患治理需求而免去了被建築物占據的命運，

米蘭一建築牆面上的「垂直花園」，栽種多樣的植栽。

但這本來有豐富生態多樣性的水陸交接地帶，在人們眼中是不用就浪費的閒置地，往往被換上單調的草皮或鋪上水泥，建設成毫無生機的河濱公園，或是做為球場、停車場。但這樣的河濱公園，不但不利魚類、兩棲動物，及水岸鳥類棲息，對水患治理也沒有太大的幫助。

然而，台灣還是有把水泥叢林變成綠色城市的機會，我們可以從三個大方向著手來慢慢建立都市的生態功能：保護都市內外現有的綠地免於開發、將現有的公園改造成具有生態功能的綠地、多管齊下增加都市的綠覆率。

創造生態綠地，都市也會有生機

保存都市內外的現有綠地，是最緊迫的事。已經人口稠密的都市不該進行沒有必要的大規模開發，民生必需的開發案應該以「再開發」的方式來進行，優先選擇都市範圍內已被開發過、本來就喪失生態功能的土地來開發，例如危樓和空屋所在的基地，或是平面停車場，而都市中絕不乏這樣的機會。

台北市松山菸廠的大巨蛋開發案在還未施工之前引起爭議，遭到社區居民和環保團體的反對，正是因為在過去幾十年來，菸廠區已經成為一個綠意盎然、充滿生機的生態環境，是都市中難得的生態資產。但大巨蛋開發案對台北的發展沒有任何急迫性，政府和建商卻執意要毀去價值連城的綠地，實在是短視近利。

台灣許多都市公園都需再造，改造之前我們可以先對現有的公園做簡單的體檢：看看公園中是否有太多無謂的硬鋪面？是否有足夠的植栽和可以透水的區域？是否可以看得到鳥類、蝴蝶和蜻蜓等小動物？

減少硬鋪面以增加透水面積，擴充植栽的數量與多樣性，是改造公園的兩個簡單大方向。草坪是許多人對公園的刻板印象，雖有綠油油的外表，卻沒有生態功能，不但需要耗費大量的化學肥料與灌溉水來維護，它的透水性比起水泥或柏油鋪面不會好到哪裡去。都市公園的設計應該避免純裝飾性的草坪，只有在人們真正會活動的地方再使用草坪。

從水患治理的角度而言，河濱公園的改造更是急需進行的工作。試想，如果河濱地帶有著多層次的植被，洪汛時不但可以減緩洪水流

不管是垂直綠化或綠屋頂，植栽選擇適合當地環境的本土植物，不但不須太多人為照料，還是原生動物的最佳棲息環境。圖為新加坡的垂直綠化案例。

速，還可以像海綿一樣地吸水，提供更佳的蓄洪和滯洪功能。這不代表都市河濱地帶不能做為公園使用，但河濱公園的設計必須更聰明：與其設計成使用率不高、洪水一過還得花大錢清理的公園，還不如成為兼具生態、防洪、教育與休閒功能的溼地公園。

很多人可能以為，台灣的都市已經那麼擁擠，給人住的地方都不夠了，哪還能騰出空間給植物？其實，在城市中，不是只有大片的綠地才能夠發揮生態功能，許多的「小綠」集結起來也可以發揮大功能。台灣人其實很有創意，早就已經用各種方法在擁擠的都市空間中擠出一些綠意，巷道中隨處都可以看到人們在自家陽台和鐵窗上放置許多盆栽，甚至把原本光禿禿的屋頂布置成屋頂花園。

水泥叢林中的確不乏創造綠意的機會，我們可以多管齊下，對建築屋頂、牆面、人行道加以綠化來增加都市綠覆率，用「綠屋頂」或是「垂直花園」（vertical garden）等綠化技術，讓原本沒有生機的水泥也能夠發揮生態功能。

2009 年 5 月我走訪義大利的米蘭，令我驚豔的不是她的時尚，而是到處可見的建築綠化巧思，再加上許許多多的屋頂花園，讓這個缺乏樹木的古老城市，也綠意點點。近年來，自詡為「花園城市」的新加坡，更在「垂直綠化」（vertical greening）上有許多積極作為，讓這個城市成為名副其實的花園城市（garaden city）。

綠色基礎建設是城市整建的關鍵。城市有了綠色基礎建設的支持，不但市民活得健康，小動物有了舒適的家，都市也將會愈來愈有生機、愈來愈能夠跟著自然的脈動一起呼吸。

整建城市的目的，不在於讓都市的生態功能和原始森林一模一樣；但即便都市畢竟不是森林，但卻可以向森林學習，設法發揮更多的生態功能，提供人類所需的生態系統服務，讓人與其他原生物種都能健康地在都市中和諧共生。整建城市，其實是孕育一個新的都市生態系統：一個人與自然緊密互動的生態系統、一個有別於我們傳統認知的「自然」生態系統。今天，我們所面臨的挑戰是：該如何讓這個「混血」的生態系統永續發展？

整建城市，沒有人確切地知道該怎麼做，這是人類發揮高度創意、在不斷試驗與錯誤中學習的時候了。

從灰色建設到綠色建設

城市不只是人與建築的集合而已，它其實也是一個複雜的生態系統，是人與自然環境、自然作用互動後的結果。和森林、草原、河流等生態系統不同，城市是一個以人為主要物種的生態系統；但和其他自然生態系統相同，城市也有物種間的競合與互動、能量和物質的流進流出，也同樣是由許多不同的次級系統所組成。

現代城市的運作，除了社會經濟制度的軟體系統以外，也由許多硬體的公共設施系統所支撐著，像是交通運輸、能源電力、廢棄物處理、下水道系統等，它們支配著人、能源、水，以及廢棄物的流動，也決定了城市對周遭環境的影響。

一直以來，人類在設計上述的城市運作系統時，都沒有考量對整體生態環境的傷害。過去一個世紀以來，人口以及欲望無節制地增長，更是帶動了大量的土地開發和空前的資源耗損；研究顯示，現代城市的土地利用、能源生產及消耗、交通運輸、廢棄物產出及處置、水利工程等系統的不良設計，必須要為當前的環境浩劫負起最大的責任。

要讓城市的運作與自然系統和諧共生，我們得先檢討這些面向，改造相關的公共設施系統，讓所有的灰色建設都成為綠色建設，確保城市中物質和能量的流進流出不造成環境災害。

城市的物質和能量流動過程，例如資源的擷取（包括能源、水和其他自然原料）、汙水與廢棄物排放等，必須與其他生態系統（例如城市中的河流）共生互惠，才有資格稱為「生態城市」或「永續城市」；即使無法對其他生態系統產生正面幫助，至少不能產生嚴重破壞。以目前現代城市對環境破壞的程度而言，永續城市是很高的理想，但這不代表我們就該雙手一攤、什麼也不做。

能源系統、交通運輸系統和水利系統，是城市中重要的基礎設施，以下我簡單討論這三個系統，並介紹改造的方向，因為這些系統是城市規劃設計者在改造城市時可以施力的地方。只是一直以來，城市規劃設計者僅著眼於城市的空間結構，而基礎建設則被視為土木工程師的事，兩個專業明明息息相關，但鮮有對話、各行其是，可是邁向永續城市的工作，需要空間專業者和工程師密切合作。

從低碳向低能源城市邁進

現代城市在電力、空調及運輸上有大量的能源需求，因此人類在大地上鑽油採礦，直接造成了全球性的生態破壞；而且，化石燃料的使用及其所排放的溫室氣體，也成為氣候變遷的主要元凶。許多人以為，解決能源的環境影響的解答就是替代能源，但這不過治標而不治本，因為，對於任何事物毫無節制地大量使用，都會產生意料不到的環境問題。

要治本，就要減低能源需求，除了使用真正乾淨的替代能源成為一個「低碳城市」外，我們更應該朝向「低能源城市」的目標前進，減少直接和間接的能源使用。

能源的議題牽涉廣泛，但建築物和交通是城市能源使用的大宗，所以我們可以先從這兩個層面改革，來減低能源的耗用。由於市面上已有不少介紹建築節能技術的書籍，在此就不做著墨。

城市動脈——
用多元方案取代汽車道路網

交通運輸系統關乎著人們移動的方便性。當汽車取代馬車，開啟了前所未有、快捷舒適的移動

自由時，恐怕沒有人預料到以化石燃料驅動的汽車，會對生態環境造成空前的破壞。

現代城市規劃基本上是鼓勵使用汽車的，在許多城市中，沒有車幾乎無法正常生活。典型美式交通規劃思維讓這個問題更加嚴重，因為理所當然地假設大部分的人都擁有車，而且到任何地方都會開車，因此致力於提供寬敞的道路和足夠的停車位來解決交通問題，造成許多現代城市儘管擁有一流的汽車道路網，卻只有三流的、甚至根本沒有大眾運輸系統。

台灣也同樣面臨這樣的問題。除了台北，其他城市因缺乏完善的大眾運輸系統，基本上沒車就等於沒有腳。台灣好於學習美國的規劃模式，在城市發展上也是傾全力滿足汽車族需求，大肆地造橋開路，即便今天，台灣各地仍然有許多拓寬道路的工程。然而，更長更寬的道路不但破壞環境，也鼓勵了人們益加使用汽車，造成化石能源的大量耗用。

如何用最少的能源、以不破壞環境的方式來滿足交通的便利，有賴規劃思維的改變：運輸系統的設計不能以滿足某種運輸工具（例如私人汽車）為主，必須回到交通的本質：如何讓人們在任何時間都能方便前往任何地點，才是目標。

最理想的城市，其生活機能在步行可及之處就能滿足；若有中距離的交通需求，可以用單車或地方性的大眾運輸系統（例如公車、輕軌電車或地鐵）取代；長距離的交通需求則可仰賴鐵路系統。規劃生活機能健全的社區、可以舒適步行及騎乘自行車的環境，以及便利的大眾運輸系統，都是邁向綠色交通的重要做法。

城市靜脈 ——
屏除工程迷思，和水和平共存

水利系統關乎著水的流動。許多現代城市的供水多仰賴城市以外的水資源，通常是河川上游的大型水庫。水庫的建設雖然暫時滿足了用水需求，但也嚴重影響自然水文及河川生態，更因為淤積問題，導致壽命有限；所以小小的台灣儘管已有 50 餘座水庫，卻仍走不出缺水危機。

另一個與城市有關的水利工程是雨水下水道，任務在於將雨水迅速排離城市以避免積水及淹水。但這樣的系統設計不但阻絕了雨水滲入到土壤補充地下水的機會，也擾亂了河流水文並破壞河川水質；另一方面，下水道系統雖是為防止淹水而設計，往往卻在雨量最大、人們最需要它的時候失靈，造成嚴重災難。

此外，為了防止海水倒灌、河川氾濫，工程師將防波堤、堤防、防洪牆等各種水泥硬體工程加諸於河道或海岸，就像水庫一樣直接摧毀了自然環境；而一次又一次的水患，也顯示這些工程無法提供真正的安全保障。

在人定勝天的心態之下，現代水利系統的終極目標主要是控制水的流動，期望任何時候水都不要太多（因此用堤防來擋），也不要太少（因此用水庫儲水），一廂情願認為工程可以控制自然的水文循環，但現代水利工程對生態環境影響甚劇，卻不見得可以有效地控制自然，可以說是得不償失。

過去，人們一直以為水汙染是對河流最大的威脅，但近來科學家的研究告訴我們，河川水文的改變（例如因水庫以及堤防等水利工程影響了河川的高流量與低流量、乾旱和氾濫的規模及頻率等），對河川生態的衝擊一樣劇烈。因此，城市水利系統在滿足城市需求的同時，必須同時設法尊重自然水文型態，不要造成生態系統不能負擔的水文改變，這就需要水利工程師和城市規劃設計專業者共同發揮創意了。

受傷的土地變公園

2007 年 1 月，西雅圖市中心臨水岸的「奧林匹克雕塑公園」（Olympic Sculpture Park）正式開幕，一般遊客可能很難想像，這裡曾經是一塊被徹底放棄的受傷土地。受傷的土地重見世人，不但呈現許多世界級的藝術品，也驕傲地向世人展示著西雅圖得天獨厚的壯麗山海景觀。

創新設計，
讓交通幹道也成為公園一部分

過去這塊地被用來儲放石油，有著嚴重的土壤汙染，閒置了好幾十年，是西雅圖市中心最後一塊尚未被充分利用的水岸土地。

這塊地雖然有著嚴重的汙染，還被車流繁忙的艾略特大道（Elliott Avenue）一分為二，但是面對著海灣及遠方山頂終年覆雪的奧林匹克山脈（Olympic Mountains），視野極佳。

於是在 1999 年，希望成立一個戶外雕塑公園的西雅圖美術館，在企業家的捐款支持下買下了這塊土地；之後，又在西雅圖市政府的協助下，一併將鐵道旁緊鄰海灣的狹長土地也納入雕塑公園的範圍。

理想的基地取得了，接下來就是尋找設計師。透過設計競圖，館方選擇了來自紐約的「衛思／曼菲地」（Weiss/Manfredi）事務所做為奧林匹克雕塑公園的主設計師。

雕塑公園的基地被兩條交通要道 —— 艾略特大道和鐵道穿越隔離成三塊；而且，從基地最東側的最高處到西側最低處的水岸，有 12 公尺的高差。

針對這樣的基地特性，「衛思／曼菲地」設計了一個超大 Z 字形坡道，再加上約 15 萬立方公尺的土方，將高度不同且分離的三塊地巧妙無痕地連結起來，這個 Z 字也成了公園的主要設計。

這樣簡單有力的設計手法，正是「衛思／曼菲地」贏得競圖的主因，但這形式漂亮之處，不只在於處理基地高差和交通隔離。

設計師大可直接設計一個從西大道（Western Avenue）最高處一路到水岸的大斜坡，將艾略特大道及鐵路放到隧道中掩蓋起來，即使如此坡度也不會太陡，也可以將一般人視為醜陋吵雜的鐵道和車道藏起來，創造一個表面寧靜的典型公園。

然而，設計師與其將交通廊道視為障礙，反而是巧妙地利用轉折的坡道將火車和車流納為基地生命力的一部分。火車和汽車的聲音也融入雕塑公園的空間經驗，這是我認為設計師在形式創造上最成功之處，它讓都市公園真實地

1　雕塑公園的基地被車道及鐵道穿越隔離成三塊，一個超大 Z 字形坡道將這三塊分離且高度不同的基地巧妙無痕地連結起來。（Sarah Durke 攝）

2　公園 Z 字形的空間骨架形成許多銳角。（陳智毓拍攝）

3　車流也是公園的一部分。

4　馬克‧迪昂（Mark Dion）專門為奧林匹克雕塑公園所設計的作品「紐康溫室」（Neukom Vivarium），結合了溫室建築、腐木及植物、生物過程與教育，也結合了藝術與自然科學。長達18公尺的哺養木被放置在一個浸淫著綠光的溫室建築中，持續地腐化並支持其他生命的開展。藝術家藉此呈現自然的循環和複雜過程。（徐名頤 拍攝）

5　公園水岸整建的迷你海灣。

反應出所處的環境特性。

　　既然鐵路和車道都屬於公園的一部分，事務所主持人之一的馬莉安‧衛思（Marion Weiss）在一場對西雅圖市民說明設計概念的發表會上開玩笑說，奧林匹克雕塑公園絕對會是每日最多人參觀的公園，因為坐火車及開車經過這個公園的人，都可算入參觀人次！

從山到水，連生物也喜歡的設計提案

　　做為一個公共空間，奧林匹克雕塑公園不只因藝術而特別，也因它對環境的責任而特別。公園在籌畫之初，就設立了兩個主要的目標，除了藝術以外，另一個是生態整建。

　　主導奧林匹克雕塑公園整個空間設計的「衛思／曼菲地」，雖然善於創造美學形式，卻不是生態設計與整建的專家，因此，西雅圖美術館找來了擅長將生態融入設計的地景建築師安德森（Anderson）加入設計團隊。

　　在安德森的眼中，公園Z字形空間骨架雖然強而有力，但造成許多銳角，完全牴觸風水；著迷於東方「陰陽調和」觀念的他，認為必須利用有機的生態系統來調和尖銳的形式。

　　另外，他也認為奧林匹克雕塑公園不能只讓人們喜歡，也要讓鳥類及昆蟲喜歡；而且公園不能只吸引典型的都市物種，例如烏鴉及鴿子，也要能吸引較少見的物種。

　　為了呼應公園基地從內陸一直延伸到水岸的空間特質，安德森提出了「從山到水」（From Mountains to Water）的設計概念，把太平洋西北地區從山脈到海岸的不同生態系統呈現在雕塑公園中。他創造了4個濃縮版的生態系統，盡可能以本地原生植物來塑造各個系統的特徵。

　　公園最內陸的低窪露天劇場被設計為「谷地」，種植了西北地區典型的常綠樹和落葉喬木，形成混合林相。

　　緊接著谷地的是有開闊視野、被Z字形坡道貫穿的「草原」，占了公園大部分面積，是

藝術家進行地景藝術創作的主要空間。

西北地區草原這裡之所以能維持其樣貌，是因為野火等自然擾動讓樹木無法成功生長，而做為創作空間的草原，某種程度也有著類似的機制：藝術施作的過程也像是自然的擾動，讓草原維持開闊的特質。

隨著斜坡高度下降，接下來則是由白楊樹組成的「樹林」生態系統。白楊樹是落葉樹，不同的季節會創造出不同的視覺和空間效果；而由於獨特的枝幹結構，起風時還會產生悅耳的沙沙聲，成為空間經驗的一部分。

臨海的生態系統則是「潮汐海岸」，也是雕塑公園在生態整建上最引人注目的地方。

未成為公園之前，這裡的海岸線有著典型都市水岸的空間特性：直立海堤取代原本礫石沙灘的多孔隙空間，不但不利於鮭魚等魚類的棲息和覓食，也不利水中植物生長，是危險又單調的環境。

設計團隊原本計畫將基地內的海岸線整個回復成礫石沙灘，但最後因經費限制，僅在北邊海岸重建一個迷你海灣；其他無法整建的水岸，則只能採取「補償性」的措施：緊貼著海堤堆置許多大石塊，稍微增加魚類躲藏的孔隙，也種植了適合沿岸動物食用的植物，包括洄游鮭魚所喜歡的褐藻。

即便設計團隊無法全面整建基地沿岸生態系統，但奧林匹克雕塑公園在都市水岸的改善上也算是跨出一大步，而迷你海灣的小礫灘也成為西雅圖市中心唯一可以親近海水的地方。

此外，「從山到水」的公園生態系統，也開始有生物稀客來訪。安德森興奮地告訴我，他已觀察到一、兩種以往在市區少見的鳥類了！

只能看不能碰，美學教育只做了一半！

奧林匹克雕塑公園雖然是個賞心悅目的公共空間，卻也不乏缺點。

在園內的主要雕塑品旁，都可以看到斗大的「請勿碰觸」標示，加上一串文字說明這些藝術品如何脆弱云云，讓它跳脫不出傳統美術館的窠臼，讓公共藝術只是公共場所中的冰冷裝飾品，令我失望。

藝術家理查塞拉（Richard Serra）精采作品「船跡」（Wake），由5個巨型S形鋼片構成，強調以穿梭其間的身體經驗來改變空間觀點。但如果民眾不能以身體的觸碰來感受這件雕塑，實在無法深刻實際體會藝術家想傳達的精神。

雕塑公園既然企圖將藝術融入公共空間，就應該讓其成為真正的公共藝術、成為空間的一部分，允許市民用手觸摸、用身體感受，讓藝術品與人產生互動。

經費、本質條件與時間限制，讓生態環境與空間形式無法同樣精采

奧林匹克雕塑公園另一個缺憾，在於其所宣稱的「土地復育」其實是假象。

這個案子雖然成功地活化了都市閒置空間，受傷的土壤卻沒有真正獲得治療，僅輸入大量乾淨土壤覆蓋住原本嚴重汙染的土壤，改變了基地的皮相，卻沒有改變土地汙染的事實。

在雨水逕流的治理上，公園沿用傳統下水道系統將雨水直接排入海灣，而非使用自然排水系統，是又一個令人失望的地方。目前公園已經產生排水的問題，因為許多擋土牆阻礙了地下水流，再加上典型的下水道系統無法完全控制雨水，往後只能靠投入大量的金錢和人力來

維護排水設施。

在西雅圖的空間規劃專業界中，使用自然排水、結合自然機制和空間設計來處理雨水逕流，幾乎已是地景設計中不可或缺的元素。儘管安德森一再主張要加入這項設計，但主設計師「衛思／曼菲地」卻對這方面沒有興趣。

但是，雕塑公園的雨水逕流治理的確有其限制，必須確保降到上方土壤的雨水不會入滲到下方的汙染土，以免汙染地下水；若要進行自然排水，得採取更複雜的設計。西雅圖美術館方並不願為此增加預算，因此身為綠地的雕塑公園，無法真正發揮涵養地下水的功能。

在重視水資源與鮭魚保育的西北地區，一個打著藝術與生態名號的都市綠地，卻忽視基地排水對海灣生態的環境衝擊；而且，選擇以昂貴的自來水澆灌公園的植栽，而非截留利用降到基地上的雨水，這樣的設計離真正的「生態設計」精神有很大一段距離。

如果公園設計能夠結合土壤整治，以生態過程慢慢淨化土壤，那才是真的復育，達到土地重生的目的，也更容易治理雨水逕流。

這個案子不願面對土壤整治的挑戰，反映了一個現實：土壤一旦被汙染，要徹底整治有如登天之難。技術不缺，但卻需要龐大的財力、人力與時間，而令業主卻步。但這卻不代表不可能，期望未來如有類似的案子，業主及設計師能夠真正結合土地復育與空間設計，讓生態環境與空間形式同樣精采。

市民免費享用的公園

無論如何，奧林匹克雕塑公園仍是值得學習的精采作品。這個免費的雕塑公園的誕生，反映了西雅圖三個令人稱羨的面向：企業家的社會責任、公共藝術傳統，以及生態環境意識。

沒有企業家的大量捐款，就沒有奧林匹克雕塑公園。

在風光明媚的戶外展示雕塑品不是西雅圖的創舉，但與其他戶外美術館最大的不同是，它完全免費開放！這不是因為西雅圖美術館特別有錢，而是因為這個公園從購地、規劃、施工到營運，80% 的花費全部由慈善企業家買單，納稅人僅需負擔剩下約 20% 的經費。

一個給市民免費享用的高品質雕塑公園，是任何一個經費吃緊的城市連作夢都不敢想的事。這要感謝讓西雅圖資訊業蓬勃發展的企業家：已退休的微軟前總裁強‧雪雷（Jon Shirley）與其夫人所成立的基金會，不但率先提供數千萬美金，還一併捐出私人擁有的雕塑品。微軟創始人比爾‧蓋茲的基金會隨後也捐了數千萬美金；接著透過美術館募款，許多企業及個人陸續慷慨解囊。

企業家回饋社會做公益，讓一座免費開放的戶外美術館成為可能，西雅圖人何其幸福！

館方賦予推動實現公園美夢的主要功臣雪雷夫婦為公園命名的權利，面對這個可以名垂後代的大好機會，雪雷夫婦沒有選擇為自己或家族留名，而是因為這座公園擁有奧林匹克群山的視野，命名為「奧林匹克」雕塑公園，他們的無私令人尊敬。

一個全是綠建築的綠色城區

　　過去我在西雅圖上班的公司，是個堅持蓋綠建築的事務所，同事們不時會去造訪其他城市或國家的好案例。

　　我還記得，2004 那年，公司一位資深建築師從北歐見習回來，深受啟發之餘也大嘆美國還落後北歐起碼 20 年！

　　那時，綠建築在美國並非主流，因此，北歐的那些全是綠建築的綠色城區案例，讓大家羨慕不已。

　　上個世紀末當美國許多城市連一個綠建築都沒有時，北歐諸國就已開了先例，藉由閒置工業用地轉型的機會，在城市中打造數個綠色城區，以落實生態城市的理念。其中，瑞典南部的馬爾摩在其西邊港區所進行的「生態城市」計畫，最受到國際的矚目。我也久仰大名，2005 年終於有幸親自造訪這個前衛的城區。

西港新市鎮，轉型邁向生態城市

　　位於瑞典南部、濱海的馬爾摩約有 27 萬的人口，是瑞典第三大城。近年來她正在轉型，努力從一個重工業的經濟體系轉型為以知識經濟為基礎的城市。在轉型的過程中，馬爾摩也依照聯合國「21 世紀議程」（Agenda 21）來積極規劃城市的永續發展，設法以尊重生態的方式來發展。

　　世紀交接之際，馬爾摩獲得瑞典中央政府撥款補助改善城市的生態環境。市政府利用這些經費執行了數個計畫，其中一個引人注目的大型計畫，就是西港（Västra Hamnen）的新市鎮開發案。這個以生態永續為目標的開發計畫，是馬爾摩邁向生態城市相關工作的前鋒，對馬爾摩來說是一個新的嘗試。

　　西港位於馬爾摩的北邊，是從 19 世紀中葉開始一直到 1980 年代後期陸續填海造陸而成的海埔新生地。

　　這裡過去一直是造船及其他工業用地，在 1970 年代石油危機之後，造船工業大受打擊，緊接著在全球工業版圖重組中又漸漸失去競爭力；20 世紀末，曾為馬爾摩帶來繁榮的造船工業終於走入歷史，雖然對馬爾摩是一個重大的經濟打擊，但也為這個城市開啟了一個新契機。西港已不做工業使用，馬爾摩雄心勃勃地希望將這裡打造為世界級的永續新市鎮，成為全世界競相模仿的未來城市。

難以恢復受汙染的土壤

　　但與西雅圖奧林匹克雕塑公園基地一樣，曾為工業用地的西港，也必須在轉型成住宅商業

1、2　Bo01 中各樣賞心悅目的建築。
3　　　Bo01 中各樣賞心悅目的建築，屋頂上都盡量鋪上了綠屋頂。

用地之前，先解決土地汙染的難題。該如何整治土壤以避免造成居民健康上和環境上的危害，是西港新市鎮計畫初期的極大挑戰，也是極具爭議的話題。

可惜最後土地汙染的問題並沒有獲得完美的解答。因為清運汙染土壤的估計成本是天文數字，政府和開發商只好放棄土壤整治，直接在汙染的基地上覆蓋一層正常的土壤來了事。

有趣的是，當初進行土壤調查時發現，西港的汙染其實並沒有一般人想像的嚴重；精確地說，汙染的程度並沒有比馬爾摩其他住宅或商業用地來得糟糕。因為，馬爾摩城區中許多地方的土壤汙染問題也不小，汙染程度甚至超出瑞典都市土壤汙染的最低標準。

這反映了一個許多人想都沒想過的現實：對健康產生威脅的土地汙染不僅發生在工業區，在你我天天生活的住宅環境中也可能發生。

從西港新市鎮到西雅圖奧林匹克公園，連財力相對雄厚的先進城市都無力處理土壤汙染，這警示我們要好好保護土壤，因為土壤一旦受到汙染，就難再恢復健康。

西港占地約 140 公頃，有住宅、商店與學校，同時滿足居住、就業、就學與休閒的需求。計畫可以容納一萬居民，以及兩萬就業及就學人口；人口密度可達每平方公里 7,143 人，遠高於目前馬爾摩的平均 1,739 人，以確保資源的有效利用。

西港新市鎮的開發分成好幾個階段，在我探訪的 2006 年 5 月，仍有許多工程正在進行，尚未全部完成，只有稱為 Bo01 的第一階段已經完工。

高品質的公共空間在 Bo01 中隨處可見。

打前鋒的 Bo01 開發案，
結合大型博覽會的規劃

2001 年，馬爾摩在西港其中半邊的基地上，以「未來城市」的主題舉辦了第一屆歐洲住宅展（First European Housing Expo，簡稱 Bo01，也就是第一期開發案名稱的來由），建造了一個包含約 350 戶公寓的區域，向世人展示了一個高密度、但卻對生態環境友善的都市發展模式。

Bo01 整個區域占地約 25 公頃，共有 1,300 個住宅單位，容納 2,000 人口，除了住宅之外，還包括餐廳、商店、公園等基本的都市設施。

對我們台灣人而言，這樣混合各種機能的生活環境並非大不了的事，但西方國家因為嚴格的土地分區使用管制，往往產生許多單一用途的區域，不是純住宅就是純商業或工業區，造成種種社會及環境的問題。

西港新市鎮到底在生態永續上做了什麼努力？除了所有的建築物都達到綠建築的標準，也以綠色建設的精神來打造基礎設施，包括在能源、交通運輸、綠地與生態多樣性、廢棄物處理，以及雨水逕流治理等，都納入規劃（更多細節請參見延伸觀點〈Bo01 的綠色基礎建設〉）。

由於 Bo01 是打頭陣的計畫，了解各種永續策略的實際環境成效，也是計畫中的一部分。也正因為 Bo01 在工程結束後還持續環境監控和研究分析，因此是其他城市的絕佳活教材。

永續城市帶來觀光效益

Bo01 在落實生態永續的過程中其實面臨不少挑戰，實際的環境效果也還需經過更長時間

1　　太陽能發電板巧妙的融入了建築設計。

2　　Bo01 的建築幾乎都是綠屋頂。

3、4　Bo01 保留了大量的空間給人而不是給車。

的觀察才能論定，但這個案例的精神和努力方向值得我們學習，其魄力和勇氣也值得稱許。

值得一提的是，Bo01 並沒有因為強調了生態永續的策略就忽略了都市美學，正因為 Bo01 是屬於打頭陣的計畫，在空間美學設計上反而下了更多的功夫，好讓這樣的開發案更吸引人，以推廣生態永續的觀念。

曾經是工業城市的馬爾摩，過去鮮少出現在北歐的觀光版圖上，但因為 Bo01 的出現，吸引了無數都市規劃相關專業者以及各國政府官員前來觀摩學習，為馬爾摩帶來了觀光效益！

Bo01 固然是值得學習的好案例，但並非每一個城市都能像馬爾摩一樣，有機會和經費起造一個全新的綠色城區。

台灣的確需要加強綠色基礎建設，但目前最重要的不是打造全新的綠色城區，而是改造現有城區。我們也不須不切實際地想要一次將所有的灰色基礎建設改造成綠色，但可以從最迫切需要改善、最能產生立即效益的系統著手。

如果台灣每一個城市鄉鎮都能開始整建行動，我們也可以像馬爾摩一樣有豐碩的成果。

Bo01 的綠色基礎建設

綠色能源

Bo01 的能源策略上不只著眼供給面，也著手需求面。在寒冷的北歐，能源需求主要在於暖氣及電力，Bo01 不使用任何化石燃料，而以風力、太陽能，以及水力為主要能源，並且就在當地發電，免除了長途輸電所排放的溫室氣體。

Bo01 所需的大部分電力，來自於隔壁港區新建的風力發電廠，小部分則由建築物屋頂及牆面所裝置的太陽能發電板提供。海水及地下水層的熱能，則提供大部分的暖氣能源；而太陽的熱能、天然氣，甚至由人體排泄物產生的沼氣（biogas），也是暖氣的小部分來源。

雖然 Bo01 自己製造能源而不依賴外地供給，但它的供電和暖氣系統仍然與馬爾摩原本的系統相連接。因為電力產生與使用的時點通常不同，與現有的系統保持連結，可以將過剩的電力儲存在既有系統中，就不需要特別的設備來儲存電力。

Bo01 在能源需求面設定了高目標：希望將能源的實際使用降至馬爾摩平均用電水準的一半，即每戶人家每年每平方公尺不超過 105 瓦特。除了透過建築物和家電用品的設計來達成，也仰賴居民改變使用習慣，因此市政府提供了一系列相關計畫來宣導省電常識。根據 2006 年調查顯示，居民的用電平均值是 87 瓦特，遠超越當初設定的目標，證明 Bo01 的節能措施相當成功。

綠色交通

西港本來就離馬爾摩市中心不遠，地理位置上的優勢可以減少汽車往返的需求。為了更進一步鼓勵腳踏車及步行，包括街道在內的公共空間都完全針對行人和腳踏車的需求而設計。Bo01 整個區域幾乎有若行人徒步區，人們自在地在街道上行走，鮮少看到車輛。既然私人汽車的需求減少，停車位也可以減少，這裡目前平均每一戶人家只有 0.7 個停車位，低於馬爾摩平均值的 1.1，大量減少不經濟的空間浪費。從 Bo01 搭公車到馬爾摩的其他地方也相當便利，一般而言公車站離住家平均約 300 公尺，而且馬爾摩的市公車使用天然氣和沼氣混合的環保燃油，連 Bo01 的養護工程車也是環保的電動車。

雖然 Bo01 的居民不需要開車前往馬爾摩市中心，在西港城區內活動也不需用車，但根據調查，居民如果要到 Bo01 或馬爾摩以外的地方，仍然會想要或需要開車，對汽車的實際使用並未顯著少於住在郊區的馬爾摩市民；換句話說，Bo01 的交通策略並未改變居民原本的用車習慣。

當然，行為的改變需要長期的培養，不能期待一蹴可幾，但這也提醒我們：對環境友善的交通策略不能只著眼於基地的尺度，一個真正永續的策略除了考量短程交通，更要考量中、長距離的交通模式，這不是開發商和地方政府的努力就能達成的，還要仰賴中央政府在國家整體的交通規劃上採取更積極的手段。

綠地與生態多樣性

許多人對城市綠地的認知，不外乎是忙碌生活

的紓解、淨化空氣的都市之肺，或是美化市容的工具。從小面積的植栽到廣大的都市公園，無論都市綠地的目的為何，大抵都是為了人們的生活品質而存在。但在 BoO1，綠地多了另一層生物棲息地的內涵，綠地設計最重要的目的之一就是增加生態多樣性。

目前 BoO1 有兩個比較大型的公園，以及許多各有特色的中庭花園。為了確保綠地發揮生態上的效用，他們發展出兩個規範性的策略：「綠地指數」（green area factor）及「綠點數」（greenpoints）。綠地指數代表一個基地在生態效用上的平均值，建商必須在綠地和植栽的設計上達到規定的指數；此外建商也必須滿足一定程度的綠點數，設置水塘、鳥箱（bird-box）等能夠發揮生態功能的非植栽設施。透過建商必須在綠地和植栽的設計上達到規定的指數；此外，建商必須滿足一定程度綠地指數和綠點數的施行，建商和居民得想盡方法進行綠化，除了許多開放空間保留為綠地以外，建築物的本身也進行綠化，例如設置綠屋頂、或是讓植栽爬上牆面。

但在 BoO1 努力創造生態多樣性的背後，其實有個黑暗的故事：BoO1 開發之前，這裡本來就已經是不折不扣的生物棲息地，擁有豐富的鳥類生態，卻因為土地開發而被摧毀；換句話說，BoO1 先扼殺了生態多樣性，然後再於水泥叢中努力創造生物棲息地，實在諷刺。

綠色循環（廢棄物處理系統）

BoO1 以物質循環的概念來看待其所投入和產出的物質資源。開發案要環保，就得減少垃圾，因此首先在建材的選擇上，除了滿足功能需求外，也考量建材是不是能重複使用；例如 BoO1 的街道鋪面，就使用容易替換又可再利用的石頭和磚瓦，減少了未來的垃圾量。另外，每一戶人家都有垃圾分類的設備和空間，協助居家垃圾的減量。

但 BoO1 不滿足於垃圾減量，更進一步挑戰了廢棄物的概念，試著讓那些被視為垃圾的東西發揮新用途。特別是廚餘和水肥，構想是利用這兩樣被視為無用的東西來發電，並從中擷取養料做為農作肥料。

水肥的收集不是問題，但收集廚餘卻是一大挑戰，因為一般家庭的習慣是將廚餘跟著其他垃圾一起丟掉。

BoO1 同時嘗試了兩種不同的廚餘收集方式：一是統一的真空收集管，另一種是用裝置在各家水槽下的廚餘處理機來收集。真空收集管的效果很差，因為對居民來說得多一道垃圾分類的手續，因此收集到的廚餘量遠不足做發電之用，最後只能做堆肥。廚餘處理機的效果就好多了，這部分的廚餘得以進入沼氣處理廠來擷取能源，不過技術問題卻讓廚餘變能源及肥料的效果不如預期。

至於水肥的利用，理想的計畫是先擷取其中養分當成農業肥料（這不是什麼新觀念，在農業時期水肥本來就是最好的肥料，可惜現代人的水肥似乎不如以往有營養，甚至因為攝取太多加工食物，反而成為有毒物質），而抽除養分剩下的殘渣也不浪費，計畫燃燒成為汽車或暖氣的生質能源。

不過，從 BoO1 處理廚餘的經驗中看來，任何東西都不該成為廢物的綠色循環觀念，在現階段是說得容易做得難，但不代 BoO1 的努力沒有意義，畢竟現階段的大膽嘗試是未來技術提升的重要基石。

水岸再開發的迷思

在許多歐洲城市中，其實有不少像西港新市鎮一樣，將臨水岸的舊工業區改造成新城區的案例。

在西北歐，當仰賴航運而占據水岸的重工業在近 40 年來漸漸移轉到開發中國家後，土地開發商發現水岸的舊工業區因坐擁水景而價值連城，一股水岸「再開發」風潮已然展開。

瑞典、芬蘭、丹麥、德國、英國、荷蘭等國的舊工業區紛紛成為熱門的開發基地，一個個摩登的水岸社區如雨後春筍般地出現。

但是，只有少數的水岸社區像西港新市鎮那樣，積極地採用各項措施來減輕人為活動對環境所造成的生態衝擊。

2008 年的最後幾天，我興匆匆地前往德國漢堡參觀了一個號稱「生態永續」的水岸開發案，但卻滿懷失望而歸。

只會爭奇鬥豔的水岸新市鎮

漢堡南臨易北河，占地利之便，貨運吞吐量在世界前十名之林，是德國最富裕的城市，因而可以想見港口的規模和易北河的深廣。

現在的漢堡港與漢堡市中心隔著易北河相望，但過去港口其實是位在河的北岸，緊貼著市中心南端。因為土地不敷使用，加上港區急需現代化，於是往南遷移到河道上的一個大沙洲，舊港區用地於是騰空出來。

造訪之時，在這片舊港區舉目所及盡是高聳入雲的起重塔。營建工程忙碌地進行著，漢堡市政府不讓這麼精華的土地閒置，將這裡變成了全歐洲最大的工地。123 公頃的土地（將近 5 個大安森林公園的面積），今日已經全部開發成住商混合的新城區 —— 港市區（HafenCity）。這個水岸再開發案不但為漢堡帶來了經濟利益，也吸引許多其他地區的政府首長到此取經。

港市區尚未完工時，就吸引許多人來這裡猛按快門。這個開發案為何如此受到矚目？除了大手筆的開發規模，也因為那些爭奇鬥豔的摩登建築。

港市區許多建築和開放空間的設計，都是經過激烈競圖，不乏出自知名建築師之手。不但如此，港市區也打造了一個城市新地標：由國際知名的建築師 Herzog & de Meuron 所設計的易北愛樂廳（Elbphilharmonie），造形奇特的龐大建築體被認為可媲美雪梨歌劇院。

重視空間美學，是港市區開發案所強調的重點，營造了賞心悅目的硬體環境，也成了房地產的最佳賣點。臨易北河，河景和不遠處繁忙的港區榮景，當然也是港市區吸引人之處。

1　參訪當時，在港市區舉目所及盡是高聳入雲的起重塔。
2　為應付易北河的氾濫，港市區所有的建築物都得架高。
3　港市區的摩登建築。

　　看著這樣「高檔」的生活環境，我不難想像，身上沒有幾兩銀子的中下階級，大概是住不起港市區的。

只有形式，是假永續之名的開發案

　　為了應付都市人口成長所帶來的住商需求，在已經被開發過的土地（例如過去的工業區）進行「再開發」，當然比在現有的綠地和農地上進行「新開發」對生態環境的破壞來得小。

　　歐洲城市這波再開發計畫，等於間接避免了綠地和農地的損失，是普遍被認為較永續的都市發展政策。

　　要注意的是，土地的再開發案之所以被認為較「永續」，也是與其他破壞性更強的新開發案比較後的結果，並不代表任何再開發案都是永續、環保的。

　　但是，在西方不少類似案例的討論中，卻普遍可以看到這樣的簡化邏輯：「只要是再開發就是永續的，值得鼓勵」，這實在是嚴重的謬

港市區是漢堡的新城區。

誤。而德國漢堡港市區的開發案，在其行銷推廣上，正犯了這個謬誤。

在宣傳資料上，港市區號稱是生態永續的開發案，但我看遍了所有相關的書面和網路資料，實在找不到為這個案例鼓掌的理由。

港市區到底為生態永續做了什麼努力？除了因為本身是再開發案而避免農綠地被破壞以外，也不過是做做建築物節能，以及採用不會產生汙染的燃料電池技術來滿足部分供電。

換句話說，港市區宣稱的「生態永續性」，不過來自於「它是一個再開發案」這件事。

對生態永續如此低標準的定義，實在是令人失望。這個為自己貼上生態永續標誌的開發案，充其量不過是對環境的破壞少了點，哪裡是「永續」？

看遠一點，
受過傷的土地更該小心呵護！

避免破壞原有的綠地和農地，是任何一個號稱永續的開發案的前提；前提滿足之後還有更多的工作要做，才能進一步減低衝擊、保護環境。最起碼，當任何開發案冠上永續的招牌前，應該先審視兩個問題：

第一、這個開發案是否真有必要？因為，任何土地開發案都需要消耗龐大的能源和資源。

第二、從改善城市生態環境的長遠目的來說，這塊基地是不是有比進行土地開發更好的用途？

水岸雖然有經濟價值，但其生態價值更不能小覷。自然的水岸是個非常特別的生態環境，土地和陸地的交界處比其他生態系統擁有更豐富的生態多樣性，一旦被開發破壞了，河流的生態多樣性也隨之流失。

水岸一旦被開發破壞，對人類也產生負面影響：當建築與河流爭地，都市失去了天然的蓄洪空間時，都市的水患也更加嚴重。

今天，氣候變遷已經成為無法抵擋的趨勢，任何城市都得做必要的調適。一個有遠見的城市，更應該對城市中的閒置空間做更長遠的規劃，僅為了短期的經濟效益，對閒置空間一律進行再開發並非明智之舉，特別是水岸土地。

再開發？休養生息？
給水岸空間一個喘息的機會！

漢堡因為易北河而繁盛，但也飽受其氾濫之苦，動不動就發生大淹水，付出了龐大的經濟和社會成本。當全球暖化造成降雨愈來愈極端，未來水患的威脅只會愈來愈高。

要減輕水患其實沒有那麼困難，給河流多一點空間就好。

但是，當漢堡的舊港區好不容易退下拚經濟的使命而得以喘息時，這塊當初向河流硬爭來的土地或許就該趁早還給河流，增加行洪空間。然而，漢堡市政府抵擋不住再開發的利益誘惑，反而平白喪失了一個可以減輕水患、整建河流生態的大好機會。

水岸被重新再開發，引進了大量的人口和商業，讓水患的威脅有增無減；港市區的規劃團隊當然知道易北河的氾濫是免不了的，也不得不大費周章地將港市區所有建築物都架高。

一個水岸閒置土地，是要加以開發帶來短期的經濟收益？還是還給河流，避免水患帶來的長期經濟損失？

漢堡的港市區是個不永續的開發案，是綠色城市規劃的負面教材，但台灣不乏政治人物來這裡考察取經。

2005 年，當時的高雄市代理市長陳其邁就曾來這裡參觀，希望學習港市區的規劃，做為高雄港周邊土地利用與開發的參考。

我實在不願看到港市區的開發經驗在高雄或台灣任何一個地方被複製。期待政治人物眼睛再睜亮一點、多想一點，對於閒置空間的利用上，不要只看到當下的經濟價值，視野也應該放遠一點。

閒置的土地若保留為綠地，或還給河川，對城市將會有無窮的永續發展價值。

開發不是硬道理

2002 年的夏天，我到土耳其旅遊。遊覽車載著我們旅經一個又一個的城鎮。不像台灣，介於不同土耳其城鎮之間的是一片又一片的空曠草原，同團的國一男孩說：「我覺得土耳其很好玩，但是太多荒廢的土地了，應該多多開發才對。」

土地開發這件事，在人類社會中一向扮演著正面的角色，許多民眾和國家政府對「土地開發等於地方繁榮」這個等式深信不疑，連一個小小年紀的台灣小孩，都有這樣的觀念，想必是耳濡目染的教育結果，也顯示土地開發價值觀在台灣人心中的根深柢固。

無止境的開發，會讓人類更好嗎？在全球環境變遷的趨勢愈來愈無法準確預測、危機愈來愈迫切的今天，我們不能不好好省視一直以來被視為理所當然的開發價值觀。

根深柢固的開發至上價值觀

儘管小小的台灣島上的土地已經充分開發，但「更進一步開發」仍然是普遍的價值觀，因為不斷地「除舊布新」被視為進步的象徵。

阿拉伯聯合大公國的城市杜拜（Dubai），其近十年來瘋狂的土地開發被台灣媒體當成典範般地報導、讚頌著，但台灣應該向杜拜學習嗎？

人們看到杜拜的進步和欣欣向榮，卻看不到杜拜明明是個不適合大舉開發的沙漠的事實，也看不到土地開發背後所消耗的龐大資源。

杜拜因為富裕，短期內可以用金錢來克服許多自然環境的限制，但這爆起的繁榮會持續多久？會不會有如沙漠中的海市蜃樓，只是曇花一現？容我大膽地預測，這個盲目開發的城市終究會因為資源的耗竭，而成為人去樓空的鬼城。

生活富裕的台灣，卻一直脫離不了發展中國家的心態。開發至上的價值觀，讓台灣人本能地羨慕其他國家大舉開發的「魄力」。因此，若一個政府沒有顯著的開發建設政績，就會被評為沒有建樹。

如果，台灣人的下一代，認為土地若是沒有房子聳立其上就是浪費資源，或是無用之地；如果，人人都堅信只有不斷地開發建設，國家才會進步，那麼台灣將永遠走不出生活品質低落、環境惡化的灰色之島命運。

2008 年底，台灣政府提出「農村再生條例草案」，其精神就忠實地反映了台灣短視近利、開發至上的價值觀。草案中反覆強調農村土地活化的重要性，但是，若非主觀認定許多農村土地是「死」的，何須「活」化？

許多人直覺地認為，農村和農地沒有存在價

值，不過是沒有地盡其利的土地，唯有加諸以硬體建築、改善表面的景觀，才會創造經濟價值。不但主政者這麼想，不少居住在農村地區的人們，也因為物質生活遠比不上城市，也總是企盼農村可以慢慢發展成繁榮的都市，改進生活。但是，地方生活的改善，難道非靠硬體開發不可？

開發不能無節制，應適可而止

開發至上的價值觀的最大謬誤，就在於對土地「利益」的褊狹解讀，因此認為許多土地並未地盡其「利」。從農地和都市中的「閒置」用地，到雜亂無章的荒地和河川高灘地，都被認為是沒有經濟效率的土地利用模式。但其實這些綠地都是支持生態多樣性重要的一環，默默提供著生態系統服務，也是人類不可或缺的土地「利益」！

從生態系統服務的角度來看，那些沒有被水泥建設占領的土地，可以說是無價之寶，把綠地變建地等於是白白將價值連城的土地給摧毀了！台灣已是個極度開發的島國，目前的糧食自給率也只剩下 3 成，我們必須更積極地保護現有的綠地和農地，讓它們免於被開發的威脅。

開發不是必然的罪惡，畢竟人類需要適合居、工作的土地。但是，土地開發卻不能毫無節制，

眼前的經濟利益不能成為唯一考量。與其要更多的開發，我們還不如要一個更聰明的土地使用模式：保留農地、創造更多綠地來淨化人類活動所產生的髒空氣和髒水，讓生存空間已經縮減的動植物有棲身之所，確保國家有穩定的糧食供給。

今天，我們需要一個新的價值觀，來看待那些所謂「閒置」、「待開發」的土地。

很多人以為，在經濟和環境之間找到平衡是困難重重的課題，於是在「如何兼顧開發成長和環境保護」的兩難中打轉。但是，如此定義問題的方式仍脫不出開發至上的泥沼中，以為人類非得持續開發不可。

許多人嘲諷環保人士只會抗議，卻不提出「可行」的解決方案。

對許多人而言，所謂「可行」的方案僅在於能夠同時保護環境並維持高經濟成長的新科技或新技術，因此以為任何要求人們改變生活習慣的訴求都是「不切實際」。

面對全球環境危機的挑戰，真正的解決之道其實在於人們的價值觀，在於人類社會如何學習適可而止，學習如何留得青山在，以免將來沒柴燒。畢竟，土地開發不是硬道理，人類的安居樂業才是。

中國的生態城怎麼搞的？

中國近年來大力推動城市化，各種開發案一個接一個，不但如此，有非常多的都市開發計畫號稱是「生態城」。

早在 2005 年，中國政府就開始鼓勵各地興建生態城。在政府鼓勵之下，中國各地的生態城如雨後春筍而起。2009 年，全中國有 40 個生態城相關開發計畫，到 2014 年暴增為至少 200 個。據估計，到 2015 年，全中國約 8 成的縣級城市都至少有一個生態城開發計畫。而過去這些年來，全中國的都市開發計畫中，應有超過半數不是稱為生態城，就是綠色城市、低碳城市，或是智慧城市等跟永續概念相關的詞彙。

嚴重汙染、環境紀錄不良的中國竟然大力打造生態城，是否表示中國轉型了，朝向永續的方向前進？很可惜，我無法樂觀看待中國這波沸沸揚揚的「生態城運動」。因為這些計畫幾乎都是新開發案，不但沒有整建生態，反而還加重地球負擔。更糟糕的是，絕大部分的生態城開發計畫名不副實，不過是「漂綠」（green washing）而已，甚至有開發計畫只因為挖了個人工湖，就號稱生態城。因為對「生態」的定義太過隨便，中國會出現那麼多所謂的生態城，也就不難理解了。

然而，這不代表中國沒有認真的生態城計畫。近年來最受到國際關注的應該就是「中新天津生態城」了，由中國政府與新加坡政府共同合作打造，至 2016 年為止已部分完成，但許多已建好的建築卻空置，入住率遠不如預期。另一個位於唐山的「曹妃甸國際生態城」，請來瑞典的公司做規劃設計，然而命運比中新天津生態城還慘，被媒體形容為「鬼城」。

當初，中新天津生態城與曹妃甸國際生態城都是具備理想性的，採用最新、最先進的永續規劃設計手法，例如在建築上致力達到最嚴格的綠建築標準、在交通上規劃綠色運輸系統等等。但是，無論規劃理念再好，沒有人住，「生態城市」就是巨大的資源浪費。

在中新天津生態城與曹妃甸國際生態城之前，其實中國原有另一個野心勃勃，卻胎死腹中的生態城市計畫，即崇明島的「東灘生態城」。

時間回到 2005 年，上海市政府正式開啟東灘生態城的計畫，野心勃勃地宣布要將崇明島的東灘打造為「全球首座生態城」，並由全球知名的英國顧問公司 Arup 進行規劃設計。

先破壞生態，再來營造生態？

為了工作餬口，中國鄉村人口大量往城市遷移，繁榮的上海成為目的地之一，人口迅速增長。為了解決大量住宅需求，上海市政府將腦筋動到崇明島上。位在長江出海口的大沙洲崇明島，面積相當於紐約的曼哈頓，目前大部分的土地都是農業用地。

上海在計畫開發崇明島解決問題之際，也趕

上潮流，計畫將東灘建設為生態城市，而且還野心勃勃地要成為世界第一。當時，錢多到花不完的中東的阿布達比，也正規劃一個名為「泉源市」（Masdar City）的新城區，兩個計畫互相較勁，都宣稱要成為世界第一個生態／永續城市。

只不過，東灘生態城市是「只聞樓梯響，不見人下來」，直到現在連個影子也沒有。原來，當初積極推動這個計畫的上海市長因為貪汙而被判刑，導致計畫停擺，後續狀況不明。計畫停擺反而令我鬆了一口氣，因為東灘這所謂的生態城，跟中國絕大部分其他的生態城市計畫一樣，還是不建為妙！

根據規劃，東灘生態城的居民將是中上產階級，島上原本的農民恐怕根本住不起。此外，為了落實「生態」藍圖，東灘之外的崇明島還將發展生態農業和生態旅遊，為此島上原本65萬居民得被迫遷離，讓位給以「生態」為名的產業。

迫遷，對中國政府來說是家常便飯，即使連宣稱「生態」的開發案也不例外，完全不在乎與環境議題同樣重要的社會正義。

只要是開發，都會對環境造成負擔

一個真正的生態城市，絕不是建立在人道犧牲之上。畢竟人也是自然環境的一部分，人的社群的健康，也是理想生態的重要一環。在環境規劃上，如同中新生態城、曹妃甸國際生態城一樣，東灘生態城的藍圖包括許多永續設計的典型策略，從能源、交通、水資源運用、汙水及垃圾處理到生物棲地的面向上面面俱到。撇開人道問題不談，這樣的計畫何以不符生態之名？

與漢堡港市區的案例剛好相反，東灘生態城計畫雖然包括許多前衛的環保策略，但在基地選址上就已違反永續規劃的原則，破壞綠地和農地進行開發，因此再多的「環保」作為，也無法彌補開發帶來的生態破壞。

更要不得的是，崇明島還是生態豐富的河中沙洲，是中國最重要的候鳥棲息地之一。在這樣的地方打造「生態城市」，根本是打著生態的名號行破壞生態之實。

不管是綠建築、永續社區、生態城市等觀念，我都絕對支持。但我也必須點出一個醜陋的事實：不管是中國、台灣，或是其他國家，當今許多冠著「永續」或「生態」名號的開發案中，真正尊重生態環境，符合永續精神的少之又少，特別是那些在綠地和農地上的開發案，對生態環境都只是有害而無益。近來柯文哲市長領軍的台北市政府團隊欲以「生態社子島」之名開發多是農地的社子島，就是最佳的負面教材之一。

令人擔心的是，在「永續」或「生態」這兩個字眼愈來愈紅的今天，扛著生態或永續旗幟的土地開發案，將更容易逃過輿論監督，大行生態破壞之際，反而還得到掌聲與鼓勵（參考第202頁，延伸觀點〈永續設計的謬誤〉）。

蓋新房子、建造新社區、打造新市鎮，擷取自然資源無可避免地，營造過程中再怎麼小心也免不了對現有生態環境造成影響。即使蓋好的硬體能夠節能節水，即使運用再多環保科技，都是對地球環境的額外負擔，即便具有教育功能，充其量只是減低環境影響，但對已經惡化的環境沒有任何實質效果。

要打造生態城市，不是規劃師畫畫藍圖、運用環保科技就可以，根本的開發至上心態不解決，中國和世界都不會出現真正的生態城市。

永續設計的謬誤

全球環境惡化愈趨明顯，永續設計的論述和實務也在空間專業中愈來愈受重視。在對設計所造成環境衝擊的檢討與反省中，「綠建築」、「生態設計」、「低衝擊開發」（Low-Impact Development）等各種永續設計的策略已然浮現。這固然令人欣慰，但是，當前實務界所採用的相關手段真的能夠創造永續的未來嗎？

重新檢視永續的意義

在回答這個問題之前，我們得先檢視一下「永續」到底是什麼。生態學中相當重要的「非平衡」（nonequilibrium）理論，可以幫助我們釐清「永續」的意義（參見第 217 頁，後記〈一個新的世界觀〉）。

非平衡理論正如其名，就是告訴我們「生態平衡」這件事並不存在。那些受到自然或人為干擾後的生態系統並不會恢復到原始的平衡狀態，或者說一個理想的終極境界。同理，因為都市也是生態系統，這個人為主的生態系統也不太可能永遠繁榮安詳、永不受任何干擾。

因此，所謂的「永續」並非指一個理想、完美、穩定的終極境界。而即使我們暫時達到了一個滿意的狀態，也不代表那可以永遠持續下去。持著非平衡的觀點，我們就可以看出目前關於「永續」的相關做法中的謬誤。

大部分的相關政策將「永續」這件事化約為特定的目標，以為只要抵達目標，就等於進入永續的理想境界。最好的例子就是目前受到高度關注的溫室氣體的縮減量，許多政府將減量的數字做為環境政策主軸，以為只要溫室氣體排放量減到某個程度，人類就不用擔心環境問題，於是所有相關策略都以減碳為唯一目標。

以減碳為目標的政策固然沒錯，但是若只看到單一目標，在努力達成的過程中很容易就忽略了別的面向，反而衍生其他棘手的問題。例如，當生質能源愈來愈受到歡迎，開發中國家的糧食作物大量成為能源作物時，反而造成糧價上漲，窮人苦不堪言。此外，為了減碳而倡議發展核能的人只看到核電所謂「零排放」的好處，卻忘了核能與核廢料對人類所造成的重大安全威脅。

即使我們可以馬上停止任何人為的溫室氣體排放，也不能保證未來無限美好，正因為永續的挑戰絕不止於全球暖化的問題。

當前永續設計論述的謬誤

永續設計的實務和論述中，也充滿著類似的觀念謬誤，許多做法仍然奠基在類似「生態平衡」的邏輯上，將焦點窄化成幾個特定目標。綠建築設計標準就是其中之一，許多建築師以為，只要設計滿足了某些量化的指標（例如節能、節水量）就是永續的綠建築。然而，如此的綠建築認知是誤將建築物視為靜態的，以為建築的環境影響在營建完成後就會恆久不變。

「低衝擊開發」的觀念也有類似的盲點。首先，這個詞彙有誤導之嫌，所謂低衝擊開發，是指藉由雨水逕流治理（例如採用自然排水）來減輕土地開發對基地和周遭環境的負面衝擊，宣稱只要經過適當的排水設計，開發後的基地就能維持開發前的水文循環模式。但是，經過人為干擾後的基地是不可能回復原本的生態功能，所謂低衝擊的假象可能幫綠地和農地的開發找到好藉口。

此外，在歐美規劃界中盛行的「緊密都市」（Compact City）觀念也是另一個謬誤。緊密都市指的是一個理想的城市形式，主張用提高都市人口密度的方式來避免低密度的郊區蔓延。郊區住宅對農、綠地的鯨吞蠶食固然是嚴重問題，但都市發展對環境的衝擊不只在於密度或居住形式的本身，更在都市的運作模式與市民生活型態；當城市盲目追求某些形式時，真正影響環境的機制很容易就被忽略。

永續設計論述的浮現，源自於對傳統規劃設計的缺失，特別是環境衝擊的檢討；可惜當前的實務做法多半奠基於過度簡化的邏輯。這並不是說相關的努力對環境無濟於事，因為許多設計策略集合起來也許可望改善目前最迫切的環境問題；然而，當我們以為某些環境問題已經解決，卻可能是在某些特定情況下的暫時假象。

如果設計規劃專業者仍然用過時的生態平衡理論來看世界、來設計環境，那很可能在解決了一個問題之際，又創造了另一個新問題。

以過程為導向的永續設計

那麼，我們需要什麼樣的永續設計？讓我們重新界定「永續」：永續是過程，而非終點；永續的未來不會是一個恆久穩定的世界，仍會是經常受到擾動、變動無常、而且難以預測的世界。因此，將時間與精力花在追求一個不切實際的穩定狀態，沒有多大的意義。在不可測的變動環境中，我們必須設法讓自己具備高度的適應力，碰到什麼樣的環境就做什麼樣的調適。

溫室氣體排放量減少了多少、回收的建材使用了多少、水資源省了多少、生物棲息地和物種保存多少等等帳面數字固然是好用的設計規劃工具，但卻不該是永續設計的核心目標，也不見得能給我們一個具有高度適應力的生活環境。畢竟，人類是否可以永續發展，取決於人類與自然互動後的結果，不是直接出於專業者之手。

如果我們視永續為一個過程，那麼永續設計也應該是以過程為導向的設計，將重心放在所設計的環境狀態上，而不是放在量化數字上。

當前，綠建築或生態設計的討論太過強調技術細節。技術當然是解決環境問題的重要手段之一，但只強調技術絕不足夠，而且僅用技術來解決環境問題是掉入了科技的陷阱中，以為科技的進步可以解決一切。目前，永續設計似乎僅等同於綠建築規範、低衝擊開發、高密度城市型態，或是生物棲息地重建等；對一般大眾或媒體而言，永續設計甚至物化成為太陽能板、生態池、回收材料等。甚至，只要設計案中採用了某個環保技術或設計手法，就大言不慚地冠上永續或綠色的名號。

設計案採用什麼技術，或是達到什麼數字目標，不該成為衡量成敗的標準；其綠或不綠的表現，應該取決於：這個設計案創造了什麼環境效果？又促進了什麼生態機制？舉例來說，以節能、節水等量化數字來檢視一棟建築物到底綠不綠之外，我們還要更積極地檢視它的「生態功能」：建築物可以持續不斷地製造清新的空氣嗎？可以維持水的乾淨嗎？可以滋養多樣的物種嗎？

真正的永續設計案不是環保技術大集合，而在於是否能對環境造成正面意義。

永續設計的論述和實務還有許多改進與發展的空間。過去與現在，許多專業者的努力不容置疑，因為他們的熱情與理想，為永續設計的實務上帶來許多精采的進展，特別是技術上的突破。然而，理論落於技術之後卻是危險的，期望專業者在追求技術進步之餘，也能夠回到永續設計的初衷，重新思考設計的意義，讓永續設計真正成為邁向永續的好工具。

城市規劃順口溜

台灣和大陸政府都愛用漂亮、華麗的口號來做政令宣傳，但大陸政府在這方面的造詣真是不得了。2007 年夏天，我在泉州的一個會議上，看到了各式各樣的「城市規劃順口溜」，令我嘆為觀止。只是，這些順口溜背後的規劃思維，卻存在許多盲點。

令人眼花撩亂的文字遊戲

請先看以下洋洋灑灑的口號：

「為了促進泉州城市空間的整合，在用地布局上形成『一灣、兩翼、三帶』的空間結構：一灣指泉州灣，兩翼是泉州南北兩個發展支點，三帶就是三條發展軸帶。」

「泉州結合水環境治理和現代園林綠化建設，已經確立了『四山、兩江、一灣、三環、一帶、八團』格局，……堅持『顯山露水造名城』的城市規劃理念。」

泉州的發展策略是「東進、南下、西拓」；16 字方針則是「打開大門、治理兩江、保護古城、建設新區」；還要「城市跨江發展、小城區大商貿、科教興國」，企圖「五年再造一個新鯉城」（鯉城是泉州的另一古稱），並建設泉州的浦東（上海）；形成「以晉江為中軸，古城、新區為雙翼的『南北鯉魚齊飛躍』局面」。

如此一來，「未來的江南將是一個生態型、經濟型的新區，強調做好一條江（晉江）、兩座山（紫帽山和烏石山）、三個片區（新區行政服務中心片區、現代商貿居住片區、新型工業片區）、四大水景、五座公園、六條主幹道。」

看完這些政令宣傳文字後，頭都暈了嗎？以上並非亂掰，而是摘錄自一本記錄泉州市房地產發展狀況的書。

城市規劃工具不是影印機

有沒有發現，中國與台灣的規劃師似乎很喜歡將一個地方發展成另一個地方，譬如說泉州想要將晉江以南發展成上海的浦東，而台北市政府一直以來就期望信義區能夠變成紐約的曼哈頓，近年來還有台北華爾街、台北六本木等稱號出現。

但為什麼台北不能好好做台北？泉州為什麼非要成為上海不可？一個城市想要進步發展、想要學習心目中成功的經驗無可厚非，但這不代表一定要以另一個地方為發展藍本，甚至努力變成另一個地方。

城市規劃不是影印機，硬要將地理文化不同的城市塑造成另一個城市，完全忽略城市真正的特質和需求，因而規劃失敗，甚至不倫不類。

此外，注意到前面摘錄文字中的共同點了嗎？大陸政府喜歡用文字遊戲規劃城市，但是玩弄文字，或找吉祥隱喻來做規劃，在我看來卻是危險且不專業。

123456，聽起來很好記，但城市的空間規劃真能符這麼完美的數字？要是數目不同、或者不漂亮怎麼辦？可以想像，為了讓口號聽起來更順、更好記，規劃師可能乾脆減掉一個公園，或是加上一條道路。

再看看更多的規劃口號例子。福建省安溪縣的綠地規劃概念：「三帶、一環、多枝、多點、五楔」，形成「臥龍翔鳳」的綠地系統。這口號令人眼花撩亂，福建武夷山市規劃崇陽溪濱水地段時，也想將空間結構整理成「一線、兩岸、五區、八點」。

用數字規劃除了具有某種程度的強迫性，也絕不是理想的規劃方法。這些數字描述的山、水、枝、點，指的不外乎是硬體空間；而城市規劃若僅停留在空間架構的層次，等於簡化了城市發展的複雜性和動態變化，容易造成其他意想不到的負面後果。

今天不管是中國或是台灣，大部分的城市規劃都奠基在這樣的思維上，只看到靜態空間，無視於城市的動態過程和其他面向。

狗屎變綠金

有一天回到家，看到我先生的鞋子脫在門外，根據過去的經驗，我知道他肯定是踩到什麼髒東西而不願將鞋子拿進家裡。

果然不出所料，進門後他懊惱地告訴我，回家時在街口踩到狗屎了！正好氣又好笑地想嘲笑他走路不專心，他馬上為自己辯駁：街口附近到處都是狗屎，要不踩到地雷也難。

這不在台北，而是在柏林。

沒錯，德國首都柏林的街上也有不少狗屎，讓人走路得分外小心。

誰沒有踩過狗屎的經驗呢？相信大部分的人都有。我第一次跟另一半約會，散步在天母浪漫的中山北路上，就一腳踩在又黏又臭的狗屎上，尷尬極了；而另一半的狗屎經驗也好不到哪裡去，從台灣、美國、德國，踩狗屎的經驗豐富，而且什麼樣的狗屎都踩過：剛出爐新鮮的、放久乾掉的、拉肚子稀泥般的……

當人們愈來愈愛養狗，又懶得撿拾狗大便，我們踩到狗屎的機率也愈來愈高。踩到狗屎令人生氣，卻絕不是用英文罵句貨真價實的 shit! 就可以消氣的。

狗屎驅動公車，並非玩笑話

狗屎愈來愈多，也變成令人頭痛的環境問題。大量的狗屎不但增加城市的垃圾量，在路上或庭院中沒有清除的狗屎，下雨時則會被雨水逕流一起沖進雨水下水道，最後進入河流中，嚴重汙染河川水質。

在 2008 年尾到 2009 的上半年，我旅居柏林。根據那時的統計，人口 340 多萬的柏林市有 10 萬多隻的狗，平均每隻狗每年可以拉出 124 公斤的糞便！也就是說，這個城市一年中充滿將近 1 萬 3 千多公噸的狗屎，從人行道、路邊花圃、公園等任何狗兒喜歡大便的地方，都免不了慘遭狗屎玷汙。

這該怎麼辦？2009 年 4 月 1 日，我在一個德國新聞的英文網站上看到了一則報導：為了解決數量龐大的狗屎，柏林市政府決定進行一項狗屎變燃料的計畫，將令人頭痛的狗屎變成生質能源，成為未來柏林公車的燃油；如此一來，不但可以用狗屎來驅動公車，也可望減輕環境問題。

這則新聞其實是媒體在愚人節開的玩笑。玩笑歸玩笑，這個想法卻非痴人說夢，因為狗屎的確可以成為能源！

其實在 2006 年，美國的舊金山就開始將狗屎轉化成生質能源了。舊金山也是個愛狗的城市，狗兒數量多，龐大的狗屎量自然也成為令人頭痛的問題。

好在舊金山有著嚴格的相關法令，也徹底執行取締，因此沒有像柏林或台北遍地黃金的狀況；但全市的狗大便都扔入垃圾桶後，卻是垃圾場的龐大負擔。

於是，舊金山市政府與生質能源業者合作，將狗屎從一般的垃圾分離出來，顯著減輕了垃圾場的負擔，並經過處理後成為生質能源，躍升為綠金！

狗屎變能源，是一石二鳥的好主意，不但可解決狗屎的汙染問題（汙染了你我的鞋子，也汙染了環境），也提供另一種再生能源的材料。其實，近年來愈來愈多政府開始打狗屎的主意，嘗試將狗屎變能源。根據 2011 年的報導，美國的另一個大城市鳳凰城，就要收集市區內一個狗公園內的狗大便，將其轉化為甲烷，做為該狗公園的照明能源。

如果，今天人類的技術發展能夠讓人人嫌惡的東西都變成有用的資源，那麼我相信沒有什麼是人類解決不了的事，只要我們願意發揮想像、創意，甚至嘗試那些看起來像玩笑般的想法，例如，關於柏林用狗屎驅動公車的玩笑。

當狗屎也可以成為重要的都市資源時，也許飼主會基於愛惜資源的心態，更心甘情願地拾起愛狗的便便。

如果未來，所有的城市都可以盡量將狗屎轉化成能源，那時要踩到狗屎的機會也會愈來愈小；而那些仍然不幸踩到狗屎的人或許可以安慰自己：並非踩到黃金，而是踩到綠金了！

全世界第一個發電旋轉門，位在荷蘭烏特列茲（Utrecht）近郊一個火車站內的咖啡店。

人力，就是能源！

2009年初走訪荷蘭時，我特別前去烏特列茲（Utrecht）近郊一個不起眼的火車站內的咖啡店，觀看它的旋轉門。

難得來荷蘭，我幹嘛不去看風車和鬱金香，而跑去看旋轉門？因為這咖啡店的旋轉門可不普通，是全球第一個可以發電的旋轉門，客人推門的每一轉，都能夠製造電力！

在全球暖化受到高度關切的今天，發展可以取代化石燃料、不會排放溫室氣體的能源，已是受到高度重視的課題。

太陽、風、潮汐、地熱等自然的力量都已經被利用來發電，某些作物更成為燃料的重要選項，連人和動物的排泄物也沒有在這個替代能源的盛會中缺席。

近年來，連人們日常活動所產生的動能都可擷取發電，成為另一種有創意的替代能源！

名副其實的人力資源

荷蘭有發電旋轉門，日本則在東京車站收票口的地板上安裝壓電地板（piezoelectric floor），收集大量人潮的動能來發電。有民間團體以相同技術想出「跳舞救地球」的辦法，在阿姆斯特丹和倫敦打造特別的舞池，讓人們在熱情舞動的同時順便創造電力。

連大量人潮聚集所產生的眾多體熱，在瑞典也被善加利用；斯德哥爾摩火車站附近幾棟大樓的暖氣來源，正是火車站裡所匯聚的體熱。

此外，為了替缺水地區的人們解決問題，也已經有設計師打造了簡單的設備，用人們走路，甚至是孩童活力十足的遊戲能量，來驅動抽水機引用地下水。

利用人們活動所產生的動能來發電的案例愈來愈多，儘管相關的技術在短期內還不符合成本效益，離大規模發電的前景也還有一段距離，但其中的創意仍然令人忍不住拍手叫好。

近年來各種替代能源的迅速發展，讓我們有機會從一個幾乎完全依賴化石燃料的單一能源時代，漸漸過渡到另一個能源多樣化的世紀。人類在太陽能、風力等發電技術上的努力，固然是能源改革上的重要進展，但在我看來，今天運用人力來發電的技術發展，卻是一個更具深層意義的里程碑。

因為，人力發電不只是另一個替代能源的選項而已，相關技術的出現，卻也刺激我們重新思考人力資源意義，甚至可以為人類社會開創一個人力重新運用的革命！

把機器的工作還給人類，
讓每個人都能發電

一個人的肢體活動可以用來發電，讓人的勞動力，更可以是能源的本身。其實，這根本不是什麼前衛的概念，在人類尚未進入工業社會之前，甚至目前在一些尚未工業化的區域，人的勞動就是經濟活動的主要驅動力。

但工業社會用非常有效率的機器取代了人力，並用高汙染的化石燃料來驅動那些機器，不但減少了勞動需求，也減少了對勞工數量的需求，更改變了人們的工作型態，同時也製造了棘手的環境問題。

有趣的是，因為要解決環境危機和化石燃料有限的問題，繞了一圈，算盤竟然又打回了人力上面。

地球上也許所剩的石油不多，但地球上的人卻還嫌太多。無論是處於經濟繁盛或不景氣之際，當少數人努力地尋找能源和財源來讓機器繼續運作，卻有大多數的人沒有工作，被一個追求效率的經濟體所遺棄。一個勞動需求大量減少、講求效率的世界，注定會讓許多人成為無用、無業之人，成為制度設計下的負擔。

今天，替代能源的科技為我們帶來另一個可能：每個人都可能成為有用的資源，例如每個人都能發電！換個角度想，或許，這也是該將某些機器的工作還給人類的時候了。

這並不是說，人類要回到那個拚命勞動的古時候。但在石油耗竭、全球暖化、經濟衰退的危機下，我們的確有必要重新檢討當前以機器為主，用化石燃料驅動的經濟模式。如果人力可以被更聰明地重新運用，不但可以解決許多根本的環境問題，更可以為失業問題開一扇窗，讓危機成為轉機。

不需要大量機器的人性世界

要如何重新運用人力呢？首先我們可以檢視一下，現代生活中有哪些環節是可用合理的人力來取代機器。

在我看來，城市交通絕對是可以大量減少機器、重新運用人力的地方。許多工業化國家為解決汽車使用所造成的環境問題，將推廣步行和腳踏車交通做為解決方案的一環，換句話說就是以人的腳力來取代機器的動力。

推廣步行和腳踏車除了具有環保意義，其實也為健康加分。許多現代人平常生活忙碌，一方面開車上下班、處理公務，另一方面又為了顧及健康得上健身房去踩跑步機或腳踏車。每次我看到健身房裡汗水淋漓的人，將腳力投注在健身器材而非交通上，就覺得非常可惜。

在香港和西雅圖，已有腦筋動得快的人將健身房變成發電房，把人們花在跑步機和腳踏車等健身器材上的能量轉化為能源。

但話又說回來，與其多花一個步驟和特別的技術來將人力轉成能源，何不直接單車上路？甚至將腳力拿去踩運輸用的三輪車？腳力就是能源，何不直接利用？（請參見第 88 頁〈行動健身房，改造三輪車狂想曲〉）

今天，人們日常活動所產生的能量已經可以運用來發電，就是宣告著：人力，就是能源！在交通以外的生活面向上，只要發揮更多的想像力，我們也可以人力來慢慢取代機器。

我忍不住幻想著一個未來城市的畫面：那不是有如電影或小說描繪的充滿著各種取代人類的自動化機器世界，而是一個透過科技讓人的勞動力產生更大效能、愈來愈不需要機器的人性世界。

從兩棲屋到漂浮城市

人到了一個新地方，就得調整自己來適應新環境，這是許多人都懂的道理。

現在的極端降雨愈來愈頻繁，夏季氣溫越來越高，極地冰層漸漸融化造成海平面緩緩上升，等於是硬把人類從過去熟悉的環境帶入另一個新環境。

剛到這個新環境的我們，還顯得慌張、無所適從，但終究還是得調整自己來適應新環境。

面對這樣的環境變化，荷蘭比任何一個國家都來得敏感。這個位於萊茵河三角洲的低窪國，有超過 1/4 的土地低於海平面，再加上地層不斷下陷，若不盡快調適，將會面臨愈來愈嚴重的水患的威脅。

在空間規劃專業者的投入之下，荷蘭已展開初步的調整工作，正積極創造可以應付洪水量愈來愈多、水位愈來愈高的居住環境。

水陸兩棲的房子不是夢想

可以想像一個位在河岸邊、沒有堤防保護、卻不用擔心淹水的房子嗎？向來前衛、充滿創意的荷蘭建築師讓這樣的想像成真，發明了會游泳的「兩棲屋」（荷文 Amfibische Woningen）。

顧名思義，兩棲屋平常是位在岸邊陸地上的房屋，但氾濫時就成了水上的漂浮屋。因為有特別的固定設計，兩棲屋不會隨水漂移，而是水漲「屋」高，就好像兩棲動物一樣地宜陸宜水。

荷蘭第一批兩棲屋就蓋在荷蘭中部的小鎮馬斯博莫（Maasbommel）。馬斯博莫就像許多其他荷蘭城鎮一樣，在自然的水域和城鎮間隔著一道高高的堤防來阻擋洪水；其東側臨著一個廣大的河流內灣，湖泊般的水環境吸引了許多人前來從事水上休閒活動，也讓人興起住在這優美水景旁的念頭。於是，在堤防外的水岸邊，開發商建造了總共 32 棟、雙拼的兩棲屋。

乍看這批兩棲屋，外觀並沒什麼特別之處，但讓它們宜陸宜水的祕密，就在於房子的地基。

兩棲屋並沒有像一般建築物一樣下挖的地基，而是安坐在一個有浮力的水泥盒子上；只要水位比基準點高出 70 公分，兩棲屋就會浮起來。一年中，大約有 20% 的機率會見到兩棲屋漂浮在水上。

兩棲屋之所以不會隨水漂移，是因為被一根粗大的柱筒固定著位置，浮起時就沿著這個柱筒上升，最高可上升 5.5 公尺。瓦斯、水電管線也安置在這個柱筒之內，也會一起隨著水位而升降。

馬斯博莫的兩棲屋自 2005 年陸續完成後，

在荷蘭中部小鎮馬斯博莫（Maasbommel）水岸的雙拼兩棲屋。

就引起國際注目，也為設計兩棲屋的建築事務所「Waterstudio.NL」帶來應接不暇的案子。

開發商和建築師野心勃勃地希望未來還能打造一個由兩棲屋組成的社區。運用樂高積木的組合概念，讓所有的兩棲屋相互扣合在一起，當洪水來臨時，所有的屋子會一起安全地浮在水面上，成為一個不折不扣的兩棲社區。

不再與水爭地，設計漂浮的城市

荷蘭與水悠久的愛恨情仇歷史，讓他們總能大膽地想像人與水的相處方式。過去，水利工程師毫不客氣地大舉改造水環境；現在，空間專業者天馬行空地設法讓人與水融成一體。

兩棲屋或兩棲社區都是精采的好主意，後來更出現了「漂浮城市」的構想，來應付未來更不可知的環境變化。

漂浮城市的構想出自於 2006 年的一個競圖比賽。荷蘭老牌工程顧問公司 Royal Haskoning 為了協助解決低窪三角洲地區所面臨的海平面上升威脅，廣招全球各地團隊提出解決方案。方案要求創新之餘，也必須是經過科學分析支持的策略，所以評審團的成員包含了水文、空間、工程、經濟、生態等各個學門的教授。

一個針對阿姆斯特丹北側艾美爾湖（Ijmeer）所設計的漂浮城市方案（Floating City Ijmeer），拿下了這個競圖的首獎。其想法很簡單，就是打造一個可以整個漂浮在水面上的城市。

乍聽之下，不少人可能會斥之為天方夜譚。但是，未來不可預期，誰能擔保幾世紀以後，

1、2　兩棲屋之所以不會隨水漂移，就是因為被這根粗大的柱筒固定著位置，房子所需的瓦斯、水電管線也安置在這個柱筒之內。

3　　　兩棲屋安坐在這個有浮力的水泥盒子上，所以可以隨水位浮起。

大部分的人類還能安穩地居住在陸地上呢？

所以，一個來自荷蘭台夫特科技大學（Delft University of Technology）的學生團隊，未雨綢繆地提出了漂浮城市的想像。

一直以來，人與水相處的方式，大抵都是漸次將水域轉變成陸地，與水爭地，荷蘭本身就是最著名的例子。

但與水爭地不但對生態產生嚴重衝擊，也讓人們活在水患的陰影中。在海平面上升的未來，既然愈來愈多的陸地將被河海收回去，那何不拋開與水相爭的痛苦掙扎，乾脆就在水上建立城市，與水和平共處。

荷蘭已經具備相當程度的漂浮建築技術（例如船屋和兩棲屋的技術），以現有的技術可以建造出一個個的漂浮社區，若再用浮橋將所有的漂浮社區相連結，就成了漂浮城市。

就地處理，
對生態環境影響最小的城市

根據設計團隊的構想，家庭汙水將不仰賴傳統的汙水下水道傳輸到大老遠的汙水處理廠，而是就地處理，以免除輸送成本；排泄物也將就地處理，轉化為生質燃油後供作城市的能源；而環繞城市的湖水，也就地處理成為飲用水，不需要仰賴遠方的水庫。

在漂浮城市中，建築與建築、社區與社區間以浮橋相連，城市中的不透水鋪面遠少於陸地城市；城市交通則以行人、腳踏車、渡船或私人小船為主，禁止汽車通行以避免汙染。

此外，整個城市的建造與設計也力求最少能源需求，增加能源使用效率，並採用再生能源而非化石燃料。

建在開放水域上的漂浮城市，必須考量波浪

的衝擊。設計團隊不願意採用傳統水泥化的防波堤，而以大量的自然或人造濕地做為消波機制；因為除了消波外，在漂浮城市裡裡外外的眾多濕地還可以兼具淨化水質的功能。

異想天開 ?! 空間專業者的大膽突破

漂浮城市是異想天開嗎？至少那些學有專精的競圖評審不這麼認為，才會給予這個方案首獎的肯定。

事實上，過去幾年來，漂浮城市的想法已經成為規劃設計界的熱門議題之一，類似的提案如雨後春筍而起。

面對不確定的未來，我們更需要大膽突破傳統思維，不可能的事才會變成可能，人類才能繼續在氣候變遷的未來生存下去。

台灣當然也逃不開氣候變遷的衝擊，我們所面臨的挑戰也許與荷蘭不盡相同，但調適的策略卻同樣必須仰賴想像力與魄力。

島國台灣的水環境與歐美大陸十分不同：我們的河川短促湍急、乾枯季節明顯，許多河川平常沒有什麼水，只見廣闊的裸露河床；但颱風季節來時又有如滔滔大江。

這樣變化多端的河流特性，跟相對穩定、經年水量豐沛的歐美大河截然不同。因此，不管是兩棲屋或是漂浮城市的技術細節，都無法完全複製到台灣。

但是，兩棲屋和漂浮城市背後的精神，卻是我們可以學習的。我們當然也可以創造出台灣版本的兩棲住宅、兩棲社區，甚至兩棲城市，設法與性情不定的河流和海洋共存，應付我們自己的氣候變遷、地層下陷的挑戰。

都市裡晾衣，有何不可？

旅居美國的前幾年，除了食物吃不慣，對於找不到曬衣的空間也頗不適應。在美國，若要在一般公寓陽台上曬衣服，可能會因有礙觀瞻而被社區管委會糾正，甚至罰款。

美國是個重視個人自由的國家，竟然不給曬衣的自由！既然不能在戶外曬衣服，人們大量仰賴乾衣機，通常洗衣機和乾衣機一定是排排站，衣服從洗衣機拉出來後就直接塞入旁邊的乾衣機。

我記得以前在台灣，乾衣機是雨天才派上用場的。然而在美國，不管晴雨，所有衣服一律進乾衣機！

於是，被機器烘乾的衣服少了陽光浸淫後的暖味道，特別容易褪色，也特別容易變形。但美國人似乎不在乎，反正這是個有錢又愛消費的國家，衣服壞了再買就是。另一方面，對許多人來說，乾衣機的本身和其用電並非太大的經濟負擔，也就不在乎能不能在戶外晾衣了。

但乾衣機的大量使用耗費了不必要的能源和資源，對地球而言，也是不小的環境負擔。如果陽光可以幫我們免費乾衣，何苦浪費能源使用乾衣機呢？

羨慕可以升起「萬國旗」的城市

旅居美國時，我想念著被陽光曬過的暖烘烘衣服，但衣服卻被社區規範和乾衣機綁架，無法見天日。

於是，在其他國家遊走時，我羨慕那些可以升起「萬國旗」的城市：從歐洲的威尼斯、非洲的阿克拉、到亞洲的泉州，在這些地方我看到了想念的曬衣風情。

人們將洗好的衣服掛在繩子或竹竿上曬太陽，在條條繩竿上隨風飛舞的各樣衣服，像極了五線譜上的音符；太陽出來時，音符也跟著溜了出來，於是整個城市奏起一曲晾衣樂章，當樂章結束，衣服也多了太陽的味道！

我想，世界上大部分地方也都還隨著陽光的律動，奏著這樣無聲的樂章，充分利用陽光的免費能源。

只是，當城市愈來愈現代化，人們愈來愈講究視覺品質的今天，在室外曬衣服竟然被按上了「有礙觀瞻」的罪名。

記得 2006 年的電影「不可能的任務」第三集，還因此惹了爭議：電影在上海街頭取景，巷弄間曬衣的萬國旗畫面自然也一併入鏡，中國政府認為這有損國家形象，因此該電影在中國上映時，硬是把這段給剪掉了。

1、3　位於威尼斯潟湖北方漁村布拉諾（Burano）的曬衣風情。
2　　迦納南方沿海城市中的曬衣景象。
4　　泉州的一戶人家在其合院的中庭晾衣、曬棉被。

　　人們在室外曬衣有損國家形象？真的是這樣嗎？威尼斯在許多人眼中是美不勝收的地方，沒有人會因為居民在戶外晾衣服，而覺得威尼斯形象不佳。

　　在我眼中，大街小巷中有了這些衣服的妝點，更呈現了人味──也就是常民生活的味道；那些形形色色的衣服在竹竿和繩線上隨風舞動，像音樂般地有詩意，也總讓我忍不住對著這些精彩的都市風景猛按快門。

　　當然，不是每個人都能認同我的審美觀，但室外曬衣這件事，卻也不該被冠上有礙觀瞻或有損國家形象的汙名。

　　更何況，從節約能源的觀點而言，政府反而應該鼓勵人們用自然乾衣來取代機器乾衣。

建築上的生活痕跡，無涉雅觀

　　但是，在那些努力走向現代化（或者說西化）的地方，許多人卻認為室外曬衣這種「陋習」非得盡快除之不可。自覺在「不可能的任務」

中顏面盡失的上海，為了要建立其國際化大都會的形象，就決心改善居民「亂曬衣服」的現象。據報導，其中一項措施竟然是向美國浪費的生活模式看齊，購置大量的乾衣機。

在台灣，政府雖然沒有施鐵腕來解決「亂象」，但輿論壓力也不小，社會已普遍認為室外曬衣有礙市容，甚至是不文明的行為。當台灣城市看來愈現代化，許多評論者也愈不能忍受建築上的生活痕跡。

室外晾衣和裝鐵窗一樣，都被認為是讓都市看來落後、醜陋的原因之一；換句話說，為公寓裝上鐵窗或在陽台曬衣服等破壞畫面的情事，都被等同於沒有文化和美學素養。

如此強調美觀的社會，卻也鑽入了不理性的牛角尖。一來這不過是主觀的價值判斷，二來也讓視覺畫面向凌駕於其他生活層面之上。

看看美國，為了求社區面貌的美觀，人們耗費額外的資源購置、使用乾衣機，也看不到任何為曬衣服而設計的空間，造成生活上的不方便，實在是本末倒置！

都市空間和建築物是打造給人們「用」的而不只是「看」的，只要曬衣服的方式不會造成公共危險或別人的不便，沒有理由用「有礙觀瞻」來評斷甚至剝奪人們最自然的生活習慣，而代以不環保的解決方式。

許多人也許已經同意，在室外曬衣服無傷大雅，但認為若是曬內衣褲就很不雅了。大部分人似乎被這樣的想法給制約，而沒有仔細思考這個被認為理所當然的觀點。

如果讓衣服曬太陽是生活的一部分，不該被認為有礙觀瞻，那麼曬內衣褲當然也是生活的一部分，沒有理由被認為不雅。

畢竟，誰不需要穿內衣褲呢？若穿內衣褲這件事不是丟臉、不雅的事，那何以讓內衣褲曬太陽就是件不雅的事呢？我認為，要不要選擇在室外曬貼身衣物無涉雅觀，而不過是隱私的問題。

都市的美觀不需要賠上環境成本

今天，人們因為講求美觀的市容，城市生活反而愈來愈不人性化、愈來愈機械化。

為了外在空間的美容，在輿論或同儕壓力下，我們自願或被迫仰賴各種機器以取代傳統的生活習慣。但當生活愈富裕、人們愈重視都市美化，卻也忽略了生活的本質，並賠上維持某種都市形象的環境成本。

要人們不在都市的室外空間曬衣服，就好像是建築攝影力求建築空間中不要有人來破壞美感一樣，不過是強迫下的假象。當空間的本身也不支持最自然的生活需求，就變成住起來不舒服的殼子。

沒有曬衣自由的美國人，近來因為意識到機器乾衣在能源上的浪費，已經開始爭取室外曬衣的自由。有民間團體以「曬衣權」為訴求，遊說地方政府將相關的限制法規鬆綁。

還好，在台灣大部分的地方還有著這樣的自由。但我們仍須在觀念上鬆綁，為室外曬衣除去「有礙觀瞻」的汙名，還它「環保節能」的美名。

透過觀念的改變、法規的鬆綁、貼心的設計，期待看到愈來愈多的現代城市慢慢將曬衣的自由，甚至樂趣還給市民。

室外曬衣需要空間，這需要建築師在做設計時，將曬衣的需求納入考量；但希望建築師考量的不是如何把曬衣空間給藏起來以利市容觀瞻，何不發揮創意，設法讓萬國旗成為有趣的城市風情呢？

一個新的世界觀

我們對待自然環境的態度與營造生活環境的手段，取決於我們的世界觀，也就是我們對人與自然關係（或稱人地關係）的詮釋；換句話說，就是對自然的認知。

要改善人與自然的關係，要整建城市，讓現代城市與其他生態系統和諧共存，需要一個新的世界觀。但在討論新的世界觀之前，讓我們先檢視，到底當前的主流世界觀出了什麼問題？

人地關係

自 19 世紀末期，全世界各地紛紛受到西方國家的影響開始西化，連對待自然的態度也受到西方哲學的影響。

現代哲學之父笛卡兒的思維深刻地影響著現代人看待自然的態度。他認為世界是由「心」（mind）與「物」（matter）兩個獨立的領域所組成：人類天生擁有靈魂、理性、以及文化的「心」，而自然世界不過是蠻荒而無秩序的「物」，是一個服務人類的大機器，因此人類不但優於自然、優於其他物種，而且還是獨立於自然之外；所以，人類有必要對自然採取控制管理，馴服大自然，讓她遵循人類的秩序。

許多學者認為，深受笛卡兒思想影響的世界觀，是造成近代環境惡化的主因。直到現在，人與自然相對立的二元世界觀在現代社會中仍是根深柢固。在許多人的觀念中，所謂的自然就是「非人的」，而「人造的」就不屬於自然。因此，都市這個表面上充滿著人為構造物的環境，普遍被認為是「非自然的」。

複雜的世界

近幾十年來，科學家對生命和自然的認識已有了突破性的進展，他們發現世界上各種現象遠比過去所認知的複雜難解。於是，一個有別於笛卡兒思想的新世界觀已經浮現。

要介紹這個新世界觀，得先回到笛卡兒的「機械論」。話說，笛卡兒認為整個世界是一部為人類服務的大機器，而要認識這個機器的唯一方式，就是將它內部的零件拆解開來逐一了解；當我們充分了解所有的組件，就代表對這部機器有了整體的認識。這樣藉由認識組成元素來理解整體系統的知識建構方式，被稱為機械論。

自 20 世紀中期，「系統思考」（systems thinking）的出現開始挑戰機械論。接著，「複雜理論」（Complexity Theory）的快速發展，幾乎已經淘

汰了笛卡兒的機械論。

機械論的問題出在哪裡呢？學者在對不同的自然及文化系統的觀察中，發現了一個共同的現象：很多系統的整體特性在其個別組成元素中根本找不到！舉例來說，就算我們把組成一個人的所有器官，包括四肢、五臟、六腑等都研究透徹了，也無法解釋為什麼這些東西集合起來可以創造出活蹦亂跳的生命。

學者慢慢了解，要認識一件事或一個系統，光靠了解其所有組成元素是遠不足夠的。因為各個組成元素彼此之間並非獨立運作，而是相互影響作用著；正因為有相互作用，在大部分情況下所有元素的加總並不等於整體。也就是說，一加一很可能會大於二。具備這樣特質的系統，在就被形容為「複雜」（complex）。要了解一個複雜系統，無法透過研究個別組成元素來達成，非得了解系統整體的組織架構不可。於是，一個新的世界觀儼然成形。

在笛卡兒的機械論中，世界不過是許多元素的大集合，元素之間的關係是次要的，甚至被忽略。在新的「複雜」世界觀中，世界是一個由各種交錯關係所組成的網絡，元素之間的相互關係，或者說「組織架構」，至為重要，而元素本身的細節則不是重點。在這個新的世界觀中，網絡是任何事物的基礎，各個不同層級的生命系統，小自細菌、大到城市，基本上都有著網絡般的組織架構。

借用美國物理學家卡普拉（Fritjof Capra）的話來說，我們可以用「網絡中的網絡」來想像生命系統的複雜性：每一個單獨的系統都是網絡，並且在更廣的網絡中與其他網絡系統互動。那些我們以為是獨立的個體，其實並非我們肉眼看到得那麼「獨立」，那些我們可以分辨出來的個體，除了由實質物質組成，更是由各種不同對內對外關係所組成的網絡組織，是在糾結網絡中一個被我們辨識出來的「圖樣」而已。

人和城市都是自然的一部分

有了這樣的認識，我們會發現人類對任何物質的傳統認知，包括對人類自己的認識，都是偏頗的。在複雜理論中，一個人做為一個系統，不斷與其他系統相互作用，在複雜的生命網絡之中，人與所謂「外界」的界線其實是很模糊的。

這不是什麼虛無的哲學，而是扎實的科學。人之所以為人，能夠在身體和心靈上成長，必須仰賴與外界物質能量的交換互動。事實上，7 年前的你，並不是 7 年後的同一個你；撇開心智的改變不談，之所以如此，是因為人類所有的細胞大約 7 年就會全部更新，因此構成人類身體的物質與 7 年前是完全不一樣的。

數十年來科學家對生命現象的複雜性的理解，淘汰了笛卡兒式的世界觀。原來，人類一直都是自然的一部分，與自然不可分割。「人是獨立自主的個體」這件事不過是個假象，乃是因為人類對自己與自然環境的密切關係不了解。事實是，人類的生存必需仰賴健全的地球生態系。同樣地，既然人是自然的一部分，都市當然也不是獨立於自然之外的。

生態平衡不存在

除了複雜理論外，生態觀念也影響著我們對自然的了解。到底什麼是生態觀念？這不是指生態保育或環境保護而已，而是一個認識自然的架構，與前面所述的新世界觀息息相關。

生態學即便是一門相對年輕的學科，在過去1、20年間也產生了重大的觀念變革，尤其是「非平衡」（nonequilibrium）或是「多平衡」（multiequilibria）概念的出現，對生態學的發展有著革命性的影響力。

早期的生態學家雖然研究不同物種之間的動態關係，卻忽略生態系統本身也是不斷變動的，一直相信著所謂「生態平衡」（equilibrium）的觀念。

要特別說明的是，中文雖然將 equilibrium 翻譯成「平衡」，但在生態學中的是指一個相對不容易被影響的穩定境界，因此也被認為是理想的境界。

過去的生態學家根據生態平衡理論認為：當生態系統遭受到外來干擾時，其內生的自我調節能力會將系統慢慢導回原來應有的平衡境界。舉例來說，當森林被野火燒毀或人為破壞後，在生態平衡理論的假設下，只要不再受到進一步干擾，這片土地最後還是會回復到之前同樣的森林。

不過，現在的生態學家已經不這麼想。由於沒有任何實證研究可以證明生態系統被擾動後一定會到最初的狀態，生態學家體認，原來人類眼中所看到的平衡樣貌不過是在某段期間之內、在某些特定條件之下的暫時現象，很可能不過是偶發的歷史事件。換句話說，生態平衡這件事也許根本不存在。森林被摧毀後，就算沒有進一步的干擾，也不見得會恢復成原來的森林；就算真的回復了原本的樣貌，也是自然界中的例外，而非過去認為的常態。這就是非平衡或多平衡理論。

在非平衡／多平衡理論中，那些過去被認為是將系統拉離平衡狀態的自然擾動力或人類所謂的「災害」，其實是生態系統正常動態的一部分，而且還是維持生態系統健康的重要機制。野火、洪水等看似會傷害生態系統的災害並非偶然的意外；若我們把觀察的時間拉長，就會發現這些所謂的災害就跟降雨、覓食，甚至花粉傳播一樣，都是自然作用的一部分。

一個新世界觀

從以上的討論，我們可以大致歸納出新世界觀的幾個重點：第一、人與自然是分不開的，人與城市都是自然的一部分；第二、任何自然或人文系統的行為都是複雜難以預測的，因此人類無法充分掌控；第三、任何複雜的自然或人文系統都是不斷變動的，外來的擾動是正常動態的一部分，永遠的穩定是不可能的。

這幾個重點對城市的整建尤其重要。任何號稱永續或生態的城市規劃設計策略都必須尊重以上的事實，否則，建立在偏頗世界觀的城市規劃設計策略，是永遠無法帶領我們邁向生態城市、走向永續未來的。

地球觀 42

好城市

綠 設計，慢 哲學，
啟 動 未 來 城 市 整 建 計 畫

* 初版書名為《好城市，怎樣都要住下來》

作　　者　　廖桂賢

總 編 輯　　張瑩瑩
副總編輯　　蔡麗真
責任編輯　　蔡麗真
印　　務　　黃禮賢、李孟儒
行銷企畫　　林麗紅
封面設計　　莊謹銘
美術設計　　洪素貞 (suzan1009@gmail.com)

社　　長　　郭重興
發行人兼
出版總監　　曾大福
出　　版　　野人文化股份有限公司
發　　行　　遠足文化事業股份有限公司
　　　　　　地址：231 新北市新店區民權路 108-2 號 9 樓
　　　　　　電話：（02）2218-1417　傳真：（02）8667-1065
　　　　　　電子信箱：service@bookrep.com.tw
　　　　　　網址：www.bookrep.com.tw
　　　　　　郵撥帳號：19504465 遠足文化事業股份有限公司
　　　　　　客服專線：0800-221-029
法律顧問　　華洋法律事務所　蘇文生律師
印　　製　　凱林彩印股份有限公司
初　　版　　2009 年 6 月
二版一刷　　2017 年 11 月

國家圖書館出版品預行編目 (CIP) 資料

好城市：綠設計，慢哲學，啟動未來城市整建計
畫 / 廖桂賢著 . -- 二版 . -- 新北市：野人文化出
版：遠足文化發行, 2017.11
　　面；　公分 . -- (地球觀；42)
ISBN 978-986-384-183-8(平裝)

1. 都市計畫 2. 都市建築

545.14　　　　　　　　　　　　105024835

好城市

線上讀者回函專用 QR CODE，您的
寶貴意見，將是我們進步的最大動力。

野人文化
讀者回函卡

書　名 _____

姓　名 _____ □女 □男　年齡 _____

地　址 _____

_____

電　話 _____ 手機 _____

Email _____

□同意 □不同意　　收到野人文化新書電子報

學　歷 □國中(含以下) □高中職　□大專　　　□研究所以上
職　業 □生產/製造　□金融/商業　□傳播/廣告　□軍警/公務員
　　　 □教育/文化　□旅遊/運輸　□醫療/保健　□仲介/服務
　　　 □學生　　　 □自由/家管　□其他

◆你從何處知道此書？
　□書店：名稱 _____　　□網路：名稱 _____
　□量販店：名稱 _____　□其他 _____

◆你以何種方式購買本書？
　□誠品書店　□誠品網路書店　□金石堂書店　□金石堂網路書店
　□博客來網路書店　□其他 _____

◆你的閱讀習慣：
　□親子教養　□文學 □翻譯小説 □日文小説 □華文小説 □藝術設計
　□人文社科　□自然科學　□商業理財　□宗教哲學 □心理勵志
　□休閒生活（旅遊、瘦身、美容、園藝等）　□手工藝／DIY □飲食／食譜
　□健康養生 □兩性 □圖文書／漫畫 □其他 _____

◆你對本書的評價：（請填代號，1. 非常滿意　2. 滿意　3. 尚可　4. 待改進）
　書名 _____ 封面設計 _____ 版面編排 _____ 印刷 _____ 內容 _____
　整體評價 _____

◆你對本書的建議：

_____

_____

_____

野人文化部落格 http://yeren.pixnet.net/blog
野人文化粉絲專頁 http://www.facebook.com/yerenpublish

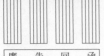

野人

23141
新北市新店區民權路108-2號9樓
野人文化股份有限公司 收

請沿線撕下對折寄回

野人

書號：0NEV0042